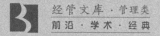

经管文库·管理类
前沿·学术·经典

U0604053

本书获聊城大学学术著作出版基金资助
聊城大学横向科研项目（人文社会科学类）"新媒体时代知识付费行业的
创新策略研究"研究成果

融媒环境下新闻传播的
转型与重塑

TRANSFORMATION AND RESHAPING OF NEWS COMMUNICATION IN THE
ENVIRONMENT OF MEDIA INTEGRATION

庄　伟◎著

经济管理出版社
ECONOMY & MANAGEMENT PUBLISHING HOUSE

图书在版编目（CIP）数据

融媒环境下新闻传播的转型与重塑 / 庄伟著.
北京：经济管理出版社，2024.11（2025.3重印）.
-- ISBN 978-7-5096-9971-3

Ⅰ. G210

中国国家版本馆 CIP 数据核字第 2024PL4654 号

组稿编辑：杨国强
责任编辑：白　毅
责任印制：许　艳
责任校对：熊兰华

出版发行：经济管理出版社
　　　　　（北京市海淀区北蜂窝 8 号中雅大厦 A 座 11 层　100038）
网　　址：www.E-mp.com.cn
电　　话：（010）51915602
印　　刷：北京厚诚则铭印刷科技有限公司
经　　销：新华书店
开　　本：710mm×1000mm/16
印　　张：14.25
字　　数：280 千字
版　　次：2024 年 11 月第 1 版　2025 年 3 月第 2 次印刷
书　　号：ISBN 978-7-5096-9971-3
定　　价：98.00 元

前 言

在融媒环境下，新闻传播正经历着前所未有的转型与重塑。随着数字技术的发展，传统媒体与新兴媒体之间的界限日益模糊，媒介融合成为行业发展的重要趋势。在此背景下，本书应运而生，旨在深入探讨融媒时代新闻传播的新理念、新策略与新实践。

本书共分为九章，涵盖了融媒体的基本概念、传媒业态的变革、新闻报道、新闻策划、新闻写作、新闻的制作与生产、新闻的编辑与发布、以及新闻传播的创新求变等多个维度。通过系统性的阐述和实例分析，为受众理解和把握融媒环境下新闻传播的发展趋势与挑战提供了一个全面的视角。第一章"融媒体与媒体融合"，通过对融媒体及其相关概念的解读，引领受众进入媒体融合的全新领域。随后，本章介绍了大数据的应用，以及深度"联结"的三种基础逻辑，展示了媒体融合的技术支撑和理论基础。第二章聚焦于"融媒环境下传媒业态的变革"，探讨了互联网思维对传播话语体系的影响以及传播者与受众的新变化，揭示了传媒业态在融媒环境下的深刻变革。第三章"融媒环境下的新闻报道"，主要从四个方面对新闻报道的情况进行分析。第四章"融媒环境下的新闻策划与采访"和第五章"融媒环境下的新闻写作"，分别从策划、采访和写作环节深入讨论了融媒环境对新闻生产过程的影响，并提出了新策略和新方法。第六章"融媒环境下新闻的制作与生产"与第七章"融媒环境下新闻的编辑、审稿与发布"，通过详细介绍融媒环境下新闻的制作与生产及融媒环境下新闻的编辑、审稿与发布，展现了融媒环境下新闻工作流程的具体变化和应对策略。第八章"融媒环境下新闻传播的创新求变"和第九章"融媒环境下新闻传播创新发展探索"则着眼于融媒环境下新闻传播的创新求变和融媒环境下新闻传播创新发展探索，不仅分析了新闻传播创新的必要性和路径，还探讨了如何在融媒环境下培养创新型新闻传播人才，以及区域化新型媒体集团的实现路径、新闻传播模式的创新与未来编辑部形态的构建。

随着融媒体时代的到来，新闻传播领域面临着诸多挑战和机遇。本书试图通过对这一复杂现象的多角度解析，为受众提供理论与实践相结合的洞见，以期在融媒环境下推动新闻传播的持续发展与创新变革。

目　录

第一章
融媒体与媒体融合

第一节　融媒体的概念、要素和特点

一、融媒体及其相关概念辨析

（一）融媒体

2014 年被称为"中国媒体融合元年"，该年 8 月 18 日，中央全面深化改革领导小组第四次会议审议通过了《关于推动传统媒体和新兴媒体融合发展的指导意见》，标志着中国传媒改革进入一个新阶段，媒体融合发展策略被提升到了国家战略层面。随着互联网技术的快速发展，尤其是云计算和大数据技术的应用，媒体行业面临着前所未有的变革，如何通过融合发展构建新型主流媒体和现代传播体系成为媒体行业发展的重中之重。2014 年 4 月，中宣部部长刘奇葆在《人民日报》上发表文章，强调加快推动传统媒体和新兴媒体融合发展的重要性，进一步明确了融合发展的战略方向和实施要求。[1] 在此背景下，《光明日报》首次提出"融媒体"这一概念，强调通过不同媒介间的互动和融合，形成具有更强影响力和竞争力的新型媒体形态。融媒体策略被视为传统媒体转型升级的必由之路，旨在满足数字时代受众需求的多样化和个性化。原《光明日报》副总编辑、融媒体中心主任陆先高指出，融媒体的核心在于将分散于传统媒体和新媒体部门的资源和能力集中至一个统一的平台，通过综合解决方案提升内容质量和传播效率。[2]

（二）新媒体与融媒体辨析

"新媒体"一词最初由美国哥伦比亚广播电视网（CBS）技术研究所时任所长戈尔德马克（Peter Carl Goldmark）于 1967 年提出，在其关于电子录像

---

[1] 邓涛 . 厘清"融媒体"及相关概念 [J] . 采写编，2015（3）：6–7.

[2] 陆先高 . 产品融合：媒体融合发展的关键——《光明日报》、光明网的融媒体发展实践探索 [J] . 传媒，2014（24）：10–12.

（EVR）开发的报告中，将电子录像定义为"新媒体"。1969年，时任美国传播政策总统特别委员会主席罗斯托（Rostow）在报告中首次使用了"新媒体"这一术语。此后，"新媒体"一词开始在美国乃至全球范围内广为流传。新媒体的兴起并非仅指新兴或新型媒介的总称，而是指在互联网背景下产生的、能够促进互联网进一步发展的媒体形态。这类通过互联网进行信息传播的新兴媒介，构成了新媒体的狭义定义。随着互联网技术的迅速发展，新媒体的概念和形态也在不断变化，学术界对于新媒体的定义存在多种解释，原有的狭义的定义已无法完全满足对新媒体发展的理解和行业交流的需要。

在深入研究和分析市场数据的基础上，学术界对新媒体有了更为细致的探讨。清华大学熊澄宇教授指出，新媒体是一个持续演变的概念，其定义在现有网络技术的基础上进一步拓展，包括无线移动通信以及与计算机相关的各种新型媒体形态。[1]因此，任何利用互联网进行信息传递的平台或介质都可以被归类为新媒体，这是对新媒体的广义理解。这一定义随着行业的发展而逐渐演变，反映了新媒体是在新的技术支持体系下出现的媒体形态，包括数字杂志、数字报纸、数字广播、移动电视、桌面视窗、数字电视、数字电影、触摸媒体等。与传统的报纸、杂志、广播、电视相比，新媒体被称为"第五媒体"，体现了其在现代传播体系中的独特地位和作用。互联网技术构建了一个万物皆可为媒体的环境，其核心特征是所有媒介的数字化，涵盖了搜索引擎、各类网站以及社交平台等。这种环境不仅促进了信息的快速流通，也为用户互动和参与提供了广阔的平台，从而使媒体的角色和功能发生了根本性的变化。

融媒体则是一种更为综合的媒体形态，它不仅涵盖了传统媒体的广泛领域，也涵盖了新兴的数字技术和平台。融媒体展现出了媒体形态的综合进化，包括新旧媒体形态并存、相互补充和功能融合，以及在边缘的创新与融合。这种综合体通过新兴技术的融入实现了媒体形态和功能的全面更新，不仅反映了传统媒体与新媒体之间的相互融合，更体现了技术、内容、平台和用户体验的全方位融合。

（三）全媒体与融媒体辨析

学术界虽未对"全媒体"概念进行正式界定，但其源于传媒实践中的广泛应用，反映了媒介形态的演变与媒体内容、渠道和功能的深入融合，丰富了媒体的内涵。随着技术的发展，全媒体在各大重要事件的传播中显示了其强大的影响力。

---

① 熊澄宇.新媒介与创新思维［M］.北京：清华大学出版社，2001：9.

　　全媒体指的是在信息传播过程中，综合运用文字、声音、影像、动画、网页等多种媒介表现手段及广播电视、音像、电影、报纸、杂志、网站等多样化的媒介形态，通过融合广电网络、电信网络及互联网而进行的内容传播。它使用户能够通过电视、电脑、手机等多种终端设备，在任何时间、任何地点接收融合后的信息，体现了信息获取的便捷性和多样性。

　　全媒体的发展意义深远，在其不断进化的过程中，逐渐形成了全程媒体、全息媒体、全员媒体、全效媒体等多样化的概念。信息的无处不在、无所不及、无人不用，促使舆论生态、媒体格局和传播方式发生了深刻变革，为新闻舆论工作带来了新挑战。在此背景下，加快媒体融合发展成为应对变化、把握时机的关键策略，保持主流媒体的强大传播力、引导力、影响力和公信力，对于塑造健康向上的舆论环境、推动社会进步具有重要意义。

　　全媒体的理念和实践正逐渐塑造着现代传播领域的新格局，它不仅汇集了报纸、杂志、广播、电视、音像、电影、网络和卫星通信等各种传统与新兴的传播工具，更融合了视觉、听觉、触觉等多种感官体验，以满足受众多样化的信息接收需求。全媒体的核心在于深度融合，它打破了单一媒体形式的界限，实现了不同媒介间的有机结合，提供了超细分的服务，确保了信息传播的全面性，达到了效果的最优化。在全媒体的运作模式下，媒介融合的过程呈现出由浅入深的变化轨迹，从单纯的物理层面的集成向深层次的化学反应式融合转变。这种转变意味着全媒体新闻不再是多种传播手段的简单叠加，而是多种媒体资源的有机结合，进而形成融合新闻。相应地，媒体机构也在向更好地适应媒介融合运作的新型组织形态转变，记者的角色也在变化中不断分化，协同合作成为常态。同时，媒介机构在新的市场环境中寻找新的定位和业务模式，构建出适应全媒体发展需求的产品体系和传播平台。

　　在全媒体框架下，媒体资源的整合不仅体现在宏观层面的"大而全"上，对于受众个体来说，还体现在针对其个性化需求的精准服务上。通过在不同媒体形态中灵活运用同一信息资源，甚至根据受众的个性化需求进行内容调整，全媒体实现了媒介资源的最大化利用，追求的是以最小的资源投入达到最优的传播效果和最大的社会影响。

　　相比之下，"融媒体"的概念则更加注重媒体融合的深度和质量，强调的是传统媒体与新媒体之间的化学反应式融合，而非简单的物理叠加。原《光明日报》总编辑何东平指出，融媒体关注的是如何通过互联网传播的核心趋势——移动化、社交化和视频化，利用现有技术实现最优的传播效果，进而创造出具有更强渗透力和竞争力的新型主流媒体。这种融合不仅是媒介形态的集成，更是内容、渠道和功能的深度融合，旨在通过创新的方式优化媒体生态，提升媒体整体的传播效能和影响力。

二、融媒体时代新闻传播特性的演变

随着融媒体时代的到来，新闻传播领域面临着前所未有的变革和挑战。融媒体背景下新媒体和传统媒体不仅要适应市场的变化，还需不断地进行科学的探索和研究，积极创新传播模式和方法以满足公众需求，从而有效地提高信息传播的效率和节目的吸引力，以更好地占据市场优势。在此背景下，新闻传播呈现出新的特点和趋势，从业者要深入分析新环境，提升自身的专业技能，为新闻传播行业的持续发展提供坚实的支撑。新闻传播工作在传统媒体和新媒体的双轨并进中面临着机遇与挑战，探讨融媒体时代新闻传播特性的演变具有重要的现实意义。

（一）融媒体时代的内涵及其对新闻传播行业的影响

融媒体时代是传统媒体与新兴媒体融合的新阶段，随着信息技术的快速发展，媒体行业正迎来新的发展机遇。在这个时期，媒体机构需要吸取传统制播的经验，巩固其发展的核心竞争力，同时积极适应市场变化，响应公众需求，通过对新技术和新理念的探索，向公众提供更优质的信息服务，引领新闻传播行业向着持续、健康的方向发展。

融媒体时代对新闻传播行业的影响是两方面的。一方面，传统的新闻传播模式已不再是唯一选择，众多新媒体平台的涌现为公众带来了更多选择，公众的注意力更加分散，对信息的需求变得更加多样化。这一变化对新闻传播行业构成了挑战，传统媒体与新兴媒体需要不断调整自身战略，以满足公众的新期待。另一方面，新媒体技术的广泛应用为新闻传播提供了新的发展动力和方向，新媒体的互动性、时效性为传统媒体带来了新的思考。因此，融媒体时代的到来促使媒体行业不断探索融合之路，通过创新传播形式和手段，更好地满足市场和公众的需求，进而赢得市场的认可与支持。

（二）融媒体时代新闻传播的特性

融媒体时代新闻传播的特性发生了新的变化，具体体现在以下五个方面。

（1）传播的方式更加多样化。在融媒体时代，随着网络信息技术的不断进步，新闻传播的途径发生了显著变革。新闻的呈现形式、内容覆盖面等均得到了扩展和深化，同时公众对新闻信息的观察角度也在转变。互动性新闻的兴起使用户的参与度有所提高，这在一定程度上缩短了媒体与公众之间的距离。

（2）新闻传播更具娱乐性。在快节奏的现代生活中，公众越来越追求精神生活的丰富性和审美的提升。为满足这一需求，新闻传播领域也开始在内容上融入更多娱乐元素，不再仅仅局限于传统的严肃、直接的报道风格。在传播新闻事件的过程中，更加重视故事性、戏剧性的深入挖掘，以此来更有效地捕获公众的关注。

（3）新闻传播范围更加广泛。随着各种媒体形式的相互融合，传统的时空限制被打破，新闻的传播效率得到显著提升，传播范围也变得更为广阔。利用网络平台，公众能够随时接触到全球性的信息，这进一步弥合了不同国家、地区、种族、民族之间的界限，促进了全球联系的紧密性。公众现在可以根据自己的需求，利用多样化的工具快速获取所需信息。通过信息平台，受众不仅能够接触到国内新闻，还能轻松地获取国际资讯。新闻传播跨越地域和国界，为受众提供了解全球的广阔的视野。

（4）新闻传播效果发生了新的变化。传统媒体时代，新闻机构需要根据自身价值目标、市场定位、目标受众需求等精心设置社会议题，很多信息不能得到有效传播，加之与受众之间互动性、反馈性较差，因此对于传播效果的把控有所欠缺。大多数受众在新闻活动中仅仅是作为被动接受信息的边缘角色，并没有主动参与信息传播的机会。随着新媒体时代的到来，技术赋权下每个人都可以自由"发声"，逐渐打破了传统媒体垄断话语权的局面。几乎所有用户都可以参与到新闻的生产与传播过程中，且由边缘向中心靠拢，与此同时，互动性的提高有利于增强新闻传播效果。

（5）新闻传播向着多元化和智能化的方向延伸。信息技术与新闻传播的深度融合，打破了新闻与受众之间的界限，增强了新闻的影响力。新闻传播不再局限于文字，而是结合声音、视频、图片等多媒体元素，为受众提供了更为丰富的视听体验。

（三）融媒体时代推动新闻传播行业发展的路径

随着融媒体时代的到来，新闻传播领域的生产与传播过程发生了全面变革。对于新闻传播行业而言，紧跟时代脉搏和受众需求，进行持续的探索和创新至关重要，要通过强化行业的发展优势并丰富信息来源来推动行业的可持续增长。以下是对于融媒体时代推动新闻传播行业发展的几点建议：

（1）进一步提升新闻从业人员的职业素养。新闻行业的进步依赖于新闻工作者的努力和贡献。为了响应新闻传播事业的发展需求，新闻工作者应持续深化研究和学习，为新闻传播的未来贡献更多的创意和智慧。在融媒体时代，新闻从业者需要充分理解市场动态和用户需求，提升自身的信息敏感度、政治觉悟、专业技能和职业道德。此外，要为新闻从业人员创造更多成长和创新的空间，鼓励他们在技术应用、方法探索、理念更新和实践方式上不断创新，同时完善激励机制，增强其工作的专业性和忠诚度，从而为社会提供更多有价值和意义的新闻内容。

（2）优化发展环境，提升技术创新水平。新闻传播领域需要通过加强政策立法和监督来优化发展环境，特别是在网络信息泛滥的背景下，虚假信息的传播不仅损害了新闻行业的公信力，还会对受众和社会造成不利影响。因此，国家应进一步完善新闻行业的发展规范，对于制造和传播虚假信息的行为，制定严格的惩处措施，确立行业规则和标准，加大政策宣传和法律执行力度，及时处置违规行为。同时，鼓励提出有建设性的意见，以推动资源共享，营造健康的行业发展氛围，促进新闻传播行业的发展。

此外，新闻传播行业应不断探索技术和方法上的创新，紧跟受众需求，整合新时代的元素和信息技术，深化对特色化传播内容的研究与开发。通过创新新闻内容的呈现形式、互动方式和传播模式，建立独具特色的传播体系，提高信息传播的效率和质量，拓展报道的深度和广度，以特色和个性化服务赢得市场。

综上所述，在融媒体背景下，新闻传播行业面临着日益增长的公众期待和激烈的市场竞争。只有通过实际行动，结合时代特点和公众需求进行持续的创新和变革，发展特色化模式，新闻传播行业才能实现长期、深入和创新发展。新闻从业者需不断地提高职业素养，把握技术创新和理念更新，而国家和行业则需完善监管机制，规范运营环境，以促进新闻传播行业的融合、深度和创新发展。

三、融媒体时代建构媒介融合机制的核心要素

建构媒介融合机制的核心元素，关键在于确保运作模式和系统的各部分能够紧密结合，以便发挥其最大效能。这强调了必须明确新媒体与传统媒体之间的联系，并进一步优化两者之间的互动关系。在这一过程中，主要的要素包括系统机制、合作机制、创新机制和协调机制。

（一）系统机制

可以将媒介生态系统内的系统机制理解为一个综合的生态机制，它映射了媒介实体之间的相互作用与协同发展。媒介系统应被视为一个统一且互补的整体，其中的各个媒介实体如报纸、杂志、广播、电视、网络和移动通信设备等，不仅相互关联，更相互促进，需保持各自独特性的同时达成协作共进。正如世界著名的传播学者丹尼斯·麦奎尔所述：一个媒介系统所能提供的多样性越广，其所表现出的平等性就越强。在此视角下，媒介融合成为媒介系统整体性与个体媒介差异性的有机统一。

在媒介融合的框架下，全媒体编辑和采编平台成为媒介融合的关键承载体，这要求媒介组织以一个全面的媒介生态视角，综合考量多样的媒介形式，在新闻信息的生产和传播过程中实现协作与共赢，进而促进媒介融合的良性互动模式的形成。以上海报业集团的成立为例，该集团整合了解放日报报业集团

和文汇新民联合报业集团的资源，目前拥有包括《解放日报》《文汇报》《新民晚报》、*Shanghai Daily* 等在内的多份日报，以及《申江服务导报》《新民周刊》《外滩画报》等周报和月刊，此外还包括出版社、新闻资质网站、App 应用以及微信公众号等数字媒体资源。[①] 这一实践证明，主流媒体在遵循媒介生态整体观的同时，应充分发挥现有的技术优势，探索新媒体的持续发展路径，将传统媒介与新兴媒介有效融合，通过两者间的互动实现相互促进、共生共存的目标，达成分工合作与互利共赢的新型媒介发展模式。

（二）合作机制

在媒体融合的背景下，合作机制体现为主流媒体与互联网企业之间的协作关系，这种机制旨在通过技术平台和内容平台的合作，实现资源共享、优势互补，从而达到互利共赢的目标。以光明网与微软中国的合作为例，双方基于云计算技术的 Windows Azure 平台共同构建了中国首个"媒体云"平台。这种从端到云的合作模式，利用云计算的高效部署、灵活扩容和按需付费等特性，推动了媒体行业的数字化转型，不仅提升了效率，降低了运营成本，还使光明网能够更加专注于内容创新和业务拓展。

在移动互联网领域，今日头条通过其基于大数据算法的个性化推荐引擎，为用户提供了精准的信息服务。今日头条通过对社交媒体上的资讯传播情况及海量网站数据的智能分析，有效地捕捉到最具价值的信息，以满足用户个性化的阅读需求。包括新华社、《人民日报》等在内的国家和地方的主流媒体均已入驻今日头条，展示了主流媒体与新兴移动平台之间的合作成果。这种合作不仅扩大了主流媒体的传播范围，也优化了移动用户的信息获取途径，体现了合作机制在促进媒介互动、实现媒体融合发展中的关键作用。

（三）创新机制

创新机制在媒介融合中扮演着核心角色，该机制中坚持内容为王与持续的技术革新是关键。以澎湃新闻网为例，这是一个专注于即时新闻报道的平台。澎湃新闻网通过对新闻板块进行创新，整合网页、移动端应用（App）以及微信公众号等多种新媒体渠道，提供了一站式的信息服务。"澎湃新闻"依托高质量的原创内容吸引大量用户、实现利润增长，进而为网站的发展提供动力。

（四）协调机制

协调机制在媒介融合的过程中扮演着至关重要的角色，体现为一套制度化的协调方式和方法。通过制定一系列的规则、规范等，有效调配系统内各要素的地位和作用及其相互关系。政府在此过程中发挥着关键作用，通过实施各种

---

① 党东耀 . 主流媒体建构媒介融合机制核心要素分析［J］. 学术交流，2015（10）：204-209.

激励、制约和保障措施，为构建一个开放且包容的媒介信息环境奠定基础，进而促进媒体之间的有效竞争和媒介融合的规范化发展。

媒介融合引发的一大变革是将不同媒介间的分业竞争转变为基于数字化平台的同业竞争，从而使产业间的分工转变为产业内的分工。这一转变首先要求不同媒体在业务和网络等方面打破行业壁垒、共同作业。同时，媒介融合也意味着信息产业内各生产单位地位上的平等，这要求政府建立包括平台融合、业务融合和组织融合在内的一系列协调机制，从而制定更为灵活和综合的市场准入与监管制度，进而在媒介市场上形成有效竞争的局面。

政府对于协调机制的建设步伐随媒介融合的深入而加速，相继出台了一系列针对性政策和措施。例如，国务院公布的三网融合试点城市名单拉开了传媒与电信融合的序幕，为传媒与电信领域的融合奠定了基础。此举旨在鼓励传媒与电信领域相互开放，促进产业链合作并延伸价值链条。2013 年，国家新闻出版总署与国家广播电影电视总局的合并标志着出版和广电协调机制改革迈出了重要步伐。同时，政府官方网站入驻今日头条等新媒体平台，不仅表明了对互联网公司的认可，也促进了主流媒体与诸如今日头条、腾讯、网易和百度等新媒体平台的合作，进一步拓展了新媒体领域的发展空间。

第二节　从媒介融合到媒体融合的认知演进与辨析

媒体融合的概念源自 20 世纪 70 年代，原词为"Media Convergence"，后被翻译引入中国。关于媒体融合的术语使用存在一定的混淆，大部分学者偏好使用"媒介融合"，而少数学者选择"媒体融合"，也有观点认为这两个词汇可互换使用，指向相同的概念。2014 年，随着媒体融合被提升为国家战略，"媒体融合"这一术语开始得到更多学者和行业专家的青睐。[①] 从"媒介融合"到"媒体融合"的转变，不仅标志着媒体融合研究的进展，也反映了学术界对于这一概念理解的逐渐深入。

一、从媒介融合到媒体融合的认知演进

（一）认知演进的简要历程

媒介融合这一概念的核心，在于不同媒介形态之间的相互渗透、整合与创

---

① 王喜涛 . 大数据时代媒体融合研究［D］. 北京：北京工业大学，2017：6.

新。这一理念既是对传统媒介运作模式的挑战，也预示了新媒体环境下信息传播的新趋势。从历史的角度来看，媒介融合的思想并非全新产物，而是随着技术发展和社会变迁逐渐形成并发展壮大的。20世纪60年代，马歇尔·麦克卢汉（Marshall Mcluhan）首次提出"媒介即信息"的观念，[①] 强调了媒介之间的内在联系与相互作用，预示了后续媒介融合的理论基础。他的观点揭示了一个基本事实：在信息传播的过程中，传播的媒介本身就是一种重要的信息。此外，麦克卢汉的理论还预见了不同媒介之间互为内容的复杂关系，这为后来的媒介融合理论提供了丰富的思想资源。

1978年，尼古拉斯·尼葛洛庞帝（Nicholas Negroponte）的"工业融合"概念进一步扩展了媒介融合的理论视野，通过将计算机科技、出版印刷业以及广播电影工业的交融过程形象化展示，揭示了未来媒介发展的趋势。[②] 这一概念不仅指明了技术融合的方向，也暗示了信息传播方式的根本性变革。尼葛洛庞帝的洞察力促成了1985年媒体实验室的成立，这一机构的建立为媒介融合实践提供了一个重要的研究与实验平台，被认为是媒介融合理论与实践探索的重要里程碑。

伊契尔·索勒·普尔（Thiel De SolaPool）在其著作《自由的技术》中，将媒介融合的理念推向了新的高度，明确提出了电子信息技术将重塑传统媒体孤立传播模式的观点。他预见到了互联网技术将如何使媒介的界限变得模糊，促进不同媒介形态的融合与创新。普尔的预言准确描绘了当下媒介融合的现实情形，即信息的传播不再受限于单一媒介形态，而是通过各种形式的媒介相互作用、互相促进。

1994年，《纽约时报》报道的圣荷赛水星报与美国在线合作的电子报服务案例，将媒介融合的概念应用于实践，[③] 这一合作项目不仅标志着传统媒体向数字化转型的积极尝试，也体现了媒体行业对媒介融合趋势的认可与响应。这个案例进一步验证了媒介融合理论的实际价值，即通过不同媒介平台的整合与合作，能够有效拓展信息传播的渠道，增强媒介的互动性与多样性，为受众提供更为丰富和便捷的信息。

学术界普遍认为，媒介融合概念由蔡雯于2005年前后引入中国。[④] 然而，早在1999年，崔保国已在其文章中提及媒介融合概念，尽管未如蔡雯的文章

---

① ③ 王喜涛，李永华.从媒介融合到媒体融合的认知演进及其概念辨析［J］.中国传媒科技，2017（4）：59—60，79.

② 尼古拉·尼葛洛庞蒂.数字化生存［M］.胡泳，范海燕，译.海口：海南出版社，1997：26.

④ 蔡雯.新闻传播的变化融合了什么——从美国新闻传播的变化谈起［J］.中国记者，2005（9）：74—76

般广为人知。① 随着中国媒体业的深度融合发展，媒介融合成为研究的热点词汇。2014 年 8 月 18 日，媒体融合被提升为国家战略，进一步促进了"媒体融合"专业词汇的流行和讨论。近年来，越来越多的学者倾向于采用"媒体融合"这一表述，反映了对于该概念认识的深化与发展。

（二）认知演进的"两次转向"

根据郭毅和于翠玲的观点，对于媒介融合理论的认知与发展进程，其理解和掌握基础在于媒介本身的发展及其实践过程。通过对媒体融合理论和实践认知的系统梳理与分析，可以明显地观察到媒体融合理论认知经历了两个显著的转变阶段。

媒体融合的认知进程，从最初的技术导向逐步演变为一种包含技术、产业、经济、文化及社会多重维度的综合视角。在融合媒体的早期发展中，技术因素被视为核心推动力，这一阶段的研究主要集中在探讨媒体融合的技术基础及其促进作用。以尼古拉·尼葛洛·庞帝为代表的学者，从技术视角切入，将媒介融合视作不同技术和媒介形态间的集成与交融。② 此种观点在当时为理解媒体融合提供了关键性的理论框架。随着时间的推移，对于媒体融合研究逐步拓展到更广泛的领域，不再局限于技术层面的考量。研究者开始关注媒体融合在产业结构、经济模式、文化传播乃至社会变革中的作用和影响，这标志着媒体融合理解的深化和扩展。这种多元化的研究视角也反映出，技术虽然为媒体融合提供了可能性，但媒体融合的实现和发展也深受产业策略、经济利益、文化价值以及社会需求等多方面因素的影响。

媒体融合的认知演进的第二次转向，从多元研究视角专注于媒体融合实践的具体操作层面。随着媒体融合实践的不断深化，一系列关于媒体融合的具体实践问题，包括融合的方向、主体、动力来源、方法和途径，成为学者和媒体从业者亟须回答和解决的问题。在社会需求和资本推动下，相关研究逐步从理论和概念的多元探讨，转向聚焦于实操层面的研究。

二、媒介融合与媒体融合概念辨析

在当代信息快速流动的时代，媒介融合与媒体融合成为推动传播学领域前沿发展的关键概念。虽然这两个术语在许多情况下被交替使用，看似互换，但通过深入探究其含义及应用背景，可以发现两者之间存在细微而重要的区别。在西方语境中，媒体与媒介原属同一词源（Media），传播又因涉及"介质"而

---

① 崔保国.技术创新与媒介变革［J］.当代传播，1999（6）：23-25，33.
② 王喜涛，李永华.从媒介融合到媒体融合的认知演进及其概念辨析［J］.中国传媒科技，2017（4）：59-60，79.

与媒介发生了历史关联并影响至今，大众传播、大众媒介、大众媒体相互指称，混合使用。但是在中文语境中，"媒介"与"媒体"的概念区分显得尤为重要，尤其是在学术研究和行业实践中更应该准确应用。

从词义上探讨，"媒介"与"媒体"虽共源于信息传递的载体和工具，但两者在强调点上存在差异。"媒介"一词更倾向于强调作为信息传输的介质或渠道本身，包含了广泛的信息传播手段，如电视、广播、报纸、互联网等，侧重于其作为信息传递过程中的载体角色。这种定义使"媒介"更多地被用来指涉传达信息所依赖的物质基础和技术手段，而不特指任何特定的社会组织形式。相较之下，"媒体"一词则在中文语境中被赋予了更为丰富的含义，不仅包括信息传播的介质和渠道，还特别指向那些承担信息采集、处理、制作和传播职能的社会组织实体。这一概念涵盖了报纸、电视台、广播站、网络媒体等新闻传播机构，更加强调了这些组织在信息生产和传播过程中的物质性和组织性特征，如编辑部、新闻工作室等。

因此，在讨论媒介融合与媒体融合时，关键在于理解这两个概念的侧重点和应用范围。"媒介融合"着重于不同传播技术和渠道的整合，强调的是技术层面的融合与创新，如数字技术与传统广播技术的结合。"媒体融合"则侧重于信息传播组织之间的合作与整合，强调的是如何在组织层面上实现资源共享、内容生产与传播方式的创新。

在当下信息技术迅猛发展的背景下，媒介融合与媒体融合这两个概念成为传播学领域讨论的热点。尽管二者在某些场合下被并用，但实际上它们各自所涵盖的范围和侧重点有所不同。喻国明教授对媒介融合给出的界定，清晰地指出了其核心在于以信息技术为基础，通过卫星、电缆和计算机等现代传输技术，推动传统的报刊、广播电视和互联网等多种媒介技术的一致化与互通。这一过程不仅促进了信息在不同平台的集成与共享，提高了媒介之间的相互作用和融通，也极大地优化了信息传播的效率，推动了传播方式的革新，强化了媒介功能的多样化和互动性。

而媒体融合的讨论，则更多地关注于不同媒介机构间的合作与融合，以及新兴媒介技术如何促进传统媒介的变革与发展。媒体融合关注的重点在于机构层面的整合，旨在通过跨媒体、跨平台的合作，形成一种全新的新闻生产和传播模式。这不仅涉及技术和渠道的融合，更体现在如何通过融合创新媒介组织的运营模式，提升新闻内容的质量与传播的效率。蔡雯教授的观点进一步阐释了媒体融合重视的是媒介组织之间的整合与协作，以及如何在新的传播环境中寻找新闻生产与传播的新路径。

三、媒体融合的主体及其关系辨析

在全球化背景下，中国的媒体融合进程正以前所未有的速度推进，特别是自 2014 年被提升为国家战略以来，媒体融合成为业界和学界关注的焦点，孕育了众多研究成果。然而，在众多的讨论中，一个关键问题尚未得到充分探讨：媒体融合的主导力量究竟是谁？在这一过程中，传统媒体和新媒体各自扮演了什么角色，它们之间又是怎样的互动关系？关于媒体融合主体的问题，业界和学界的看法多种多样，尚未达成一致意见。目前，主流观点大致可以分为三类。

（1）互联网主导论：持此论调者认为，媒体融合的成功必须将互联网作为融合的核心。这不仅是因为互联网本身的融合特性，也是对"互联网 +"理念的坚持，而非简单地将互联网作为"电视 +"或"广播 +"的附属工具。如果传统媒体仅将互联网视作一种辅助手段，而不认识到其在融合中的中心地位，那么无论从理论上还是实践上，这种融合尝试都注定是不成功的。这一理论基于互联网及其衍生的新媒体在信息化社会中扮演的先锋角色，认为新媒体不仅携带着最先进的社会生产力基因，更代表了媒体发展的趋势。[①]

（2）新媒体与传统媒体角色论：丁柏铨教授强调，智媒时代的核心智慧源自自然科学的创新和进步，而非仅仅依赖于社会科学的知识体系。在这一理论框架下，处理技术创新与人文价值之间的平衡成为一项挑战，同时也是智媒时代发展的关键。丁柏铨教授认为新媒体往往在融合过程中担当引领角色，而传统媒体则主动适应并参与融合过程。他指出，媒体融合并非一方面的解构或放弃，而是需要基于双方优势的互补，他提倡传统媒体与新兴媒体之间的互动融合，以及自然科学与社会科学之间的相互渗透和融合。这一视角强调，在智媒时代，媒体融合的目的不是让新兴媒体完全取代传统媒体，也不是让传统媒体失去其固有的价值和特色，而是通过两者的有效结合，实现技术革新和内容丰富性的双重提升。[②]

（3）融合主体是伪命题论：戴元初教授的观点认为，讨论媒体融合的主体是谁本身就是一个伪命题。关键在于谁能更有效地推动媒体融合的目标实现，谁能在融合的基础上提升媒体的传播力、公信力、引导力和影响力，无论是传统媒体还是新媒体，都应该成为媒体融合的主体。[③]无论是经历了变革的

---

① 贯彻落实《指导意见》要求　各电视台积极推进媒体融合发展［EB/OL］.［2024-07-11］.http：//media.people.com.cn/GB/143237/399145/index.html.

② 丁柏铨 . 新闻理论探索：对现实问题的研究［M］.上海：上海交通大学出版社，2012：62.

③ 戴元初 . 大融合时代的传媒规制变革：行动逻辑、欧美经验与中国进路［M］.北京：人民日报出版社，2014：95.

传统媒体，还是在新媒体环境下成长的具有社会责任感的新媒体组织，均有可能成为媒体融合的主导力量。

在目前的时代背景下，网络媒体化和媒体网络化以及社会媒体化和媒体社会化已经成为不可逆转的趋势。新媒体的迅速发展离不开新技术的支持，其中互联网技术是核心。互联网的快速进步已经深刻地影响了社会经济、文化、政治和日常生活的方方面面，尤其对媒体领域产生了深远的影响。可以说，互联网不仅孕育了新媒体的诞生，也为传统媒体提供了转型与发展的新机遇。在这种情境下，有学者认为互联网是媒体融合的主体。然而，笔者认为互联网的发展为媒体融合提供了可能性和条件，应将视为媒体融合的技术基础，而非融合的主体本身。

需要明确媒介与媒体的区别。"媒介"一词既指信息传播的载体如书籍、报纸、杂志等，也指从事信息传播的组织机构，但更多地强调前者即传播渠道。相比之下，媒体更侧重于信息传播的主体，如报社、电视台等。基于此，媒介融合从技术和传播渠道的角度出发，新媒体作为新技术的代表，因其驱动力和影响力而自然成为融合主体。而媒体融合的语境下，传统媒体如何成为融合的主体则是另一讨论重点。丁柏铨教授指出，媒体融合成为国家战略背后，是传统媒体在新媒体冲击下对其价值和影响力下降的现实反思。国家提出媒体融合的目的，在于鼓励传统媒体采纳互联网思维，主动与新媒体融合，以增强信息传播的高地，扩大主流思想舆论的影响力。因此，在媒体融合的过程中，传统媒体扮演着主动融合的角色，成为融合的主体。

融合的核心在于两种物质的相互交融，形成一种"你中有我，我中有你"的状态，正如水和酒精混合时的相互溶解。这个过程展现了融合带来的互利共赢，每个元素都在相互作用中获益。将这一概念应用于传统媒体与新媒体的结合上，要求双方必须深度融入，这样才能达到真正的融合。因此，在探讨媒体融合时，不应仅仅着眼于哪一方起主导作用，更应注重如何实现双方的有效融合，共同推进媒体发展的最终目的。

媒体的分类方法多种多样，根据媒体形式可分为平面媒体、电波媒体和网络媒体；根据功能，国际电话电报咨询委员会（Consultative Committee on International Telephone and Telegraph ，CCITT）将媒体细分为感觉媒体、表示媒体、表现媒体、存储媒体和传输媒体；而美国媒介理论家保罗·莱文森（Paul Levinson）则将媒介分为旧媒介、新媒介和新新媒介。[①] 在技术新旧的基础上，将媒体划分为传统媒体和新媒体是一种常见且有效的分类方式，也为分析媒体

---

① 保罗·莱文森.新新媒介［M］.何道宽，译.上海：复旦大学出版社，2014：4.

融合提供了有益的视角。特别是在国家将媒体融合提升为战略层面，促进传统媒体与新媒体融合的大背景下，这一分类尤为重要。

因此，互联网虽然是媒体融合的关键技术支撑，但并非融合过程中的主体。真正的融合需要传统媒体与新媒体的双向交流和互动，共同推进融合的实现。就主动性而言，得益于新技术的驱动力，新媒体在媒介融合中可能更具有先发优势；而在媒体融合的过程中，传统媒体因国家政策的支持而显示出更大的主动性。这种区分不仅反映了媒体融合的复杂性，也指出了达成融合目标所需的互动和协作的重要性。

第三节　深度连接下的媒体融合逻辑

在中国媒体经历多年融合进程的当下，新技术的挑战将媒体置于一个关键的转折点。采取结构化的视角审视技术与社会的关系，人们将更加坚信：当前媒体融合的发展逻辑应当紧随互联网的步伐，认识到技术对社会重塑的深远影响，并尊重由技术驱动的变革。在之前的融合尝试中，我们或许更多关注于如何应用新技术，而忽略了在理解新技术发展规律和趋势的基础上进行战略规划的重要性。在互联网的大背景下，传统媒体在选择融合战略时，应基于何种逻辑？从"连接"向深层"联结"的转变，背后又有哪些基本逻辑需要遵循？"联结"概念作为一个指导原则和战略思维，引领着媒体融合的所有战略决策和具体实践。在制定各个媒体具体的融合策略和转型路径时，应遵循以下三种基本逻辑：

一、以用户为中心构建强关系

在互联网时代背景下，媒体与用户间的互动关系经历了显著的变革。互联网不仅促进了信息的自由流动，而且提高了用户在信息传播过程中的主动性和自由度。网络技术的进步使信息的消费者不再仅仅被动接受信息，而要主动进行选择、表达、分享乃至生产信息。这种现象，即"人人都能成为信息的传播者"，体现了互联网技术赋权下普通用户都能够参与信息传播过程。新媒体对传统媒体产生的根本性冲击，在于它们重新塑造了媒体与用户之间的连接方式。正如陈力丹所指出的，新媒体正在改变人们获取和理解信息的途径。[1]传统媒体的转型，需要适应新媒体时代用户的信息获取习惯，采用互

---

[1] 陈力丹，史一棋.重构媒体与用户关系——国际媒体同行的互联网思维经验［J］.新闻界，2014（24）：75-80.

联网思维来推进转型和改革。而互联网思维的核心之一，就是将"以用户为中心"作为工作和发展的导向。传统媒体时代，受众与媒体之间更多的是一种"弱连接"，而在互联网环境下，为了实现媒体融合的新发展和突破，必须聚焦于用户，构建一种"强关系"。坚持"以用户为中心"的思维模式，主要基于以下几点原因：

（一）用户习惯已然发生改变

互联网时代，用户的信息获取习惯经历了根本性的转变，这一变化不仅体现在信息获取的方式上，还反映在用户对信息的控制权上。在传统媒体时代，信息的传播主要是单向的和线性的，媒体机构在信息传播过程中占据主导地位，决定了何时何地以及如何向受众传递信息。例如，电视台和广播电台按照固定的时间表播出节目，报纸和杂志按照固定的周期发布，用户只能在媒体机构设定的时间内接收信息。在这种模式下，受众的角色更多的是被动接收者，信息的选择和消费相对受限。

然而，随着互联网技术的发展和普及，特别是移动互联网的兴起，用户的信息消费习惯发生了革命性变化。信息获取变得更加便捷和多样化，用户可以随时随地通过智能手机、平板电脑等移动设备接触到大量多样化的信息。新闻客户端、社交媒体平台等新媒体形式，为用户提供了个性化的内容推荐和交互式的体验，极大地满足了用户对信息即时性、多样性和互动性的需求。用户不再受限于传统媒体的播出时间和内容安排，而是可以根据自己的兴趣和时间安排主动地选择想要接收的信息。这种变化意味着，用户已从传统媒体时代的"被动接收者"转变为互联网时代的"主动选择者"。用户的注意力和时间成为媒体机构争夺的宝贵资源，用户的选择权和决策权在信息消费过程中显著增强。受众角色的转变不仅挑战了传统媒体的传播模式，也促使媒体机构必须重新思考如何构建与用户的关系，如何通过互联网逻辑来满足用户的个性化需求，并在竞争激烈的媒体环境中获得用户的青睐。

（二）用户习惯的变化对内容产生的影响

互联网时代，用户的信息获取习惯和阅读偏好经历了显著变化，这一转变不仅影响了用户与信息的连接方式，也促使媒体必须重新考虑其内容生产和表达方式。互联网的普及与发展实质上扩展了用户的自主性和自我解放的空间，赋予了用户前所未有的权力和自由，从而使每个个体都能在信息传播上拥有更多的选择权和发声权。互联网"赋权"使"每个人都是自己的媒体"成为现实。这种信息消费习惯的变化，特别是用户对信息获取渠道的多样化选择，迫使媒体机构必须重新思考如何吸引并保持用户的注意力。正如陈昌凤教授所述，新媒体的兴起模糊了信息生产者与消费者之间的界限，"产消融合"逐渐成为一种普遍趋势，其中"产消者"的概念体现了用户在信息生产中的积极参与和贡献。①

如今，随着移动互联网的快速发展，"低头族"随处可见，他们更倾向于通过手机、平板等电子设备获取信息，而非报纸或电视等传统媒体。为了适应这种阅读习惯的改变，媒体必须创新内容的表现形式和表达方式。微信、微博、抖音等新媒体平台的兴起，以及图文并茂、短视频内容的普及，反映了用户对轻量化、互动性强的内容形式的偏好。自媒体的迅速崛起和广泛流行进一步证明了"用户中心思维"的重要性。自媒体能够深刻理解并满足用户的个性化需求，提供具有针对性和价值的内容，从而在信息过载的互联网环境中脱颖而出。浙江日报报业集团的媒体融合改革实践表明，传统媒体在互联网时代要实现成功转型，必须采纳"开放分享，用户中心"的互联网逻辑，围绕用户需求重新构建内容生产和传播策略。通过资本合作、技术创新和内容优化，浙江日报等传统媒体机构正逐步实现与新媒体的有效融合，为用户提供更加丰富、多元和个性化的信息服务。

二、激活媒体内部资源，实现资源优化配置

尽管当前环境下传统媒体面临着诸多挑战，但不容忽视的是，长期积累下来的品牌影响力和专业人士在特定领域内的权威性，构成了传统媒体宝贵的无形资产。这些由资深记者和编辑构成的专业团队，不仅在各自领域内具有较高的知名度，同时也拥有丰富的行业关系资源。有效地整合和运用这些垂直化资源，可以产生超出预期的协同效果。

重视并利用垂直化资源的根本原因在于，仅仅拥有用户并不能保证成功，关键在于如何进行有效的用户运营、增强用户黏性和构建难以逾越的竞争壁垒。参照移动互联网行业的发展经验，尤其是在当前O2O模式竞争激烈的市场环境下，虽然通过补贴和资金投入可以短期内吸引用户，但若不能迅速建立起与用户间的深层次联系，这些用户很快就可能流失。同样的逻辑也适用于媒体融合的过程。在今天，媒体的角色已经远远超出了单纯的信息传播机构，开始提供更多元化的服务功能。媒体的角色正在向服务提供者和社群组织者转变，相应地，其商业模式也在经历着转型。如何有效地挖掘和利用媒体所拥有的垂直化关系资源，成为其能否在竞争中保持优势的关键因素，其不仅能够帮助媒体机构在多变的市场环境中稳定用户基础，还能探索和实现新的商业化路径。

---

① 陈昌凤，虞鑫.网络时代的盛世危言：互联网与社会变迁［M］.北京：北京出版社，2012：62.

（一）"社区化"策略与纵深资源的激活

在互联网时代下，传统媒体在面临新技术挑战的同时，也处于转型升级的关键节点。其中，激活和利用其长期积累的垂直化关系资源成为实现快速转型与商业化成功的关键策略之一。"社区化"战略，即通过构建紧密的社区用户网络，不仅能够为媒体带来稳定的用户规模和增强用户黏性，同时也能够为媒体提供更深层次的市场洞察和用户数据分析，为媒体的内容创新和服务拓展提供有力支撑。

传统媒体机构凭借多年的品牌积累和专业实践，已经构建了丰富的行业关系网络和社区用户基础。这些关系资源不仅包括广泛的用户群体，还涵盖了领域内的专家、意见领袖等关键人物，他们在特定领域内具有较高的影响力和话语权。有效地激活这些资源，可以为传统媒体带来独特的竞争优势和商业价值。面对互联网带来的全新竞争格局，传统媒体需要深刻认识到，用户的获取与运营已成为核心战略之一。这不仅是因为用户规模直接关系到媒体的市场影响力，更是因为在数字经济时代用户数据和用户参与度已成为衡量媒体价值和商业潜力的重要指标。因此，利用垂直化关系资源构建社区化战略，不仅能够加强与用户的联系，也能为媒体开发新的商业模式和增值服务提供坚实基础。

广州日报报业集团和四川日报报业集团的实践案例充分展示了传统媒体如何通过"社区化"战略盘活垂直化关系资源，实现资源的最优配置。广州日报报业集团通过"细分市场精耕细作"的战略，不仅发挥了其区域化优势，还通过创办新的社区报纸和信息聚合平台，成功拓展了新的市场空间和用户群体。四川日报报业集团则通过打造区域组合都市报和深挖社区市场，有效地利用了地域和社区资源，为用户提供了更加贴近、更具针对性的信息服务。

（二）通过"社群运营"进一步挖掘纵深关系资源

在现代媒体运营中，"社群运营"是一种激活垂直化关系资源的有效手段，通过建立一个互动性强的用户社区，媒体不仅能够加深与用户的联系，也能够在一定程度上塑造独特的社群文化。这种社区或社群不仅存在于虚拟的网络空间中，通过评论、分享、点赞等形式进行互动，也延伸到了线下，通过组织各种与用户兴趣相关的活动来增强用户的归属感和忠诚度。例如，地方性的社区报纸利用其地理位置上的优势，举办各类社区活动，逐渐将这些活动转变为报纸品牌的一部分。《逻辑思维》作为社群互动和文化运营的范例，其成功之处在于能够有效地管理和运营知识型社群，将成员从初始的弱联系转变为具有共同价值观和目标的紧密群体。《逻辑思维》通过定期的线下活动和有针对性的线上互动，成功地将其社群成员的关系由表层的联系深化为基于共同兴趣和认同感的强联系。

社群主义强调的是一个团体内部成员之间基于共同价值、规范和目标的紧密联系。在这样的社群中，每个成员不仅追求个人目标，更将社群的共同目标视为己任。在互联网时代，这种理念对于传统媒体的社群运营有着重要的借鉴意义。传统媒体应当学习自媒体和互联网企业在社群运营方面的成功经验，通过精准的用户定位和有效的互动策略，将用户紧密地围绕在媒体品牌周围，形成具有高度凝聚力和活跃度的社群。对于传统媒体来说，社群运营不仅是一种策略，更是一种必须深入理解和融入的文化。通过深度的用户分析和精细化的内容策略，传统媒体可以在自己的领域内构建起强大的社群，以此作为突破传统媒体局限、实现资源最优化配置的关键途径。通过这种方式，传统媒体不仅能够提升自身的品牌影响力和市场竞争力，还能够在数字化转型的过程中找到新的突破点和商业模式。

三、服务导向下的创新服务平台建设

媒体融合的核心逻辑之一是把服务作为关键，旨在构建以创新服务为中心的平台，反映了对互联网环境下媒体角色转变的深刻理解和对新技术推动下发展趋势的准确预见。在互联网大背景下，媒体的功能已从单纯的信息传播者转变为用户服务的提供者，强调通过提供个性化、精准化的服务来满足用户多样化的需求。随着人工智能、大数据等新技术的应用，媒体生产方式和用户消费方式正在发生革命性变革，这要求媒体不仅要提供高效动态的内容，更要通过服务创新不断满足用户需求。

（一）从"内容为王"到"服务为王"的转变

随着互联网技术的发展，媒体机构的角色已经从单纯的信息提供者转变为用户与服务之间的桥梁。暨南大学谭天教授将新媒体界定为媒介平台，强调其在资源聚合和提供传媒服务方面的功能，突破了传统媒体的内容制作与分发模式。[①] 在互联网时代，大型平台如腾讯、新浪等占据了流量入口，为传统媒体的转型带来挑战。在这一背景下，媒体融合成为技术进步的必然结果，进而推动媒体从"内容为王"向"服务为王"转变。这一转变意味着媒体不再仅仅聚焦于内容生产，而是需要构建以服务为核心的平台，以满足用户的多元化需求。喻国明教授指出，媒介消费的持续性特点要求媒体将注意力从单次内容传播转向构建与用户的长期关系，从而将消费者转化为忠诚的受众。[②] 因此，媒

① 谭天.媒体融合的发展、认识、创新与攻坚［J］.媒体融合新观察，2021（4）：9-13.
② 喻国明.中国居民的媒介使用图谱全民媒介使用与媒介观调查报告［M］.北京：人民日报出版社，2020：63.

体机构需要扩展其服务范围，提供更加多样化和个性化的服务，以增强用户黏性和扩展商业模式。

为了实现这一转变，媒体机构必须深入了解用户需求，线上线下全方位连接用户，将内容转化为服务的媒介，打破信息提供者的传统框架，向综合性服务平台转型。这不仅能够为媒体带来更广阔的商业空间，也有助于媒体在竞争激烈的媒介市场中保持持续的竞争力和影响力。

（二）构建以服务为核心的平台

在媒体融合的背景下，传统媒体面临的挑战和机遇并存。为了适应这一变化，传统媒体必须以提供多元化的信息服务为出发点，转型为综合性的服务平台。观察自媒体领域的发展趋势，不难发现许多自媒体已经着手将自身塑造为提供全方位服务的平台，其中《逻辑思维》的转变尤为显著，它不仅停留在提供优质内容上，更进一步涉足了电商领域。传统媒体在这一转型过程中，也应积极拥抱新技术，力图将自身建设成为平台型媒体。《壹读》杂志的案例便是一个典型，通过推出音频、视频、客户端和网站等多个渠道，形成了全方位服务的新媒体矩阵，并通过建立微社区，加强了与核心粉丝的互动与运营，拓展了媒体与用户互动的深度和广度。

第二章

融媒环境下传媒业态的变革

第一节　中国传媒业态的转变

一、传媒新业态下的理论变革

（一）人际传播的变化

随着媒介技术的不断进步，人际传播的形式经历了显著变化。传统的面对面交流逐步让位于以媒介技术为中介的传播方式，形成了"人—媒介—人"的传播模式。信息传播逐渐依赖于互联网这样的新媒体平台，人们无须见面即可进行交流，通过电视、广播和互联网就能了解全球发生的事件。正如马歇尔·麦克卢汉所指出的，媒介技术对人际关系及其活动的形态、规模和速度产生了深远影响，媒介技术引发的最明显变化就是交流方式的革新。在互联网时代，"人—新媒体—人"的交流模式已成为常态。现在，人们不仅可以通过电脑接入网络，而且能够随时通过手机查阅新闻或与世界另一端的朋友进行视频通话。与过去相比，时间和空间的限制大为减少，人际传播更加便捷和自由。

微信朋友圈的出现是人际传播方式变化的一个标志性例子，它形成了以强关系为主、弱关系为辅的社交圈。在微信的通信录中，联系人多半是与用户现实生活紧密相关的人。这种设置使人们能够在线上和线下同步进行交流，线上信息与线下互动相互影响。朋友圈的功能促成了从"一对一"到"一对多"的交流模式转变，允许用户即时分享日常生活，增强了与通讯录中其他人的互动。

在《微信使用对人际传播的影响研究》中，詹恂和严星进一步提出了"弹性社交网络"的概念。他们指出，与基于强关系和公众关系建立的传统社交网络服务（SNS）不同，弹性社交网络的特点在于社交关系的流动性和不确定性，这种模式打破了固定社交方式的传统，使人们可以基于共享的时间、空间和兴趣聚集在一起进行社交。[①] 微信的移动性和即时性特征，如"扫一扫"和"摇一摇"功能，不仅加强了熟人间的信息传递，也使原本不相识的人能够因参与相同的活动而建立连接，从而进一步增强了互动性。

（二）意见领袖的话语权进一步扩大

新媒体的发展带来了信息传播的即时性，使信息能在极短的时间内传达给亿万移动设备用户。这种即时传播的特性允许意见领袖将他们的观点快速发布到网络上，迅速被广大网友所接收。具有数十万或数百万粉丝的微博大 V 账号和拥有一定关注度的微信公众号便是这些意见领袖的代表。他们凭借长期积累的经验和在网络上建立的声望，成了信息传播的重要节点。

在处理重大或有争议的事件时，这些意见领袖的发声具有显著影响力。如果他们的观点逻辑清晰，很容易获得网民的认可和支持，从而引导舆论的方向。一旦某个观点获得足够的支持并形成规模，在从众心理的驱使下会促使越来越多的人赞同该观点，使其成为事件的主流观点。这种现象表明新媒体环境下意见领袖在形成和引导公众意见方面具有重要作用。

（三）"反沉默的螺旋"的出现

随着互联网技术的广泛应用，社交媒体展现出自由、开放和互动的特质，为受众提供了表达和讨论信息的空间。这种变化促使了"沉默的螺旋"理论发生转变，导致了"反沉默的螺旋"模式的出现。在这一模式下，受众不仅是被动地接收信息，还可以主动参与信息的发布和传播过程，展现出主动思考和分析信息的能力。王国华和戴雨露针对"反沉默的螺旋"现象进行了分析，认为其出现主要基于两方面的原因：一是互联网的特性，匿名性、交互性和多样化的传播方式，减少了群体压力，增强了受众的主体地位，并恢复了受众的知情权；二是网络受众特点的变化，包括从众心理的减弱和关键意见领袖的作用增强。[②] 尽管如此，有学者认为"沉默的螺旋"效应在一定程度上仍然存在。在新媒体环境下，"沉默的螺旋"和"反沉默的螺旋"并非完全对立，而是可能交替出现或同时存在。一方面，从众心理对某些受众的影响并未完全消失；另一方面，由于网络匿名性和群体影响，受众在发表意见时仍可能考虑到网络暴力的风险。此外，当媒体的观点与大多数受众的利益相符时，"沉默的螺旋"效应依旧能够发挥作用。

[①] 詹恂，严星.微信使用对人际传播的影响研究［J］.现代传播（中国传媒大学学报），2013，35（12）：112-117.

[②] 王国华，戴雨露.网络传播中的"反沉默螺旋"现象研究［J］.北京理工大学学报（社会科学版），2010，12（6）：116-120.

（四）把关人理论不再是传统媒体的特权

在新媒体时代，把关人已经不再局限于报纸、广播、电视等传统媒体领域。互联网新媒体和受众自身成了新的把关主体，更多受众能够直接参与信息的筛选和传播，扮演信息传递过程中的第一道把关角色。新媒体环境下的把关人特点有所变化，主要体现在：职业和非职业把关人并存，从事前把关转向事后把关，以及由单一把关向多元化把关转变。这种把关门槛降低，也带来了网络谣言、虚假信息等问题的出现。因此，国内学者开始强调"新型把关人"角色的重要性，认为传统职业把关人的作用不可替代，同时新媒体环境下的把关人需要增强自我监督意识。政府和网络媒体机构需加强规范和监管，出台相应的规范制度以提升信息质量。微博和微信官方发布的《微博社区公约》和《微信公众号运营规范》等，便是向这一目标迈出的重要步骤。

（五）社群及社群经济成为新媒体新兴态势

在当前的媒体环境下，黎斌认为我们正处于从流量经济逐步过渡到社群经济兴起的时代。他指出，社群经济的发展应是内容、渠道和平台融合之后的下一阶段方向和战略。[①] 对于传统媒体而言，发展社群经济的策略包括精准的市场定位、培养特定受众群体；加强与受众的互动，促使受众向粉丝转变，再从粉丝转化为社群的成员；主动建立并发展专注于特定领域的社交媒体网络；同时，在内容为王的前提下，利用互联网的方式包装和推广专业的媒介产品。

在中国，"暴走漫画"和"罗辑思维"是两个具有代表性的互联网社群品牌，分别代表了娱乐型和知识型社群。它们成功的关键因素主要有以下四点：第一，两个品牌都依托于高质量的内容生产来建立稳固的粉丝基础，有明确的目标受众群体；第二，有效地利用多种传播平台，从单一产品形态拓展到多元化的内容形态，覆盖多个媒体平台；第三，背后有组织化的发展和团队化经营模式，确保内容的质量与传播的效率；第四，通过意见领袖的个人魅力深度开发社群，如"暴走漫画"的王尼玛和"罗辑思维"的罗振宇，他们的影响力促进了受众思维的转变。

二、中国传媒新业态的特征

技术革新引领了传播方式与手段的变革。互联网作为新时代的传播媒介，不仅改变了信息存储的空间需求，打破了信息发布的时间限制，还引发了从产业结构到传播模式乃至运营机制的根本性变化，为中国的传媒行业带来了新的业态特征。

---

① 黎斌.面向社群时代的媒体融合战略［J］.声屏世界·广告人，2015（12）：136.

（一）传媒体制从单一的国有体制走向多种形式混合体制

传媒体制经历了从国家体制到多种形式混合体制的转变。网络社交平台的崛起挑战了国有传统媒体的主导地位，各种资本进场，媒介市场进入新局面。以阿里巴巴和腾讯为代表的大型商业企业和资本巨头纷纷抢占新兴媒介产品和互联网渠道的市场份额，形成了规模庞大、跨界合作的超级媒体集团。这些集团预计将在未来相当长的一段时间内，继续保持并发展目前多元所有制的媒介体制格局。

（二）以互联网为主导的传播新局面基本形成

互联网已经成为当前传播领域的主导力量。2015年12月16日，习近平总书记在第二届世界互联网大会上强调了建设"数字中国"的重要性；同年7月4日，国务院发布了《关于积极推进"互联网+"行动的指导意见》，这两项重要举措均体现了国家层面对互联网主导传播格局的支持和鼓励。

国内互联网企业在这一背景下，积极扩展其媒体影响力。通过新兴媒体平台直接发布内容和竞争新闻流量，如"腾讯新闻"客户端在移动新闻领域中的表现尤为突出。面对这种以新媒体为核心的传播新格局，传统媒体仅仅复制纸质媒体和电视内容到"两微一端"（微信、微博和移动新闻客户端）已不足以满足现代传播的需求。与此同时，随着民营资本的大量注入，腾讯这样最初以门户网站和社交产品起家的公司，在2019年实现了3700亿元的营收和980亿元的净利润。而"今日头条"以其个性化新闻推送功能，在短时间内成为移动新闻客户端的领军者。

（三）"去中心化"的新闻生产新模式

互联网对新闻传播业态造成了革命性的变革，传统媒体固有的新闻采访、写作/拍摄、编辑及评论等生产流程正面临着重新调整的局面，以适应网络传播环境的特点。

随着自媒体的兴起，这些自发性的媒介形式开始向更加组织化和规模化的模式转变，吸引了大量专业媒体人才及资本投入。这种转变正在挑战传统媒体长久以来依赖的"编辑—分发"模式，传统媒体正在面对越来越精准化、定制化的需求压力。公众愈加倾向于通过移动设备访问符合个人兴趣的新媒体平台，这对一向以"一对多"为特征的传统大众传播模式构成了巨大挑战。在互联网的帮助下，一个更开放的公共讨论空间得以形成，赋予了受众更多的发声机会。多元主体参与到传播过程中，打破了传统媒体"一家独大"的局面，UGC、PGC等多种生产模式相结合，去中心化趋势明显。

（四）"去边界化"的传播平台趋势

新媒体环境下，报纸、广播、电视等传统媒体之间的界限以及与互联网平台之间的界限逐渐模糊，不同传播平台之间的隔阂正在消失。以短视频和图像等视觉元素为主的传播形式，正在成为新的发展方向。例如，《人民日报》的"中央厨房"项目和香港大公文汇集团的"全媒体中心"都在进行流程优化，以求更好地满足受众的需求。

互联网已经超越了单一媒介的角色，变成一个综合性的平台，能够满足各种用户的多元化需求。信息的获取不再仅仅依赖于传统的报纸、广播或电视，社交媒体如微博和微信凭借其更加人性化、互动性强的特性，已成为用户获取新闻信息和进行信息传播的重要途径。

第二节　传播话语体系的变迁与互联网思维

一、传播话语的变与不变

要有效地讲好中国故事和传播中国声音，必须从改变传播话语体系开始。互联网的出现促进了话语权的多元化和去中心化发展，这对主流媒体在国内外舆论场中的地位提出了挑战。在跨文化和国际传播中，主流媒体应如何有效地掌握和运用话语权呢？

（一）传播话语

要改变话语传播体系，我们首先需要明确与"话语"相关的基本概念。在当代人文科学领域，"话语"被视为核心概念之一，其应用跨越了多个学科。根据希夫林的观点，话语的定义可大致分为三种：首先是作为句子含义的一种结构单元；其次是作为语言的实际使用；最后是被视为更广泛的社会实践形式。前两个定义从语言学的角度进行划分，而第三个定义则强调，话语不仅是创造意义的过程，它还是更广泛系统的一环，人们通过话语构建社会身份、社会关系及社会现实。研究话语的目的，在于探讨人们如何利用话语来构建、维护或是颠覆特定的现实、权力关系以及信仰和价值观。

探讨话语时，我们可以从两个角度出发：一是文本角度，描述语言的结构；二是语境角度，考察语境的特征，如认知过程、社会文化因素等的相互联系。胡春阳指出，社会的运作离不开话语及其生成的文本，社会变化很大程度上通过语言的变迁实现，新词的创造或旧词新意的赋予，构建了一套新的意义系统，进而构筑和推动现实的变化。这一观点强调了语言系统中话语的重要性。

从语境的角度出发，林纲提出人与世界的联系实际上是通过一系列特定历史条件下的制度性话语组织起来的关系，这些话语是由某个权威主体发布的，并被视为具有真实性的声明。简言之，话语是权威机构用以掌控和解读世界的工具，它能够帮助构建社会现实、塑造价值观念、社会契约和文化。媒介中的话语不单是微观层面上的声音、词汇、风格和文本，它还涉及宏观层面的组织方式和意义构建。

在探讨与媒介话语相关的诸多概念中，"电视话语"尤其受到关注。刘笑盈对电视话语的定义是：以电视既有的镜头语言及其他信息符号系统为基础，在一定的规则和编排手段下进行传播活动，在人与人互动中呈现出来的丰富而复杂的节目形态，以及在其背后体现出来的具体社会关系。①孙玉胜在其著作《十年：从改变电视的语态开始》中讨论了"语态"这一概念，即电视媒体的说话风格或叙事方法。他提到，自 1993 年起，《东方时空》的电视新闻改革"正是从改造我们的语态，或者说是从改变说话的方式开始的"②。二十多年前，央视已经意识到电视话语的革新需要降低媒体的视角，避免使用大话或空话，采用大众易于接受的、平易近人的表达方式。《东方时空》所提倡的"真诚面对受众"，不仅是一个口号，它也预示着电视语言叙述方式的更新。电视话语包含了影像语言的叙述方式和叙事风格，并蕴含着媒介话语的权力。从语态到话语的转变，标志着一个重要进步。尽管"语态"的概念未能上升为理论，但现如今，"话语"这一西方概念因其包含的话语权和其他国际因素，在中国得到了广泛认可，并成为中国国际传播的一个关键概念，从而引出了如"中国故事"等衍生概念。

媒介话语权的争夺是意识形态和舆论战场的一部分。林纲认为，媒介话语权是受众基于对个人或社会整体发展形势的考量，将其部分利益通过媒体间接控制的结果。③这意味着，受众并未直接授予媒体权力，而是将自己的话语权让渡给了媒体，借此形成社会舆论。

传播话语体系涉及两个主要领域：国内和国际。这意味着既需要向国内群众有效传达中国的故事，也需要在国际舞台上成功讲述中国故事。中国故事本质上代表了一种独特的话语形式。尽管"话语"这一概念带有一定的西方色彩，但这并不影响中国以自己的方式，通过中国特有的话语体系来讲述中国故事。

媒介在话语体系转变过程中，面临的挑战不仅在于表达形式的变化，更关乎于其所持的态度和立场。话语作为文化传递的关键载体，在国际传播中，不

---

① 刘笑盈. 论当前跨文化语境下电视话语的变革转型［J］. 现代传播（中国传媒大学学报），2017，39（8）：11-15.

② 孙玉胜. 十年——从改变电视的语态开始［M］. 北京：人民文学出版社，2012：444.

③ 林纲. 网络新闻语言与话语权变迁［J］. 社会科学家，2009（11）：151-154.

只是从文化维度探讨话语的影响力，同时也要考虑到话语如何塑造和构建文化。跨文化传播着重于不同文化之间交流的过程，这包括如何形成和解释交流的意图，以及如何通过协商来构建和理解交流的含义。

（二）互联网思维

互联网思维是当前许多行业和领域热议的话题，它被众多互联网企业频繁提及，并获得了政府的认可与重视。尽管如此，业界与学界对于互联网思维的定义尚未达成一致，对其解读也丰富多样。

各界精英对互联网思维有着各自的阐释：雷军强调了"专注、极致、口碑、快"这四个要素；马云则提出了将"跨界、大数据、简捷、整合"作为互联网思维的关键；周鸿祎则认为互联网思维应涵盖"用户至上、体验为王、免费模式、颠覆创新"；在《互联网思维——独孤九剑》一书中，赵大伟提出了九大思维原则，即"用户思维、简约思维、极致思维、迭代思维、流量思维、社会化思维、大数据思维、平台思维、跨界思维"[①]。

观察业内对"互联网思维"的讨论，可以发现虽然各方观点和重点不尽相同，但它们之间存在一定的共通性。然而，需要指出的是，无论是互联网行业的先锋人物还是畅销书作家所表达的"互联网思维"，往往基于成功学的主观总结，旨在凸显互联网行业与传统行业的区别。这种定义更多地反映了行业从业者对自己所在领域的理解和界定，而不足以深刻揭示互联网思维的真正本质。喻国明和姚飞在《强化互联网思维 推进媒介融合发展》中提出，互联网思维的核心理念是"互联互通"。他们认为互联网通过将以往孤立、局部、分散的社会资源通过网络互联的方式重塑成全新的格局。传统社会中那些被忽视、轻视甚至是闲置的资源，因互联网的"互联互通"功能而得以激活，转化为社会创新价值、新的动力和新的社会结构的源泉。[②]这一过程伴随着社会规则和运营模式的根本变革。上述观点从互联网的根本特性出发，为理解互联网思维提供了更深层次的意义。

在讨论互联网思维时，黄升民和刘珊将其视为一种随信息产业革命而生的意识形态，认为这是互联网品牌建设中的关键环节或必需策略，并强调无须对其过度神秘化。[③]崔保国则把资本视为互联网思维的核心。[④]而李海舰等在《互联网思维与传统企业再造》中，把互联网思维定义为一种哲学，它为商业世界

---

① 赵大伟.互联网思维——独孤九剑［M］.北京：机械工业出版社，2014.
② 喻国明，姚飞.强化互联网思维推进媒介融合发展［J］.前线，2014（10）：54-56，58.
③ 黄升民，刘珊."互联网思维"之思维［J］.现代传播（中国传媒大学学报），2015，37（2）：1-6.
④ 崔保国.传媒转型中的互联网思维［J］.青年记者，2016（27）：13-15.

带来了全新的视角，涵盖了互联网的精神、理念和经济三个层面。①这表明即便在学术界，对互联网思维的理解也未达到一致，部分原因可能是互联网本身正处于持续的创新和变革之中。

互联网思维应被看作一种区别于传统思维的观念，它基于互联网的特性，对传统的思维模式进行了解构和重新构建。此外，互联网思维是一个动态的概念，它旨在打破过去、立足当下并朝向未来。随着互联网技术的不断进步，互联网思维的含义和范围也将持续扩展。值得注意的是，实践是获取知识的源泉，因此在不同行业中，互联网思维所代表的具体含义会有所差异。例如，在新闻传播行业，陈力丹认为互联网思维是基于互联网平台的传播特性和规律来考虑媒体融合，这不仅包括亲和的语态、即时传播、个性化、场景化传播，还涉及大数据分析和重视互动等方面。②

（三）重构话语体系，建设新型主流媒体

传播技术的飞速发展为主流媒体带来了双重影响，既有机遇也有挑战。社会舆论的格局经历了变革，媒体的话语权开始重新分配，公众话语权得以显现。媒介的影响力不再是单一的，而是变得多样化。同时，出现了以网民为主的新型意见阶层。③在这一背景下，中国在全球传播体系中提升自身的话语权变得尤为重要。发展新型主流媒体成为在互联网时代增强文化自信、塑造积极国际形象、提升中国国际地位的关键策略。新型主流媒体的"新"体现在何处？它与传统媒体适应新媒体环境的努力相比有何区别？

第一，"新型"体现在采纳全新的思维模式上，即互联网思维将成为新型主流媒体建设的引领力量。新型主流媒体不只是从用户体验、数据分析、服务提供等方面采纳互联网的思维方式，还将利用其权威性和专业性深入地引导公共舆论，确保互联网思维能渗透到生产和生活的每个角落。

第二，"新型"主要表现在其权威性上，即丁柏铨所述的"具有真正的吸引力和影响力"。作为官方话语的代表之一，主流媒体的特殊地位决定了其在传播过程中的权威性，这种权威性在以下三个方面得以体现：首先是对内容的认可。新型主流媒体需要确保其传播的内容及其中蕴含的观点能够获得受众的认同，从而在他们心中建立起信任和依赖，久而久之，形成一种向往和愉悦的心理状态。这样的内容能够触动人心，激发公众的思考、讨论和共鸣，使受众真心认同。其次是对意见领袖的认可。主流媒体应有意识地塑造一些意见领袖，他们既能代表公众意见，又能与官方进行沟通；或者媒体通过发布深刻见

① 李海舰，田跃新，李文杰. 互联网思维与传统企业再造［J］. 中国工业经济，2014（10）：135-146.
② 陈力丹. 用互联网思维推进媒介融合［J］. 当代传播，2014（6）：1.
③ 苗艳. 中国新媒体事件话语研究［M］. 成都：四川大学出版社，2015：103.

解，在关键事件中以明确立场引导舆论。最后是对品牌的自发认可。新型主流媒体应成为受众主动寻求、愿意接受的信源。在保持权威性的同时，主流媒体也需保持亲和力。①过去，亲和力往往被视为一种形式，但在当前情境下已发生了显著变化。亲和力不再仅限于形式，它已成为内容甚至传播过程的一部分，强化了媒体与受众之间的联系。

第三，"新型"体现在适应新兴媒体传播规律的能力上。在新媒体环境中，主流媒体日益重视新闻传播不断演化的规律。理解并利用这些规律，是确保信息能够有效到达目标群体、产生期望影响并增强主流媒体在传播力、引导力、影响力和公信力方面的关键。从舆论的形成和发展速度来观察，现代社会的舆论周期缩短，日常话题数量增加。因此，主流媒体必须对这些变化做出回应。与新媒体不同，它们可能无须对所有话题做出反应，但至少应当选择关键话题进行及时响应。如果回应不够迅速，社会议题可能会迅速更迭，对社会公众造成负面影响。这种快节奏传播是新媒体的特点，要求传统媒体必须调整自己的传播节奏，以适应这一传播规律。

新的媒体生态环境不仅意味着主流媒体所处的环境发生了变化，更是为主流媒体的发展带来了压力和困境。在融媒体时代，随着网络信息技术的普及，新媒体的影响力日益增强，构成了与传统媒体时代不同的媒体生态环境。在对"流量"与热点的追逐中，新兴媒体以一切方式吸引着受众的注意力，消解着主流媒体话语权的主导性。在新媒体生态环境下，主流媒体仍然肩负着信息传播以及舆论引导的责任，在社会公共意识的形成方面扮演着重要的角色。传统媒体时代，信息传播过程可控性较高，主流媒体在传播过程中占据着主导地位。然而随着各种新兴技术与媒体的发展与普及，舆论场上的话语权变得日益零碎。媒介环境复杂、社会风险频发，在此背景下，主流媒体仍需坚守思想文化阵地，面临着话语权重构的迫切任务。主流媒体在发挥自身优势的同时，顺应新兴媒介环境传播规律，加快、加深媒体融合进程，运用互联网思维构筑全媒体传播体系，重构话语体系以发挥传播正能量、讲好中国故事的重要作用。

（四）讲好中国故事

讲故事作为新闻传播的一种方式，在加深国内外交流的背景下，逐渐获得认可，并成为改变传统叙述形式的有效策略。在中国的历史进程中，讲故事的重要性显而易见，中华文明之所以能够成为世界四大古文明中唯一延续至今的文明，在很大程度上得益于特有的叙事模式。无论是四大文学名著等古典文学作品，还是《百家讲坛》这样的现代节目，讲故事都是其核心形式，是历史传

---

① 丁柏铨.建设新型主流媒体：何以必要和何以可能［J］.新闻与写作，2015（7）：44.

承的关键途径。在国内外传播中讲好中国故事，需要深入理解其内容的内涵，这包括故事的选择、叙述方式和如何精彩呈现这三个方面。[①] 主流媒体应致力于"保持主流立场，传递正能量；内容深刻且富有洞见；形式多样、创新并接地气"。

在讲述中国故事时，应当坚持全面、客观、真实的标准，既不夸大"中国式奇迹"，也不回避"中国式难题"。与过去那种"高大全"的成就报道不同，现在更注重精心挑选值得讲述的故事。在故事的选择上，一方面要关注故事内部的戏剧性和冲突，另一方面也要考虑到故事与当前社会现实的深刻联系。

今天，我们需要从更高的话语层面去理解和讲述中国故事。这意味着，讲好中国故事所需要做的不仅仅是挑选吸引人的故事，而是要构建一个完整的话语体系。具备这样一个话语体系，讲故事便不只是简单地叙述，而是涵盖了故事背后的立场、态度以及其中包含的思想和思维过程。[②] 目前，讲述中国故事的范围已经扩展到政治领域之外，包含了中国几千年的历史，此外，现代中国的发展和变化是叙述的焦点。

至于中国故事的讲述者，虽然通常认为应由中国人自己来讲述，但近年来也出现了不少外国人讲述中国故事。鉴于中国故事旨在向全球受众传达，让外国人特别是西方人参与其中，可以视作一种"双赢"的传播策略。无论这些外国人是作为节目的主持人还是创意团队的一员，他们的参与体现了中国故事作为全球性话题的普遍价值。然而，中国人自己作为故事的创作核心至关重要，因为没有人比中国人更深刻理解自己的文化和历史。

二、主流媒体的话语转型与意义构建

（一）转变话语理念

在现代媒体环境下，传统主流媒体在新闻报道方面既要承担舆论引导和正能量宣传的角色，又不能完全以迎合用户需求为导向。寻找两者之间的平衡，成为传统媒体转型为新型主流媒体过程中的重要任务。在2017年全国两会期间，《人民日报》推出的H5产品《两会喊你加入群聊》和央广的《王小艺的朋友圈》便是典型例子，这些产品不仅迅速吸引了大量关注，还成功地结合了新媒体的传播特性如视频化、社交化和碎片化，有效承担了引导公众舆论的使命。

① 姜玉梅.民族伟大复兴关键时期提升国家文化软实力的经验与借鉴——基于"讲好中国故事"的视角［J］.前沿，2015（3）：31.
② 肖燕雄，王浩文.讲"好故事"与"讲好"故事相契合的尝试——对三届《好记者讲好故事》特别节目的分析［J］.现代传播（中国传媒大学学报），2017，39（9）：85.

（二）创新话语内容

为适应新媒体时代的变化，主流媒体正在采取多种策略创新其新闻报道方法。首先，创新报道的视角，如央视在"一带一路"主题上发布的《数说命运共同体》采用数据新闻的方式进行深入解析，利用技术手段丰富报道的表现形式。此外，G20杭州峰会和全国两会期间，主流媒体也推出了基于大数据技术的特色新闻产品。其次，主流媒体正在将报道焦点转向普通民众，通过系列报道如《新春走基层》等节目，展现了民众的生活状态和心声。在纪念澳门回归20周年时，通过特别报道展示了澳门的发展成就。此外，主流媒体正在努力突破传统的报道风格，采用更亲民、平等的语态进行报道。例如，《新闻联播》通过展示美丽的国景，以温馨的话语传递正能量，体现了主流媒体人性化的风格转变。最后，主流媒体正尝试将用户生成内容与专业内容相结合，如《新闻联播》中的"厉害了，我的国"和"晒晒我这行"栏目，利用被采访者提供的手拍视频，虽然这些内容在技术专业度上可能有所不足，但增添了新闻报道的真实性和生动性。这些策略共同促进了主流媒体向新型媒体的转型，使其在新媒体环境下继续保持影响力和关键作用。

（三）强化跨文化传递

美国人类学家爱德华·霍尔（Edward Hall）引入了"文化语境"这一概念，描述了一个社会通过历史积累形成的知识体系，即一个民族或国家共享的、历史悠久的包含意识形态在内的知识背景。[①]这些知识使人们能够在交流时通过预测和推断来理解对方。根据霍尔的理论，文化可以分为"高语境文化"和"低语境文化"。在高语境文化中，交流的含义更多地依赖于语境而不是语言本身，其特点是历史、传统、习俗等元素高度一致，信息主要储存在公共的语境中，使成员在交流时能够依靠共享的背景知识进行沟通。相反，低语境文化侧重于直接的语言交流，因为其成员之间缺乏共同的历史和文化背景，交流必须更多地依赖于明确的语言表达。

在传播学中，当一种民族文化向另一种民族文化传播时，常常会遭遇文化的磨损或变形，这一现象被称为"文化折扣"。与属于低语境文化的西方文化相比，中国文化属于高语境文化，在跨文化传播过程中往往会遇到一定程度的文化折扣。2011年，中国的国家形象宣传片在美国纽约时代广场上播放量达84000次，标志着中国首次正式在国际舞台上展示其文化形象并取得了一定影响。尽管如此，关于形象片中人物如何体现代表性及国际社会是否能够充分理解其深层含义等问题也随之而来。美国媒体对该形象片的评价呈现出了好评与

---

① 爱德华·霍尔.超越文化［M］.居延安，等译.上海：上海文化出版社，1988：15.

负评并存的态势。这些负面反馈虽部分源于意识形态的差异，但其根本原因还在于文化传播过程中存在"文化折扣"现象。

在《茶，一片树叶的故事》这部六集纪录片中，当探讨日本茶道文化时，纪录片巧妙地融入了浙江径山寺、唐茶等充满中国特色的元素。这反映了中日文化的同源性，都属于高语境文化，即使不做过多解释，受众也能较容易地理解中日之间的文化联系，不会引起理解上的障碍。^① 相比之下，纪录片在叙述英国下午茶文化时，则详细介绍了英国下午茶的历史背景、仪式流程、饮茶习惯以及它在英国民众生活中的地位，并通过讲述一个英国女孩学习茶艺的故事，具体而生动地展现了英国下午茶文化的深远影响。通过这种方式，纪录片为受众提供了一个从普通英国人的视角了解下午茶文化的窗口，将这一处于低语境文化中的英国下午茶得以生动呈现。

2015 年 10 月 27 日，"复兴路上工作室"通过新华社的官方推特账户发布了一支时长 3 分 3 秒的音乐视频《十三五之歌》。这支视频以四位来自欧美在中国工作的年轻人为原型，通过一首轻快的民谣，介绍了中国即将启动的第十三个五年规划。借助了外国年轻人的视角介绍"十三五"规划，这种传播的方式收获了外国媒体的广泛好评。^② 作为"复兴路上工作室"对外传播内容制作的第九部作品，《十三五之歌》采用了民谣配合贴画的形式，展现了一种轻松、愉快的传播风格，体现了较强的"西化"特征，这是国家形象宣传中一次富有成效的创新尝试。

1. 呈现方式跨语言

纪录片作为一种传播媒介，通过结合视觉和听觉的符号系统，为跨文化交流提供了理想的平台。它通过对文化现象的深入解析和呈现，能有效地减少受众的抵触心理。例如，《舌尖上的中国》就通过展示中国丰富的自然景观、建筑美学、厨房生活、多样食材及烹饪技艺，深入探讨了中国饮食文化的深度和广度。

跨文化传播成功的关键在于缩短文化距离，使目标受众能够产生共鸣。相较于影视剧，纪录片往往能提供更强的代入感给国际受众，使他们能够更直观、深刻地感受和理解不同的文化现象。

2. 题材内容跨国别

纪录片《茶，一片树叶的故事》讲述了近六十位来自全球不同国家的茶人

① 马海丽. 电视纪录片叙事手法电影化趋势研究——以《茶，一片树叶的故事》为例 [J]. 江西科技师范大学学报，2017（1）：84–89.

② 范思翔. 国家形象宣传片在跨文化传播中的符号解读——以"复兴路上工作室"的《十三五之歌》为例 [J]. 新闻研究导刊，2017，8（15）：83–84，94.

生活和故事，巧妙地使用了一片小小的中国茶叶作为纽带，将世界各地的茶文化紧密相连，展现了茶这一全球共享的文化遗产。纪录片不仅探讨了中国的杭州龙井茶、祁门红茶等传统茶类，也跨越国界介绍了英国的下午茶、泰国的拉茶和印度的奶茶等多元化茶饮文化。将这些多样化的文化符号聚集在一起，纪录片不仅体现了不同文化之间的互联和交流，也展示了茶文化如何穿越历史和现实的界限，成为连接不同文化和民族的桥梁。[①]编码者通过符号的跨文化结合，意图展示茶文化的全球影响力和深远意义，强调了茶作为一种文化现象，促进了全球不同文化之间的理解和尊重。

3. 具体故事跨民族

央视的纪录片《一带一路》通过聚焦于"一带一路"沿线国家人民的生活故事，展现了这一宏伟建设背后的人性光辉。纪录片精心挑选了60多个来自不同国家、不同民族的普通人物故事，通过这些具体而生动的个人经历，向全球受众传达了"一带一路"不仅是中国的单方面行动，而是一场包含所有沿线国家共同参与的广泛合作。[②]通过小故事的叙述，纪录片成功地阐释了这一跨国界、跨文化的合作战略，使来自不同文化背景的受众能够更加容易地理解和接受其中的深层含义，体现了"一带一路"是一曲由沿线各国共同谱写和演唱的和谐合唱，而非中国独自演奏的旋律。

（四）构建话语平台

1. 实现全媒体发布的战略计划

全媒体发布战略已成为传统媒体转型升级的关键路径，尽管"全媒体"这一概念尚未有一个统一明确的定义，学术界对其有不同的诠释。目前，新闻传播领域内普遍接受的定义为"运营模式理念"和"传播形态理念"。前者关注于新闻生产的全面运营模式和策略，而后者则着眼于媒介技术融合的过程。

新华社作为早期认识到移动媒体重要性的新闻机构，已经在移动媒体业务开发方面取得显著成效。目前，新华社通过手机终端拓展了手机报、手机电视和移动客户端三大业务形态。特别是新华社的移动客户端，不仅仅作为全媒体报道的关键渠道，更是从原有的"新华社发布"客户端进化而来；不仅具有发布传统新闻的功能，还致力于推动中国政务的进步，成为移动电子政务的先行者和舆论监督的专家，旨在构建"移动政府"和"移动社会"的新格局。

2. 打造"两微一端"的传播矩阵

在当下的"两微一端"传播格局中，各个平台因其独特的特性和用户关

---

① 董浩烨. 央视纪录片《茶，一片树叶的故事》的符号学解读［D］. 武汉：中南民族大学，2015.
② 李璐汐. 纪录片《一带一路》的国家形象传播研究［D］. 兰州：兰州财经大学，2022.

系网络，分别发挥着不同的传播作用。由于微博其开放性的特质，用户间多为弱关系，能够触发有广泛影响力的社会传播现象。相比之下，微信聚焦于现实生活中已有联系的用户，建立了一个基于双向互动的强关系网络，促进了个性化分享和信息的定制化传播，形成了一个私密性较高且用户黏性强的交流环境。移动新闻客户端，则作为一种专门提供新闻资讯服务的应用程序，为用户在移动设备上获取新闻提供便利，成为用户获取移动互联网新闻资讯的重要入口。

《人民日报》自 2012 年 7 月开通官方微博以来，依托其开放的平台特性，促进了信息的快速传播和"浅阅读"。2013 年 1 月，《人民日报》通过开通微信公众号，进一步加强了其与用户的互动，通过提供贴合用户日常生活的内容，进一步加深了用户的参与度和忠诚度。同时，《人民日报》的移动新闻客户端不仅仅是一个传递新闻的平台，还通过整合政务服务功能，如便捷的生活缴费服务和车辆违章查询等，成为一个集新闻信息、政务服务和生活服务为一体的综合性服务平台。

第三节　主体性崛起：传播者与受众的新变化

一、技术变革与传受关系的重构

技术革新对"受众"一词定义的理解造成了显著的困难与挑战。在中文的语境中，"受众"的字面意义难免沾染了传统的信息传播模式的影子。如今，接收信息远非一个简单的过程。随着信息与通信技术的不断进步，人们处理信息的方式变得更加复杂多样。在当前以移动互联网为主的信息环境里，随着用户生成内容（UGC）的普及，"受众"一词的适用范围变得越来越狭窄；相反，"用户""订阅者""玩家""粉丝""消费者"等词汇则更精确地刻画出了不同领域中的参与者身份，直接反映了媒介使用者的具体行为模式。

单一的媒介受众逐渐向多样化的信息使用者角色演变，根本上是由信息技术的发展驱动的，这种进步为个体提供了新的"赋能"机会。数字信息的创造与传播的分散性，以及个体使用者展现出的极高自主性之间的相互作用，彻底改变了传统受众的行为模式。下面我们具体分析一下。

（一）传播数字化

数字化，作为一种组织与管理信息的手段，将多种介质的信息转换为一致的数字格式，以便存储、复制和传播。这一过程构成了当今互联网运作的核心技术基础。回望三十年前，捕捉一个瞬间、录制声音或拍摄视频需要分别使用照相机、录音机和摄像机，既耗时又耗资，且过程烦琐。当下，如此任务对于拥有智能手机的年青一代而言，仅需不到一分钟即可轻松完成。在过去的半个世纪中，信息的数字化进程从未停滞。从表层看，机械模拟向数字记录的转换极大地方便了人们的生活，并提高了效率；从更深层的社会意义来分析，数字化技术降低了信息生产与传播的技术障碍，显著增强了传统受众参与信息消费与生产的能力。

（二）阅读习惯的碎片化

碎片化作为一种趋势，向经济、政治、文化以及社会治理等多个传统领域提出了挑战，并为其提供了诸多发展机遇。在信息传播领域内，碎片化体现为信息接收者行为的差异化，数字网络和移动定位技术等移动互联网技术强化了这一现象，从根本上改变了信息环境的构成。技术的进步使个体与信息之间的关系发生了根本性的变化，个体所在的信息环境及其关于信息行为模式、偏好、渠道选择和兴趣点上的个性化需求得到了前所未有的满足和认可。过去那种同一时刻通过同一渠道连续接收同一信息的传统"受众"模式正逐步解构，被信息使用者的碎片化特征所替代。具体到信息行为，它展现了以下几个特点：

（1）信息接收的空间和场景变得更加多样化；

（2）信息接收的时间限制大大减少，不再遵循线性的时间顺序；

（3）个体间在信息接收上的投入规模存在显著差异；

（4）实现信息获取的渠道变得更加多样，且相互之间存在重叠。

碎片化的信息获取行为提高了用户在信息环境中的活跃度，得益于数字化技术的便利，信息的生产、获取、复制和传播达到了空前的繁荣。然而，正如之前所提到的，这种趋势也给社会公共管理带来了巨大的挑战。

（三）生产、传播与消费的自主性

随着技术便利性的不断提高以及对个体传播偏好的逐渐满足，用户在信息的生产、传播和消费方面的主动性得到了显著提升。一方面，信息技术的持续进步正在不断探索和推出旨在增加信息行为活跃度的新模式与功能，这激发了用户对于新型信息行为需求的形成，并驱动他们参与到信息内容的创造、传播和消费中去。随着技术门槛的降低，个体在获取信息、生产信息的范围和程度上享有了更广的选择和更大的自由度，展现出更加积极的主动性。另一方面，用户也有着多样的需求，包括个性化的表达、社交互动、集体智慧的共创以及参与公共事务的讨论等，这些在传统媒体环境下由于技术门槛的限制而难以实现。从技术创新的视角来看，这些需求本身也是推动信息技术不断进步和功能创新的重要因素，促使用户能够更自由地表达和满足这些需求。

二、受众研究范式的转型

丹尼斯·麦奎尔（Denis McQuail）指出，在古希腊和古罗马时代，受众聚集在一起实地观看演出或竞技构成了受众的最初始形态。[①] 随着 15 世纪印刷术的发明，诞生了早期的大众媒介受众。电影的创造及影院播放的普及，标志着社会科学意义上受众概念的初步形成；20 世纪 20 年代到 30 年代，受众研究领域开始逐渐成形。自那时起至今，随着媒介形态和环境的持续演变，受众研究的理论框架及观点也在不断进化。本节内容旨在整理和概述现有的受众研究理论，以便形成一个关于当前受众研究整体状况的全面理解。

在受众研究范式的分类上，学术界存在多样的见解。然而，普遍看法是，大多数受众研究依托于传播学的两个主要分支：经验主义和批判主义。综合不同学者的观点，受众研究范式可以根据新媒体的出现分为两大类：一是针对传统媒体的"传统受众研究范式"；二是针对新媒体环境下的受众研究，这被视为"转型受众研究范式"。

1. 传统的受众研究范式

在传统的受众研究范式中，通常包括"实证主义研究范式"和"批判主义研究范式"两大流派。丹尼斯·麦奎尔在 1994 年将传统受众研究范式进一步概括为"结构性""行为性""社会文化性"三大类别。

实证主义研究范式专注于传播的效果与影响分析，而批判主义研究范式则着眼于大众传播与社会、政治结构，从宏观角度探讨两者与社会环境的相互作用。

（1）实证主义研究范式。实证主义研究范式，源于美国并主要由经验学派采纳，注重从行为科学的视角进行研究，常通过问卷调查和实验等方法开展。该范式包含芝加哥学派、哈佛学派、哥伦比亚传播学派等著名学派，以及拉斯维尔的传播过程模型、霍夫兰的说服与态度变化研究、拉扎斯菲尔德的既有倾向理论、选择性接触理论、意见领袖理论等核心理论。从其发展轨迹来看，实证主义研究范式已从关注个体的微观层面拓展到更广泛的宏观领域，涵盖基于心理学的行为主义范式、认识论范式到社会学的功能主义范式。

尽管实证主义研究范式主要基于具有单向传播特性的传统媒体进行研究构建，但在注重"互动"和"共享"的当代互联网时代，它仍可适用于研究某些

[①] 丹尼斯·麦奎尔.受众分析［M］.刘燕南，李颖，杨振荣，译.北京：中国人民大学出版社，2006：
1–3.

受众问题。然而，这一范式面临的局限性也尤为明显。面对未来，如何进行调整以突破其固有限制，成为该研究范式需要关注并解决的重要课题。

（2）批判主义研究范式。批判主义研究范式通过将受众和媒介放置于更广泛的政治、经济和文化环境中进行分析，旨在揭示传播系统和结构中存在的问题。其核心学派包括法兰克福学派、文化研究学派和政治经济学派。

法兰克福学派以其对"文化工业"的深刻批判而闻名，从文化精英的视角出发，审视大众文化，认为其主要目的是维护现有的社会权力结构，同时将受众视为消极和被动的存在。与之相对，文化研究学派放弃了这种精英主义立场，强调受众的主动性和参与度。政治经济学派则专注于分析在西方资本主义控制下的传媒体系及其市场运作，提出了"受众商品论"，强调受众在大众传播活动中扮演的"商品"角色。

尽管批判主义研究范式在某些方面存在局限，如法兰克福学派的悲观论调和政治经济学派对意识形态因素的忽略，但其创新性和为受众研究开辟的新视角是无可否认的。面向未来，批判主义研究范式应当顺应新媒体环境下的发展趋势，采纳如大数据、云计算、人工智能等现代技术，以增强其研究的说服力和克服传统研究中因过于依赖思辨研究方法而产生的不足。

2. 新兴媒介环境下的受众研究范式

随着新媒体的崛起，传统受众研究范式虽然仍有其应用价值，但面对新兴受众问题时，其适用性开始受到挑战。因此，新媒体时代的受众研究亟须发展新的研究范式以应对出现的新问题。目前，虽然尚未形成完全适应新媒体时代受众问题的研究范式，但已经涌现出一些在转型期间具有预见性的理论范式，为解决当前面临的新问题提供了重要的理论指导。这些新兴的研究范式主要包括景观/表演范式、社会网络分析范式、布尔迪厄的场域理论范式，以及传播的仪式观范式等。[①]

（1）景观（观展）/表演范式。景观（观展）/表演范式最初由英国社会学者阿伯克龙比（Abercrombie）和朗赫斯特（Longhurst）在 1998 年的著作《受众》中提出。该范式的核心思想在于视个体既为表演者也为受众，强调个体在媒介景观中的互动性和表演性。它着重于分析媒介景观对人们心理和行为的影响，特别适用于研究社交媒体环境下受众的行为和心理状态。[②]

（2）社会网络分析范式。社会网络分析范式由英国著名人类学家阿尔弗雷德·拉德克利夫 – 布朗（Alfred Radcliffe–Brown）在 20 世纪 30 年代提出，

---

① 辛小利.新媒体环境下的受众研究范式转换与创新［J］.国际新闻界，2014（9）：3.
② 黄鑫.互联网环境下受众的新变化——以观展/表演范式分析［J］.东南传播，2013（4）：103–105.

并在 20 世纪 70 年代达到成熟。它基于将社会联系网络视为由个体或组织间相互作用构成的系统的观点，认为社会本质上是由这些相互连接的网络组成的一个更大的系统。① 这一范式为分析新媒体时代受众的社交网络关系和群体结构提供了有力的理论支撑。

（3）布尔迪厄的场域理论范式。皮埃尔·布尔迪厄（Pierre Bourdieu）在其著作《关于电视》中引入了媒介场域的理念，该理念原本旨在分析大众传播媒介的影响和作用。② 然而，场域理论本质上是一个动态性的概念，这为其在新媒体研究领域的应用提供了可能性。因此，布尔迪厄的场域理论能够有效地适用于新媒体环境，为新媒体时代的场域研究提供理论支持，填补了现有研究中的空缺。

（4）传播的仪式观范式。传播的仪式观范式由詹姆斯·凯瑞（James W. Carey）提出，他借鉴了杜威和芝加哥学派的理论。凯瑞视传播为一种维系社会的时间上的仪式，而非简单的信息传递过程。这种范式强调从参与者的视角来审视传播活动，认为传播的本质不在于信息的传递，而在于其背后的戏剧性行为和对个体的本质地位的重视。这一观点与互联网时代出现的多种新现象相契合。③

通过回顾这四种转型受众研究范式，我们认识到它们都尝试将传统时期的理论成果应用于新时代的问题，并具有一定的适用性和指导作用。然而，这些范式主要是基于传统媒体时代的理论基础，难以全面覆盖新媒体时代受众领域的复杂性。因此，探索和发展新的受众研究范式，特别是那些能够根植于新媒体时代并解释其独特现象的理论，成为未来研究的重要方向。受众研究范式需要不断更新以反映实际问题。目前，全球受众研究范式主要受西方学者影响，中国尚未形成具有系统性、本土性和国际影响力的研究框架。面向未来，探索适应中国国情、能够解决本土受众问题的研究范式，是我国受众研究领域的重要任务。梳理受众研究范式的历史发展，旨在深化我们对传播者、受众和社会关系的理解，并为未来的受众研究提供方向指引。

三、传播主体性的再造与传播结构的变化

信息通信技术，特别是移动互联网的广泛应用，已经深刻地改变了大众的日常生活，尤其是互动方式。这种变化本质上重塑了大众与信息的联系，进而转变了社会性关系中信息行为主体的互动方式。

---

① 李艳. 社会学 "网络理论" 视角下的网络空间治理 [J]. 信息安全与通信保密，2017（10）：18-23.
② 皮埃尔·布尔迪厄. 关于电视 [M]. 许钧，译. 沈阳：辽宁教育出版社，2000：52.
③ 米莉. 传播仪式观：一种独特的传播研究方法 [J]. 湖北广播电视大学学报，2011，31（3）：88-89.

个体获取信息的方式可以按照深度不同分为三个层次：被动接收信息、浏览信息和主动搜索信息。在传统媒体环境中，个体获取的信息行为主要是被动接收信息和在一定程度上浏览信息，这时信息渠道和获取手段比较有限，主动获取信息所需的时间、精力和财力成本相对较高，个体在选择信息上的主动权也相当受限。相较之下，在以互联网为核心所构建的信息环境里，个体的信息行为逐步向更主动的层次转移，即越来越依赖于主动搜索信息，同时进行信息浏览。信息技术的进步为个体提供了更有效的信息获取方式，显著增强了个体在选择和利用信息方面的自主性。因此，信息的随机性大幅度降低，个体与信息之间的确定性关系得到了实际的技术保障。

"创用者"这个概念，最初由美国的未来学家阿尔文·托夫勒（Alvin Toffler）于 1980 年提出，是将"生产者"（Producer）和"消费者"（Consumer）两个词汇结合起来的创新表达（Prosumer）。[①] 这个词用以描述在互联网环境中那些既参与内容生产又参与内容消费的广泛用户群体。它揭示了新信息技术环境下受众的新行为模式，这种模式促成了用户生成内容（UGC）的兴起，成为当代媒介环境中一个重要的创新现象。作为数字文化的组成部分，UGC 体现了传统受众转变为内容生产者的趋势，为他们提供了更多参与的机会。但是，广大用户群体积极参与内容的生产、复制和传播，也对现代媒介环境提出了新的挑战。在每个人都能发声的环境中，公众媒介素养的不足引发了一系列问题，如重大公共事件发生后谣言的泛滥和"后真相"现象的出现。面对这类新现象和挑战，如何进行有效的媒介环境治理与应对，成为各级政府部门亟须探索的问题。

---

① 阿尔文·托夫勒.第三次浪潮［M］.朱志焱，等译.北京：新华出版社，1996：65.

第三章
融媒环境下的新闻报道

第一节　融媒体报道的定义与内涵

融媒体报道的内涵可以通过理解其概念及核心特点来把握。实质上，融媒体报道运用了融媒体技术，通过多样化的表现形式，实现了新闻报道在全程、全息、全员、全效四个维度的全面覆盖。

一、全程报道

全程报道是指对新闻事件的动态追踪和持续报道，强调了新闻报道过程中的连续性和时效性。这种报道模式不仅关注事件的即时披露，而且更注重于新闻事件发展过程中信息的更新和深入挖掘，形成了一个连续的新闻叙事链条。

二、全息报道

全息报道着重通过融媒体技术的应用，如通过图文并茂、视频报道、全景展示、增强现实（AR）技术等方式，多角度、多维度地展现新闻内容。这种报道方式旨在创造丰富的语境，激发受众的感官体验，提供沉浸式的阅读或观看体验，这是融媒体报道区别于传统报道的显著特点。

三、全员报道

全员报道强调新闻报道过程中的参与性和互动性，倡导"人人都是媒体"的理念。融媒体时代，每个人都可以参与新闻的生产、分享和讨论，通过社交媒体等平台共同构建新闻议程和舆论场。此外，全员报道还意味着跨媒体形态的合作，多个媒体平台联合报道，形成覆盖各个时间、空间的融媒体矩阵。

四、全效报道

全效报道体现了在融媒体时代下新闻传播效率和效果的显著提升。在传统媒体时代，新闻传播呈现出较强的单向性，这导致传播者很难获得即时的反馈，从而无法有效衡量新闻传播的成效，受众者也难以对新闻内容提出直接反馈。而在融媒体环境下，得益于新兴媒介技术和平台的发展，新闻的传播和接收过程变得更为互动和动态。

融媒体技术的运用，特别是大数据的应用，为新闻传播提供了实时监控的可能性，使传播者能够即时掌握新闻的传播效果、受众反馈和社会热度。这种即时性的反馈机制，不仅增强了新闻内容的针对性和实效性，也极大地提升了新闻传播的精准度和效率。

我们在讨论融媒体报道时，将移动媒体视为其传播渠道之一可能显得过于狭隘。实际上，融媒体报道的本质在于构建一个多媒介形态融合的报道矩阵，这不仅是多种媒介工具的简单堆砌，而是各种媒体形态和内容在策略上的有机结合和相互作用。在传统媒体时代，不同媒介对同一新闻事件的报道往往因理念、议程设置及时间安排的差异而显得各自为政，缺乏统一性甚至出现割裂。这种状态下，尽管信息量大，但由于缺乏有效的整合，各媒介之间的报道内容关联停留在静态、非融合的层面，影响力受限。更何况，不同媒介间可能因报道倾向的不同而对同一事件做出截然相反的解释，这不仅无法形成合力推动公众理解，反而可能导致信息的混乱和误解。因此，从时代的发展需求出发，融媒体报道的兴起和发展尤为重要。融媒体通过跨平台、跨媒介的整合策略，实现了信息传播的最大化效果。它利用不同媒介形态的特点，按照统一的策略进行内容的生产和发布，从而形成一个动态、互动、融合的新闻传播生态。这种融合不仅提升了报道的覆盖面和深度，还增强了新闻信息对公众的影响力和说服力，是新闻传播发展的必然趋势。

融媒体报道的内涵分析揭示了它并非仅限于某一单一媒介的报道形式，如仅指报纸或电视上的新闻报道。相反，融媒体报道是一种在特定平台上融合并展现所有媒介内容的"四全报道"方式所构成的报道矩阵。在这一环境下，各种媒介通过融媒体的关系互相连接和交互，其中移动媒体扮演了汇聚各种媒介内容到一个核心平台上的关键角色。其他形态的媒介则通过链接或快速跳转的方式，与融媒体平台紧密相连。例如，报纸在报道港珠澳大桥开通的消息时，可以通过报纸上的二维码，使受众能够直接跳转到移动融媒体平台，参与到留言评议等互动环节中，成为融媒体报道的一部分。这样的设计展现了融媒体报道的一种单核环状结构（见图3-1），其中数字1代表处于报道核心的移动媒体平台，而围绕着核心平台的三个环状结构则代表不同的媒介形态群体，包括报刊、广播电视和互联网媒介群体。这些群体中的每一种媒介都与移动融媒体平台形成了紧密的连接，共同构成了具有融媒体矩阵特征的媒介生态系统。

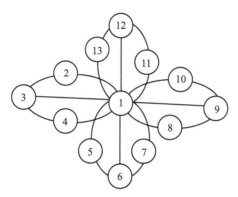

图 3-1 融媒体报道单核环状结构

　　融媒体报道区别于传统的单一媒介报道方式，是一个动态发展的复合体，具有持续融合的特性。在传统媒介的报道流程中，从新闻的采集、制作到传达给受众，一旦完成，便标志着传播活动的结束。即使有后续的传播，通常也不被视为原始传播内容的延续部分。融媒体报道展现了一种动态的生长态势，原始报道仅是起点，随着相关信息的不断累积和整合，形成了不断扩大的报道群体。在这个过程中，每一条留言或评论都成为报道群体至关重要的一部分。融媒体报道的这种动态性意味着，随着时间的推移和信息的积累，某些后续报道可能在影响力或内容上等同于，甚至超越了原始报道。在这种情况下，可能会形成以新的报道为中心的重新构建的单核环状结构，或者是以多个重要报道为中心，构成更为复杂的立体多核网状结构（见图 3-2）。这样的结构模式更为稳定和全面，能更好地反映信息的动态发展和融合状态。

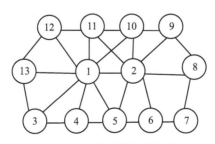

图 3-2 立体多核网状结构

第二节　融媒体报道中的关系建构

系统学中有观点强调，系统的复杂性来源于系统内部要素数量的增加，更关键地来源于系统内部要素间关系的增加和复杂化。在融媒体报道环境中，这一原理同样适用。融媒体的复杂性直接受到其内部要素间的关系所构成的影响，这些关系决定了融媒体报道的多维度和立体性。

融媒体报道通过整合多种媒介形态，构建出跨越传统文本限制、超越时间和空间界限的报道范式。在融媒体报道的构成中，我们可以识别出两种主要形态：

（1）平台式融合形态。在这种形态下，多种媒介符号被整合到同一平台中，共同构成一个包容性强的报道体系。例如，通过 H5 技术实现的融媒体系列报道，能够将图文、音视频、人物访谈等多种形式的媒介内容融合在一起，实现信息的多元展现。在这种融合中，不同媒介形态相互补充、强化，共同深化报道主题，增强报道的感染力和表现力。

（2）媒介形态间的链接关系。在这种形态下，不同的媒介形态通过超文本链接互相连接，实现内容之间的跳转和互动。例如，报刊中的二维码可以作为进入融媒体报道平台的入口，使受众通过扫描二维码即可跨媒介访问更丰富的报道内容。这种链接关系创建了一个动态的互指网络，使各种媒介形态能够在虚拟场景中彼此解释、互为补充。

在融媒体报道的结构中，媒介形态间的这种动态互动和融合不仅丰富了报道的内容和形式，也为受众提供了更为丰富和立体的信息体验。通过这种高度互动和集成的报道模式，融媒体报道能够有效地把握和展现新闻事件的多维度特性，同时也为新闻传播在数字化、网络化时代的发展提供了新的方向和模式。

融媒体报道的时空关系展现了基于场景构建的综合性特点，与传统媒体相比，这种关系更倾向于形成一体化的构建。虽然不同的媒介形态在展现方式上各有差异，但是其核心目标却是构建一个共享的时空环境。这种环境不仅具备统一性，还展现出多样化的特征，旨在创造一个立体多元的场景，让受众沉浸其中，从而引发深层次的身心体验。这说明，融媒体报道的时空关系注重于各媒介形态间的高度整合，当这些时空构建高度契合时，报道的影响力也会随之增强；反之，如果时空关系出现割裂，则融媒体的报道效果会大打折扣。

在融媒体报道中，各组成元素像是一幅未完成的拼图，通过动态的整合与拼接，报道形态变得更加立体，增强了报道的现场感。这种报道方式吸引了现代受众的广泛关注，鼓励他们参与到报道中来，共同完善这幅拼图。这种基于参与和互动的报道关系逻辑，是融媒体报道独特吸引力的核心，也体现了融媒体报道在数字时代中的创新性和前瞻性。

第三节　融媒体报道的叙事与呈现

近年来，随着融媒体技术的引入和应用，这种多维的报道方式已逐渐成为主流媒体的首选。通过融媒体的叙事和呈现手段，新闻报道变得更加生动多彩。融媒体报道的实践，不单是对技术和媒介的运用，更重要的是对内容尤其是原创内容的高度要求，以及对内容表现形式和媒介多样性的追求。目前，最具影响力和示范作用的融媒体报道往往来自主流媒体运营的移动网络平台，如人民网推出的融媒体系列报道。这些报道因内容丰富、形式多样而受到广泛关注。传统媒体在内容生产方面的深厚积累和新闻资源的掌握成为其在融媒体平台上发挥优势的基础。此外，传统媒体近年来的转型，如加强融媒体中心和"中央厨房"的建设，也取得了明显成效。然而，机关、企事业单位和个体自媒体由于缺乏组织大型报道的能力和全面新闻生产活动的条件，其产出的碎片化新闻内容往往只能作为融媒体报道体系的一部分。这一现状与目前融媒体报道中实践的新闻类型相对单一有关。未来，随着融媒体报道在突发事件中的应用日趋成熟以及智能新闻技术的进步，非专业新闻生产者的作用将逐渐增强，融媒体报道的形态将变得更加多样。同时，融媒体报道的议程设置也可能转向非专业个体，报道的组织性和中心化特征将逐步减弱，展现出更加分散化的趋势。

一、融媒体报道实践形态

当前，融媒体报道的实践主要集中在大型新闻事件的策划和多种媒介形态的整合上。同时，这种以移动媒体为核心构建新的新闻生态的理念占据主导地位。这一方向在融媒体报道初期阶段起到了关键作用，促进了融媒体报道模式的传播和发展，激发了更多实践案例的产生和创新。然而，这种模式仍然会受到传统媒体组织传播方式的影响。随着融媒体时代媒介生产的碎片化、去组织化和去中心化趋势的显现，融媒体报道的实践需要进行不断的调整和优化，以适应这些发展趋势。相较于传统的报刊、广播和电视已经形成了较为成熟的新闻生产范式，而融媒体报道范式仍处于探索和实践过程中。不过，多种媒介形态的协同工作模式已经开始显现。例如，2019 年 1 月 11 日举办的融媒体作品大赛颁奖仪式暨精英训练营，由《解放日报》、复旦大学、《新闻记者》等单位联合主办，展现了融媒体报道的多样化形式，包括 H5 新闻、数据新闻、短视频等组别。训练营的内容覆盖了大数据、短视频、无人机和人工智能等多个板块，这些都指向了融媒体报道技术未来的发展方向。

目前的融媒体报道实践中，报纸和移动客户端的方式表现较为出色。报纸不仅是融媒体报道的重要组成部分，也充当移动客户端入口的角色，能够借助二维码引导受众进入移动融媒体的多维空间。《兵团日报》在庆祝兵团成立 65 周年系列报道中的应用就是一个显著的例子。通过对比报纸与移动客户端融媒体报道的内容可以看到，报纸依靠文字叙事，而移动客户端的融媒体报道更多地采用图片和视频，文字则扮演着概括主旨的角色。报纸通过设置多个二维码，有效扩展了阅读空间，实现了从传统阅读到数字空间的无缝跳转。

然而，当前大多数报纸由于缺乏全媒体人才，难以产出大量的融媒体内容。虽然报纸留有二维码作为客户端的入口，但真正实现内容上融媒体链接的报道仍不普遍，融媒体报道还处于发展的初级阶段。广播和电视的融媒体实践也正处于起步阶段，广播因技术限制难以提供可跳转的融媒体入口，而电视尚未找到比自身更有效的融媒体报道模式，其融媒体实践依旧处于较为分散的状态。由此可见，目前的融媒体报道主要集中于策划型的大型报道，对于重大突发事件和常态化新闻事件的广泛应用还有待于推广和普及。这一过程将需要未来进一步的实践探索和技术发展。

二、融媒体报道的叙事与传播

叙事作为一种跨文化传播强有力的认知工具，在媒体传播中发挥着重要作用，通过构建广泛认同的认知体系来促进信息的传递和理解。叙事学家杰拉德·普林斯（Gerald Prince）认为，叙事学的关键任务之一是探究叙事如何影响人们的认知、情感、解释和反应。随着融媒体的兴起，一种新的媒介话语体系得以构建，它所创造的多维叙事环境不仅响应了对媒体文风改进的中央要求，而且改变了传统媒体那种宏大叙事和格式化行文的常规，实现了叙事表达的符号多元化、情节的故事化以及结构的时空跨越。这样的报道不仅内容新颖、形式立体，而且易于理解、传播效果显著，引发了热烈的反响。

（一）叙事形式的多元化、符号化

融媒体报道的实践强调了叙事表达的多元化和立体化，这一点在叙事策略的运用上得到充分体现。通过利用各种已知媒介作为内容的展示手段，并通过链接功能在一个大平台上实现相互交互，构建出了包含一个融媒体平台和三种入口端（报刊二维码、广播电视二维码和互联网 PC 端）的"一平三端"多元符号报道环境。这种结构不仅提供了强大的融媒体支撑体系，也通过各种入口将不同媒介形态紧密联结，使信息以多维形式呈现。以融媒体报道《今夜有流星雨》为例，通过综合运用各种媒介符号，如图文、视频等，为受众提供了从多个视角获取新闻信息的机会。报告通过引入三维立体图片和动态图片，提供了一种沉浸式的视觉体验，增强了报道的吸引力和传播效果。此外，利用融媒体的三种入口端实现了超文本和跨域链接，这种设计极大地丰富了融媒体传播的叙事表现力，促进了叙事者与不同媒介形态之间的互动，实现了媒介间的优势互补。这种策略推动了融媒体报道叙事形态的多样化和立体化发展。

（二）叙事情节的故事化

叙事情节的故事化是融媒体报道中场景呈现的一个关键维度。它主要涉及如何通过具体的表现手法讲好故事，其中画面语言的运用至关重要。通过综合利用多媒体语言以及故事化设计提升了叙事情节引人入胜的程度。多媒介形态的融合，以及超文本链接作为故事线索的串联点，为叙事提供了丰富的线索和情节，让每个链接都成为推动故事发展的重要环节。

在融媒体报道中，新闻内容的呈现不是以篇幅的长短为标准，而是通过内容的碎片化处理和融合，使叙事情节更加多元和丰富。例如，一些短视频的加入不仅增加了报道的动态性，还能通过具体的报道细节激发受众的情感，增强故事的感染力。这与传统的报刊和广播电视媒体不同，融媒体报道依托的不是单一媒介符号的叙事，而是多种媒介符号的碎片化融合呈现。这种叙事方式要求在不同媒介符号之间进行精心的情节设计，主要通过文字链接和人物串联来实现叙事情节的自然过渡，从而为故事化的报道提供明确的方向和结构支撑。

（三）叙事结构的跨越时空性

叙事结构在场景构建与布局中得到体现，既在时间和空间的维度上展开，也强调时空逻辑的内在联系。这种结构使时空框架可以在统一的平台上进行多重重构与呈现。由于每种媒介形态均具备其独特的时空叙事属性，媒介形态间的转换便涉及叙事结构的时空跨越，其连接点嵌入于媒介形态之中，如报刊与电视中的二维码、互联网上的超文本链接等。一流的跨时空叙事能够展现时空交错的场景叙事，并确保这些场景在虚拟与现实结合的时空转换中得以构建。

为了更有效地实施时空跨越叙事，需要选取最合适的媒介符号。在融媒体报道中，叙事结构应避免混乱无序，大量堆积的图片和视频信息可能不会强化叙事主体，反而可能导致时空关系混淆和迷失。一个结构合理的跨时空叙事既能在短时间内将工具性信息（如图片、视频、云镜头等）转换为完整的新闻叙事，同时也能在不切换工具性信息的情况下保持报道叙事的完整性。

例如，在 2018 年全国两会期间，《人民日报》中央厨房联合苏州广播电视总台的"看苏州"App 和电视新闻中心，以及湖北广电、《河南日报》等省级媒体，组成联合报道团队，共同推出的 H5 融媒体报道《您又有六位亲友来电》便是跨时空叙事融媒体报道的经典案例。该报道因其接近生活、时空转换自然，首日点击量超过两百万次，三日阅读量突破一千万次，显示了其深远的影响力。

第四节　融媒体报道的未来发展趋势

相较于传统媒介时代，融媒体的报道在资源获取上更为丰富，但同时其可控性有所下降。随着技术的进步，特别是以 5G 为标志的新技术快速发展，配套的大数据、云计算、增强现实（AR）等技术也日益成熟，并开始被应用于融媒体的传播实践之中。可以预见，融媒体报道将迎来快速发展与广泛普及的阶段，其新闻报道的实践模式也将逐步稳定。

当前的发展趋势表明，融媒体报道将经历从强组织向弱组织转变的过程。这里所说的强组织，指的是传统上在新闻生产全过程中掌控力量的组织，包括媒介议程的设定、新闻的策划采访、撰写与传播等。然而，随着互联网和新媒体的发展，尤其是在 Web 2.0 时代，个体的主观能动性得到了极大的释放，"人人即媒介"的概念成为现实，引发了去组织化和去中心化的讨论。尽管新媒体平台属性削弱了传统强组织的传播力，但这种削弱并不意味着组织性的消失，而是转变为更为松散的组织形式，即弱组织，其中自组织现象在复杂的系统环境中逐渐显现。

在当前融媒体的报道中，传统主流媒体仍扮演着强组织的角色，无论是跨媒介形态的协作还是媒介自身的组织形式。但随着大数据和智能媒介技术的进步，融媒体报道正逐渐向弱组织的方向发展。在这种弱组织形态中，融合的媒介通过智能计算相互链接。技术在这一过程中起到了关键作用，但背后仍然离不开创造主体的意识，展现出弱组织的特征。

从媒介渠道的角度看，融媒体报道将迎来开放平台传播和融媒体矩阵的扩张趋势。已经出现的迹象表明，融媒体报道通过大型平台的传播和矩阵的扩张正变得越来越协同，这种开放性不仅涵盖了移动互联网平台，也包括传统媒体的同步发展。一个新闻事件的融媒体化报道和在移动端的矩阵式传播，以及对舆情的正面和协同响应，展现了平台开放的新趋势。此外，平台开放还体现在融媒体议程设置的开放性上。目前，议程主要由传统媒体的重要平台设置，集中在可策划的大型新闻事件上，如中华人民共和国成立 70 周年庆典、建党 95 周年系列报道、港珠澳大桥的开通等。未来，议程设置将更加开放，普通民众也能参与到议程的设定中，贡献新闻内容的生产，如图文、视频拍摄等，并在此基础上完成融媒体报道。传统媒体在这一过程中仍将发挥作用，共同推动报道议程的设定。融媒体矩阵的扩散意味着更多的融媒体单位加入传播过程中，以联盟形式参与报道。因此，融媒体报道将不再局限于单一的报道形式，而是采取组合式报道，报道参与者多元化，面向所有媒介和个体开放。报道围绕一个核心事件或话题展开，吸引不同视角、不同媒介形态的符号叠加，形成一个动态的、复合的融媒体报道。

融媒体报道在传播效果方面将引领沉浸式传播和全感官体验的新阶段。媒介叙事的核心目标是营造一种环境，让人们在其中能够感受到身临其境的体验。历史上媒介形态的发展和转变不断展示了媒介朝着更加人性化和增强现场感的方向进化。从媒介环境的角度来看，媒介被视为人类感官功能的延伸；而从人的认知角度来看，媒介则是重新构建新闻事件，使其尽可能地接近真实情境的技术力量。

随着 5G 技术的广泛应用，未来的融媒体报道不仅会强化可视化报道，而且还将增强直播体验。这种直播体验突出了现场感，通过应用未来的 3D 技术和全息技术于直播过程中，受众将体验到前所未有的视觉冲击。例如，2018 年底推出的借助免费、开源视频编码软件 Open Broadcaster Software（OBS）的 Vimeo Depth Viewer，这款全新 3D 相机实现了实时视频流的直播，让"立体三维内容"成为普通公众的新体验。"远程呈现"技术让虚拟 3D 空间中的影像仿佛真实存在于现实世界中，融媒体报道通过这项技术的直播，能够将遥远场景传递给受众，提供全感官体验和深度沉浸式的传播，进而构建和展示更广阔的媒介时空环境。

可以预见，未来融媒体报道将继续削弱媒介形态的界限，更加强调受众的现场感和互动体验。人们在融媒体报道的环境中，通过可视化和数据化表达寻找个性化的叙事和传播体验。同时，受众本身也成为融媒体报道的一个组成部分，从而极大地满足了个体对于信息传播的体验和需求。

第四章
融媒环境下的新闻策划与采访

第一节　融媒体新闻策划概述

融媒体报道策划代表了一种基于传统新闻策划之上的创新与发展，它借助于媒介融合的背景及其趋势，通过整合传统报道策划与创新的优势，进一步使策划活动更贴合新媒体环境下新闻生产的转型需求，从而丰富创新采访与写作的整体意义。

一、新闻策划解析

（一）策划及新闻策划的界定

策划，本质上是对策略和对策的规划与筹划，自古以来在政治和军事领域中扮演着不可或缺的角色。时至今日，策划的含义主要转向商业领域，涵盖项目、产品、方案等活动，如企业策划、品牌策划、公关策划等。策划不仅仅是对未来的规划与安排，更强调主观创造力，是实现目标的重要前提。随着实践的不断进步，策划学已经发展成为一个独立的学科体系。

策划概念引入新闻传媒领域，是信息时代和市场经济双重作用的结果，标志着传媒与市场元素的融合。早期主要体现为广告策划。在信息社会，每个人都处于信息的洪流之中，信息不再是主流媒体的专属优势，竞争因素和市场规则的引入使传媒行业经历了多次转型与改革，其产业属性、市场特性及产品趋势变得日益重要。为了在激烈的竞争中占据优势，传媒界涌现出了各式各样的策划活动，如新闻策划、节目策划、频道策划、采访策划、发行策划等，旨在通过竞争塑造品牌形象，提升影响力。

广义上，新闻策划是指在媒体层面进行的策划活动，涵盖了"媒体的产品设计、制作与营销，广告经营，员工构成与内部管理，资产资金与技术设备，以及传媒的其他经营活动和社会活动的统筹与规划"。狭义上，新闻策划即

"新闻报道策划"，即聚焦于新闻实践层面，基于新闻事实，对报道的视角、时机、方法、流程等进行系统性的部署与规划。

（二）新闻策划与新闻报道策划的核心探讨

1. 新闻策划与新闻报道策划

问题探讨：是否可以对新闻进行策划？

在传统观念中，策划通常被认为具有较强的主观倾向性，而新闻则被视为一种基于事实的客观报道，这两者似乎难以并行。我们需要清晰地认识到，事实本身是客观存在且不可被策划的，这意味着新闻中涉及的人物、事件以及其他事实元素是无法被策划的。因此，当我们将新闻视为一个名词时，它是不可被策划的。

然而，当我们将新闻理解为一种实践活动时，新闻的策划便成为可能。所谓的"新闻策划"，实际上指的是"新闻报道策划"或"新闻媒体策划"，这涉及一系列行为、策略、方法的策划，包括采访、写作、获取事实、报道事实的方法，或是媒体产品的设计、组织运营等实践策略。从这个角度出发，新闻的确是可以被策划的。

在新闻生产的过程中，新闻策划涉及对新闻事实报道的多维度规划，这不仅包括对报道内容、性质、执行策略、报道形式等横向方面的策划，也涵盖了对新闻报道的前期准备、过程预设以及后期处理等纵向方面的策划。因此，我们可以得出结论，所有新闻报道在本质上都是经过策划的。

2. 新闻策划与新闻产品策划的区别

问题探讨：策划出的成果能否称为新闻？

通常，策划新闻被视为一种可能损害新闻真实性的行为，基于一个核心原则：作为基于事实的报道，新闻本身是不应被主观策划的，因为任何主观的规划和策略都可能对新闻的客观真实性构成影响。

然而，在实际操作中，"策划新闻"应被更准确地理解为"策划新闻产品"，这一概念也可以被看作"新闻策划"的一部分。具体来说，这涉及通过活动策划或公关组织的手段，创造新的事件、人物及其他事实内容；这里所说的成果，不应仅仅从狭隘的新闻事实角度来解读，而应从更广泛的视角将其理解为一种新闻活动或新闻信息产品。在过去，这类策划通常由非媒体机构执行，并通过新闻媒体进行传播。而现代的新闻策划则常常由媒体自身主导或与其他机构联合进行，这在国际上也被称作"新闻企划"，从而凸显了新闻媒体的商业属性。然而，要认识到，新闻策划的商业性质并不意味着对事实的歪曲、编造或误导，而是在价值取向和主观参与度上进行恰当平衡。①

3. 区分采访策划与采访计划

问题探讨：策划与计划在采访前的准备中各自扮演什么角色？

采访中的策划与计划既存在差异也有相似之处。计划更侧重于具体的实践安排和步骤，强调的是操作层面的细节，体现于微观层面的实际操作之中；而策划则侧重于思维层面的规划和创意，强调的是创新和策略，属于宏观层面的规划。计划通常是记者个人层面具体的执行步骤，而策划则往往需要通过团队合作来完成。

有些学者认为，计划应该被视为策划的一部分，并将策划分为"宏观策划"和"微观策划"两大类。宏观策划主要是指编辑部层面的总体调度和规划，而微观策划则关注于前线记者层面的具体采访准备，实际上就是对每个报道所需进行的"采访计划"。这种分类不仅明确了两者的关系，也强调了在新闻采访过程中从总体策略到具体执行的全面考虑。

二、融媒体时代的新闻策划

融合媒体报道策划代表了传统媒体新闻策划在媒介融合背景下的发展和转型。它体现了在新的媒体环境中，新闻产品的生产如何整合机构、技术和人员等方面的资源，标志着新闻信息的传播与营销的演进和提升。从新闻实践的视角来看，融合媒体报道策划是一种以平台为基础的策划活动，它既包括策划的宏观思维和运作（内层面），也涵盖了诸如文字、图片、音频、视频等多种表现形式的综合运用（表层面）。

（一）融媒体时代新闻策划产生的背景

1. 技术进步的双面性

互联网技术的融合性对信息的生产和传播过程进行了全面的改革，实现了单一终端上多元且丰富的新闻展现，推动新闻媒体从单一的信息发布者转变为提供个性化、精准化信息的综合性服务者。在这样的背景下，新闻策划必须转变其生产观念，不仅要创造出立体化、引人入胜的新闻产品，还要从市场化和社会化的角度重新审视策划活动，实现新闻策划从理念层面到实践层面的全面扩展。然而，技术的革新也可能造成负面影响：信息碎片化，信息质量参差不齐，主观评论多于事实调查，以及技术支持下的程序化新闻、推算新闻中潜在的缺陷，对信息质量构成了挑战。在这种情况下，策划成为确保高品质新闻传播的关键。经过精心策划和准备的策略性信息产品，不仅能够经受住竞争和检

---

① 蔡雯. 对新闻策划的再思考［J］. 新闻战线，1997（9）：28-30.

验，还能够重塑专业性的标杆，促进高质量信息环境的形成。

2. 受众的多媒体信息接收需求

随着媒介技术的演进，受众获取新闻信息的方式和形式也发生了显著的变化，催生了对新型信息技术的需求。图文信息满足了受众快速浏览和获取丰富信息的需求；音频信息因其便携性和伴随性，方便受众在多种场合接收信息；视频信息则因其强烈的代入感和丰富的视觉效果，有助于受众深入理解信息内容。这些多元化的媒介形式在网络平台和移动终端的汇聚下，逐步形成了受众对于多媒体信息接收的综合需求，对新闻策划提出了新的挑战和要求。

3. 新闻信息传播领域的竞争加剧

技术的发展和受众需求的多样化不仅增强了新闻传播的广泛性，也加剧了信息传播领域的竞争强度。从个体博主到大型媒体机构，从商业公司到政府部门，从技术提供商到内容服务平台，越来越多的参与者涌入传媒领域，形成了一个充满活力而又竞争激烈的环境。在这样的背景下，专业媒体人和机构必须主动适应新媒体环境，通过创新融媒体新闻策划来创造竞争优势，不断探索和实践新的传播模式和策略，以满足日益变化的市场形势和受众需求。这种转型和发展不仅是对传统媒体策划方法的升级，也是对新闻机构生存和发展能力的重要考验。

（二）融媒体时代新闻策划的特点

1. 时效性与深度的双重追求

在传统新闻策划中，深度报道往往需要牺牲一定的时效性，而融媒体时代新闻策划则在追求报道深度的同时，强调时效的重要性。媒介融合的信息传播环境对新闻策划提出了更高的时效性要求，这不仅是为在快速变化的新媒体环境中获得竞争优势，也是为满足受众对即时信息的需求。融媒体时代新闻策划要求策划者具备快速提取和处理海量信息的能力，通过深入分析，利用多媒体手段进行信息的立体呈现，从而实现全方位、多视角的报道。这种策划方式不仅增强了新闻产品的吸引力，也提升了媒体的竞争力。

2. 内容丰富性的显著提升

融媒体时代新闻策划坚持"内容为王"的原则，其内容的丰富性和质量在传统新闻策划的基础上得到了显著提升。这一方面得益于互联网时代内容来源的极大拓展，为策划提供了更为广泛的资源和灵感；另一方面，多样化的媒介形式本身转化为内容的一部分，增加了融媒体时代新闻策划的多样性和创新性。此外，用户、机构、集体的广泛参与，使评论和转发等互动形式也成了内容创新的重要来源。这种多元主体的参与不仅丰富了内容的维度，也使策划的成果更加贴近受众的需求和喜好。

3. 创新性的全面提升

在媒介融合的背景下，网络空间的自由开放性为创新思维和观点的产生提供了肥沃的土壤。融媒体时代新闻策划在这样的环境中更加注重独特亮点的挖掘以及对创新内容和形式的探索，旨在通过创新实现传播效果的最优化。策划者需要不断探索如何有效地结合文字、图像、音频、视频等多种媒介形式，创造出既具有吸引力又能深刻反映主题的新闻产品。这要求策划者不仅要有敏锐的市场洞察力，还要具备跨媒介的整合能力和创新思维，以适应不断变化的媒体环境和受众需求。

（三）融媒体时代新闻策划的要素

1. 主题要素

在新闻策划中，确定并清晰地表达主题是至关重要的。策划者需要精准定位策划的主题和方向，以确保主题的明确传达。例如，在策划关于新中国成立七十周年的报道时，策划者应寻找新颖的角度来吸引受众的关注。同样，在教师节期间，推出关于新时代师生关系的特别报道也能增强新闻策划的创新性和吸引力。

2. 节点要素

在融媒体时代，利用时间节点的新闻策划尤为重要。例如，围绕中秋节，新闻策划人员可以与文化机构如博物馆合作，举办一系列与节日主题相关的活动。这些活动可能包括博物馆的夜间开放、专题讲座、音乐会、诗歌朗诵以及书画展览等，让公众在享受节日氛围的同时，也能深入体验和欣赏中国传统文化的魅力。

3. 平台要素

在融媒体时代，新闻传播的平台日益多样化，新闻策划人员需要精通各种传播平台的特点，以选择最适合的平台发布相应的新闻内容。随着商业化平台的增多，新闻的传播形式也展现出多样性。策划人员必须熟悉不同平台的功能和受众偏好，从而有效地策划新闻内容。此外，在策划过程中，还需考虑各平台的独特性，做出相应的调整，以确保新闻内容的准确传达并最大限度地吸引受众的注意力。

4. 技术要素

技术要素在新闻策划中起着关键作用，它涉及使用何种技术手段来向受众传递新闻内容。在融媒体时代，新技术的快速发展为新闻报道带来了前所未有的机遇。例如，通过应用增强现实（AR）技术，新闻可以创造出身临其境的体验，而应用虚拟现实（VR）技术则能将不同时间和空间的画面融合，创造出独特的时空体验。新闻从业者需要不断学习和掌握这些新兴技术，以便在新闻策划和报道中有效地运用，从而提高报道的吸引力和受众的参与度。

5. 终端要素

在融媒体时代，终端要素涉及新闻内容如何在不同设备上呈现和被消费。这一过程涉及操作系统和显示屏这两个关键维度。不同的操作系统，如安卓和iOS，即使展示相同的内容，操作体验和视觉效果也可能存在显著差异，从而影响新闻的接受度和传播效果。同时，显示屏的大小、分辨率和清晰度等因素也会直接影响新闻内容的可读性和受众的观看体验。

（四）融媒体时代新闻策划的原则

1. 创新选题，打造更具特色的网络新闻专题

在当今融媒体的环境下，新闻专题策划的选题工作显得尤为关键，它直接影响到专题报道的质量与传播效果。新闻专题的选题不仅是策划工作的起点，更是确保信息传播效果和受众吸引力的基石。当前新闻平台在专题策划上常常围绕新闻热点进行内容设计。虽然这种做法能迅速捕捉受众注意力，促进信息的广泛传播，但也不可避免地导致了内容的同质化问题，从而降低了新闻专题的独特性和深入性。

对于新闻平台而言，挑战在于如何在众多相似内容中凸显其专题的独特性。这要求策划者在选题时展现高度的创新性和前瞻性，选择能够深入挖掘新闻背后更深层次意义的主题。例如，在处理"西安66万奔驰漏油"事件时，多数报道可能聚焦于消费者权益和产品质量问题。然而，如果从国际与国内市场上奔驰车在售后服务方面的异同进行探讨，不仅能给受众提供一种新的视角，也能深化对国际企业在本土市场上的行为认识。通过对奔驰在不同市场上的服务策略进行比较，可以揭示出国际企业如何根据市场环境调整其消费者策略，以及这种策略的变化对消费者权益的实际影响。这种分析不仅能够加深受众对问题的全面认识，还能激发公众对维权行动的兴趣。此外，这种视角的创新能够有效打破新闻报道的传统框架，引导受众进行更深入的思考，提高新闻专题的教育与启发价值。

在融媒体环境中，新闻专题策划的一个关键要求是深入挖掘新闻事件的核心亮点，以形成明显的吸引力，俗称"吸睛点"。在专题策划过程中，策划者需要从宏观的视角出发，细致梳理和构建整个新闻专题的结构框架和发展方向，从而创造出与众不同的新闻专题。通过深挖事件背后的故事，并有效整合多种资源，专题能够展现其独特性，明显区分于其他新闻专题，给受众提供独到的视角和信息。

策划团队在此过程中应特别注重新闻专题的平台特色，努力形成一个明确的品牌形象，这样不仅能增强专题本身的吸引力，还能提升其市场竞争力。例

如，想要策划"中国人民解放军建军 90 周年专题报道"时，可以设计多个内容板块，如"最新要闻""冲锋号响""数字的秘密""昨日重现"等，借助于新浪军事丰富的资源，构建一个全方位、多层次、立体化、多元化的报道。这种策划方式不仅能够使受众全面了解中国人民解放军 90 年的历史演变和现代化军事建设的成就，还能激发国民的自豪感和对未来的期待。例如，新浪军事的专题策划，有效提升了受众对该平台的认同感和支持度。这不仅有助于增强平台的市场竞争力，也提高了专题内容的社会影响力。

2. 跨界融合，促进组稿工作多元化

在融媒体时代，传统的信息障碍已被打破，促进了传统媒体和新媒体之间的信息交流与整合。这种媒介间的融合为新闻专题带来了更广泛的信息获取渠道，从而提高了新闻内容的丰富性和多元性。在这样的背景下，新闻专题的策划和组稿工作必须积极拥抱跨界融合的策略，以提高报道的质量和时效性。

新闻专题的策划人员需要培养跨界融合的思维，意识到在策划阶段就要超越传统的新闻报道界限，向相关领域扩展，吸纳多方信息。通过这种方式，新闻专题不仅限于表面的报道，而是能够深入挖掘事件的多层面影响，为受众提供更全面、更细致的新闻体验。此外，跨界融合也促使新闻内容更加多样化，能够覆盖更广泛的受众群体，提供多角度的视野和解读。例如，通过与科技、文化、教育等其他领域的媒体合作，新闻专题能够获得更深层次的分析和更丰富的视角，从而不仅报道事件本身，还能探讨其对社会、经济、文化等方面的深远影响。这样的报道方式不仅增强了新闻的吸引力和教育价值，还能显著增强受众的情感共鸣并提升其参与度。

在融媒体的框架下，新闻专题的策划工作应充分利用与传统媒体和新媒体之间的协作关系，实现信息资源的有效整合。通过建立跨媒介的信息传播平台，可以加强各类媒体资源之间的互动与共享，从而为新闻专题提供更加丰富和独特的信息资源。这种跨媒介合作不仅能显著提高新闻的质量，还有助于扩大信息的来源范围，减少寻找高质量信息的时间与成本。此外，策划团队应当积极探索如何从受众的视角出发，将受众更深度地纳入新闻专题的策划与组稿过程中。可以通过设置互动平台，鼓励受众提供新闻线索，参与话题讨论，甚至直接贡献内容。这样的参与不仅增加了新闻内容的多样性和深度，还有助于新闻团队从受众提供的原始信息中筛选出有价值的内容，进一步丰富新闻报道。

为了增强新闻专题的深度和专业性，策划团队还应考虑与知名人士、大V、权威专家和学者进行合作。这些人士通常具有独到的视角和尖锐的观点，他们的参与不仅增加了报道的权威性，还能显著提高新闻内容的深度和广度，从而打造具有独家价值的报道。例如，在关于"2018年珠海航展"的报道中，组织者与多个新媒体和传统媒体平台进行跨界合作，并邀请了一系列专家学者和知名人士参与。这些专家对展会中的飞行器和武器装备进行了深入解析，提供了专业且详细的内容，极大地提高了新闻报道的层次和质量。此外，通过在微博等社交媒体平台上与受众互动，新闻团队能够实时收集受众的反馈和意见，进一步调整和优化内容，确保新闻更贴合受众需求。

3. 创新新闻专题传播方式

在融媒体时代，新闻专题的传播方式经历了重大革新，这一进步得益于"互联网+"技术、大数据、人工智能（AI）、虚拟现实（VR）以及云直播技术等的融合与发展。这些技术的应用不仅改变了新闻的制作和展示形式，也极大地扩展了新闻内容的传播渠道和受众接触点，从而实现了传播方式的创新。

在内容创新方面，新闻专题可以通过整合传统媒体和新媒体的各种内容变现形式来形成更加丰富和动态的视觉展示。这种多元化的内容表现形式能够提供更全面的信息体验，使受众在浏览新闻时，能够享受到从静态到动态、从视觉到听觉的多维感官体验。例如，对于复杂的新闻事件，通过视频和动画的形式可以更生动地展现事件的背景和细节，而专家的音频解析则可以增加报道的深度和可信度。

传播方式的创新是通过多平台整合和多渠道分发来实现的。新闻专题可以利用新媒体平台如今日头条、短视频平台和微信公众号等来发布新闻专题的精彩内容或宣传视频。这些平台因其高度的用户黏性和广泛的覆盖范围而成为扩大新闻专题影响力的有效工具。例如，在一个重大节日或事件报道中，通过短视频平台分享高光时刻，可以迅速吸引用户的注意力并引发讨论，而长篇的有深度的文章则可以通过微信公众号进行推广，以满足不同受众群体的需求。以《清明节祭英烈》这一新闻专题为例，策划团队通过文字、图片、短视频、音频和Flash动画的有机结合，来展示全国各地在清明节祭奠英烈的活动。这些内容不仅在视觉上给予受众震撼，还通过音频和视频引发了更深层的情感共鸣。在传播方式上，通过与各大直播平台和短视频平台合作，进行了全方位的直播和转播，不仅增加了新闻专题的时效性和互动性，还有效地传播了爱国主义思想，增强了民众对国家的认同感和尊重英烈的意识。

4. 增强与受众之间的互动

在融媒体时代，新闻专题策划面临着与受众建立更加紧密的互动的挑战和机遇。策划团队必须采用创新的方式来增强受众参与度，确保新闻内容不仅吸引人，而且具有高度的参与性。通过整合社交媒体平台、实时互动技术和用户生成内容，新闻专题可以实现与受众的双向沟通，有效地激发受众的兴趣和情感体验。开放话题讨论。允许受众在新闻平台上自由表达意见和提出新闻话题，这种策略不仅增强了受众的参与感，还为新闻团队提供了实时的、丰富的受众反馈，有助于捕捉和响应受众的兴趣点。同时，通过利用直播和实时问答环节，新闻专题能够实现即时互动，提高受众的参与度，并提供一个平台让受众直接与新闻制作者和参与者对话，从而提升新闻内容的透明度和受众的信任度。此外，鼓励受众提交他们自己关于新闻话题的见解或创作，如文章、图片或视频等，这不仅丰富了新闻内容，也使受众感到自己是新闻报道过程的一部分。

第二节　融媒环境下新闻策划的方法与实践

在融媒体环境下，新闻策划仍然是一个系统化的过程，它涵盖了从选题策划到视角定位，再到操作方式和最终的呈现方式的规划，这一过程不仅继承了传统策划的理念，同时也展现了独特的特点。

一、选题策划

（一）选题策划的主要类型

在新闻策划的过程中，确定选题是最初且最关键的一步。选题的获取既可以是对即时新闻的快速筛选，也可以是媒体定期进行的策划活动。总的来说，选题策划主要有以下三种常见类型。

1. "年终策划"或其他常规性策划

新年是一个具有重要意义的仪式性存在，它标志着旧年的结束和新年的开始。在这个时间节点上，人们习惯性地回顾过去一年中的重大事件、显著人物和热门话题，同时展望未来，进行年终总结。对于新闻媒体行业而言，进行"年终策划"是每年必做的工作之一。这通常涵盖两个方面的内容：一是对过去一年中所发生的重要新闻事件、人物故事和新闻热点进行串联式的回顾和整合，以此唤起受众对这一年新闻的记忆；二是根据媒体的性质和栏目的风格，选择一个特定的焦点进行深入策划，并以系列报道的形式呈现。除年终策划，中国的传媒界还有所谓的"新闻报道四季歌"，这是根据季节变化总结出的常规性策划工作，如春季的学雷锋活动、夏季的劳模歌颂、秋季的开学季和冬季的年终总结，以及春运、毕业季、高考季等特定时期的报道。例如，高考季的个性化故事可以通过短视频平台发布不同学生的高考准备故事，涵盖城市学生和农村学生的不同经历，通过社交媒体推广，促进故事的传播。在这些常规性策划中，虽然选题基本固定，但要想每年都呈现新意，就需要在策划的角度和素材选择上进行创新。

2. 以重大事件或重要人物为核心的媒体策划

媒体策划在新闻传播领域占据着至关重要的地位，尤其是那些围绕重大事件或关键人物展开的策划，它们不仅反映了社会的动态变化，也揭示了公众关注的焦点。本书旨在深入探讨以重大事件或重要人物为题的策划方法，分析其在新闻传播中的应用与影响。

选题依据，也称为策划的出发点，是新闻策划过程中的首要步骤。这类策划通常基于两类事件：一是预先可知的重要事件，如年度政治会议、两会、体育赛事、经济论坛等；二是突发性事件，这类事件往往具有灾难性，对策划提出了更高的挑战。在这两种情形下，人物的故事成为连接事件与公众的桥梁，通过人物的视角为事件赋予更深层的意义。

在重大事件中，某些关键人物因其独特的角色和影响而成为媒体关注的焦点。例如，莫言获得诺贝尔文学奖后，其个人价值和故事成为广泛报道的对象。这类策划依托于重大事件，通过人物的故事揭露事件的社会影响和新闻价值。

3. 针对文化现象或社会热点的策划

除围绕特定事件或人物的策划外，近期的社会热点或文化现象也常成为媒体策划的重要由头。这类策划不仅关注事件本身，更着眼于现象背后的社会文化意义。例如，"双十一"购物节、房地产市场的波动、某热门游戏的推出等，都可以触发一系列社会探讨。此外，流行语言也常成为策划的切入点，这些热词反映了社会情绪的变化，为媒体提供了丰富的策划素材。另外，还有一些不太注重时效性的文化现象类策划，这种策划类似于过去新闻稿体裁中的"风貌类通讯"，如以白岩松为主要人物视角而展开的"看世界"系列策划——《岩松看日本》《岩松看美国》等。

无论是围绕重大事件、重要人物还是文化现象的策划，都要求媒体从业者具备敏锐的社会观察力和深厚的文化理解力。策划过程中需要考虑的不仅是事件的新闻价值，更重要的是如何通过人物故事或文化分析，揭示事件的深层意义，引发公众的共鸣。同时，策划者也面临着如何平衡时效性与深度、新闻价值与社会责任等一系列挑战。

（二）选题依据

1. 以信息载体的总体定位作为选题依据

在新闻策划过程中，选题的确定需遵循特定的原则和依据，其中最为关键的是以信息载体的总体定位为基础。无论是栏目、专刊、特稿、特别节目还是系列专题，其各自的定位均是策划选题时的重要参考。不同的媒体平台、传播渠道以及栏目特性对选题的需求各不相同，这种差异性不仅体现在地域或国家层面上，还体现在同一新闻事件的报道角度和切入点也会因定位的不同而有所区别。

以"气候变化"为例，其报道在不同的信息载体上呈现出明显的差异性，反映了各个平台的总体定位和特定目标受众的需求。对于一个以年轻受众为目标受众的数字新闻平台，关于气候变化的报道可能更侧重于如何影响年轻人的未来，涉及就业市场的变化和新兴的绿色职业。在报道形式上，这类平台可能更倾向于使用视频短片、动态图表和互动问答的形式，以吸引年轻受众的注意力。例如，可以制作一个关于如何减少碳足迹的互动指南，受众通过输入自己的生活习惯来获得个性化建议，同时在社交媒体如 Instagram 和 TikTok 上分享这些内容，以增强互动性和可视性。相对而言，传统的电视新闻则可能更专注于政策变动、科学研究或国际合作等方面，通过深度报道和专家访谈来分析这些议题对社会和经济的长期影响。这种形式的报道通过电视节目和相关的在线平台进行深入传播，例如，在电视新闻播放后提供专家访谈的完整版以供在线观看，满足对深层内容感兴趣的受众需求。

2. 以报道立意作为选题依据

选题的另一重要依据是报道的立意。选题的构思和实施应紧密结合媒体的定位和当前的报道思想，以确保新闻内容的适宜性和价值取向。报道思想反映了编辑团队在特定时期或阶段内为实现既定的新闻传播目标而制定的报道方向和意图。以 BBC 的系列纪录片《蓝色星球》为例，该系列专注于展现地球上的水生生态系统的奇观。在策划相关的报道或专题时，制作团队选择了关注海洋保护和塑料污染等议题，这些选题直接反映了 BBC 在环境保护领域的报道立场和意图。通过采访多位海洋学家、环保活动家，使用令人震撼的海底摄影，该系列不仅展示了海洋生物的美丽和多样性，同时也强调了保护海洋环境的紧迫性。这表明即使是以新闻客观性著称的 BBC，在策划选题时也会受到自身报道立场和思想的影响，凸显了报道立意在策划选题中的重要性。

以全球变暖这一议题为例，一个以科学报道为核心的媒体机构可能会采用一系列融媒体策略来强化其报道立意，即加深公众对气候变化的影响认识。首先，该机构可能会在其数字平台上发布一系列互动图表和动画，这些内容能够直观地展示过去几十年全球温度的变化、极端天气事件的增加以及冰川融化的速度。这种视觉化的数据不仅有助于解释复杂的科学数据，还能吸引年轻受众的注意力，增加他们对这一议题的兴趣和理解。其次，为了增加报道的深度和广度，该机构还可以通过其 YouTube 频道发布一系列深入报道的视频，这些视频中可能包含与气候科学家、政策制定者和受气候变化影响的社区成员相关的访谈。这些个人的故事和专家的见解将人性化这一全球性议题，使其更加贴近受众的生活。

二、策划视角的寻找

在融媒体时代，策划的创新性显得尤为重要，因此策划视角或切入点成了决定新闻信息产品成功与否的关键因素。一个全面而独特的视角不仅能保证信息的完整性和客观性，还能在"同题报道"中创造独家性，确保媒体的竞争优势。以下是五种有效的方法，用于精练和确定策划的视角。

（一）从事物变化中寻求策划角度

无论是一次小型会议活动还是国际性的赛事、选举、战争等重大事件，"变化""新颖""不同""独特"始终是新闻工作者追求的价值点。例如，经历 6 年的发展，中国国际进口博览会（CIIE）（以下简称进博会）的国际采购、投资促进、人文交流、开放合作四大平台的作用越发凸显，全球共享的国际公共产品属性更加清晰。但它作为国际采购、投资促进、人文交流和开放合作的重要平台的本质特质始终未变。过去六年中，进博会组织了超过 150 场的专委会活动，累计吸引了 800 多家展商参与到"进博会走进地方"系列活动中。[①]这些活动不仅讲述了从展品到商品、从展商到投资商的转变故事，而且深化了企业在产业链上下游的合作伙伴关系，共同构建了"进博生态圈"。《人民日报》的"我的进博故事"视频征集专题，通过收集和分享个人参与进博会的经历和故事，进一步强化了进博会在推动全球合作和交流方面的重要角色，展示了进博会作为一个国际平台，促进全球发展的独特价值。[②]

（二）从历史延展中寻求策划角度

采用具体的时间坐标作为立足点，将事件或人物置于这些时间坐标之上，这种方法不仅适用于从过去到现在的时间发展策划，也适用于从现在到未来的报道拓展，甚至可以将过去、现在、未来串联在一条时间轴上进行综合性的回顾、报道与预测。这种纵向的策划带来的是一种历史的沧桑感和厚重感，展现的不仅是变化，更是变化背后的时代故事。例如，"二十一大""改革开放 46年""2024 年全国两会"等重大主题的策划便可采用此类视角。

（三）挖掘事物特性以确定策划视角

在策划"改革开放 40 周年"专题时，众多媒体机构纷纷发挥其独特优势，

① 周蕊.第七届进博会已签约世界 500 强及行业龙头企业近 200 家［EB/OL］.［2024-07-11］.http：//www.xinhuanet.com/20240229/5958397b7aca4e31a471af79c807fd68/c.html.

② 进博五年特别讲述"我的进博故事"面向全球征集视频报道线索［EB/OL］.［2024-07-11］.http：//cj.sina.com.cn/articles/view/5044281310/v12ca99fde02001tz4r.

推出各具特色的融媒体新闻栏目或专题报道。新华社、《人民日报》和《解放日报》等主流媒体通过开展以"壮阔东方潮奋进新时代"为主题的报道，系统回顾了改革开放四十年来的重大历程和辉煌成就。与此同时，《南方都市报》则推出了颇具创意的"问答深圳"特刊128版，旨在纪念改革开放40周年及其自家《深圳新闻》创刊18周年。深圳是改革开放的先行示范区和窗口，这一专题紧密围绕深圳这一独特的城市特征而展开，既展现了深圳在改革开放中的历史地位和成就，又彰显了《南方都市报》的地域特色和新闻敏感性，使其"改革开放40周年"主题策划既实在又贴近民生，因此格外引人注目。

（四）从事物对比中寻求策划角度

1. 差异性对比

差异性对比通过展现相同事物在不同环境、地域或时间节点的差异，揭示每个事物独特的个性和特点。例如，在探讨城市发展的策划中，可以对比不同城市的发展策略和成效，从而突出每个城市的特色和所面临的挑战。通过这种对比，不仅能够展现城市间的差异，还能促进对城市发展模式的深入思考。以对比两个城市的可持续发展战略为例，可以选择哥本哈根和新加坡进行差异性对比。哥本哈根以其自行车友好的城市规划和高比例的绿色空间而著称，而新加坡则以其垂直绿化和智能城市技术而闻名。通过策划一系列的报道，记者可以探讨不同的地理、文化和经济背景如何影响了这两个城市在实施可持续发展策略上的决策及其成效。

2. 综合性对比

综合性对比旨在通过对不同事物的比较，找出它们之间的共性。这种方法常用于展现文化现象或社会趋势。比如，在报道传统节日的策划中，通过对比不同地区的庆祝习俗，揭示这些习俗背后共通的文化价值和社会意义，从而增强报道的深度和广度。

在融媒体时代，探讨全球不同文化中的春节庆祝习俗，可以通过综合性对比来展现各地区间的共性和特色。例如，虽然中国、越南、韩国和马来西亚的春节庆祝活动各具特色，但它们共同强调的家庭团聚和对未来的希望这一核心主题连接了所有庆祝活动。通过融媒体策划，记者可以制作一系列互动的多媒体内容，如视频、图文故事和直播，来展示和比较这些地区的庆祝方式。例如，制作一段视频展示中国家庭在除夕夜包饺子的温馨场景，叙述饺子在中国文化中的象征意义；同时，通过实时直播越南的花市，让受众在线上感受节日气氛和花市的热闹；再配以马来西亚家庭准备开斋节食物的视频，强调尽管节日不同，家庭团聚的主题却是普遍存在的。此外，也可以展示韩国人穿着传统服饰参加庆祝活动的画面，让受众对韩国的传统文化有更深的了解。

3. 对应性对比

对应性对比通过展现事物之间的正反对比，突出它们的矛盾和冲突。这种策划视角常用于探讨社会问题或争议话题，如通过对比环保理念的实践与忽视对环境的破坏，凸显环保的重要性。这种对比不仅能够增强报道的戏剧性，还能促使公众对相关问题进行深入反思。

例如，可以通过对比挪威和巴西在森林保护方面的不同做法，来强调环保行动的紧迫性和对环境破坏的严重后果。挪威以其积极推行的可持续森林管理和环保政策而著称，而巴西则因亚马孙雨林的大规模砍伐和森林退化而频频成为国际新闻的焦点。在这样的报道中，融媒体工具可以被用来创造一个多层次、互动式的报道体验。记者可以制作一系列深入的视频报道，如对于挪威的森林可持续经营的实地考察视频，展示如何通过科技和政策保持生态平衡。同时，也可以展示对巴西的实地调查，揭示森林砍伐对生态系统所造成的破坏和对当地社区的影响。此外，记者可以利用数据可视化工具，展示两国森林覆盖率的历史变化、碳排放量的对比等数据，这些直观的信息可以帮助受众更好地理解环境保护与忽视的具体影响。通过在社交媒体上分享这些内容，并开放评论区供受众讨论，可以进一步提高公众对环保问题的关注度和参与度。

（五）从事物联系中寻求策划角度

在复杂的社会现象中，事物之间往往存在错综复杂的联系。通过发掘这些联系，可以为新闻策划提供丰富的素材和独特的视角。

1. 主题联想

从一个具体的主题出发，联想到其他相关的事物，能够为策划带来新的创意。例如，围绕"绿色生活"这一主题，可以扩展到绿色消费、可持续发展、环保科技等多个方面，形成一个包含多个子主题的大型策划项目。这种方法不仅能够拓宽报道的视野，还能够增强报道的系统性和连贯性。

2. 关联度拓展

通过探索事物之间的内在联系，可以实现策划主题的拓展和延伸。以"中国梦"为例，不仅可以探讨普通人的个人梦想，还可以深入探讨国家梦、民族梦，甚至将视角扩展到全球背景下的中国形象和国际影响力。这种策划方式能够展现主题的多维度和深度，吸引更广泛的受众。

通过对比和联系等策划视角，新闻策划能够更加深入地探索和呈现复杂的社会现象，提供更加丰富、立体和深刻的新闻内容。这不仅需要策划者具备敏锐的观察力和深厚的思考能力，还需要对社会、文化和人性有深刻的理解和洞察。

三、平台融合策划

在当今媒体生态中，融合媒体策划已成为一种趋势，其核心在于跨界合作，实现多媒体平台、多领域、多机构之间的协同。这种策划方式突破了单一媒体平台的局限，通过整合各方资源，提供更为丰富和立体的内容。

（一）多媒体平台之间的融合策划

媒体机构之间的融合超越了技术边界的消融，体现在不同行业和领域间深度的合作上。面对复杂多变的媒体环境，单一媒体机构内部资源的调配已难以满足策划活动的需求，因此跨媒体、跨体制、跨平台的合作成了新的常态。这种跨界融合策划能够汇聚多方智慧和资源，使策划内容更加深入、全面，更能满足受众的需求。例如，第二十六届中国新闻奖网络专题一等奖作品《千年大墓惊世发掘——南昌海昏侯墓出土》的制作过程中，江西日报社与《人民日报》《光明日报》、新华社、中央电视台等十余家媒体的合作，采用了报网融合、台网融合、社网融合的多元媒体融合模式。这种合作不仅聚焦了多家媒体平台的优势，还为相关报道带来了广泛的关注和好评，同时也为当地旅游业带来了新的发展机遇，实现了显著的社会效益和经济效益。[1]

（二）媒体内部多平台之间的融合策划

在媒介融合的背景下，"新型新闻编辑室"和"中央内容生产中心"已经成为新闻生产和融合策划的关键枢纽。媒体机构通过建立这样的融合生产平台，实现了内部系统的融合性策划。这一体系涵盖了文字、图片、音频、视频等多种报道形式，以及报纸、电视、网站、移动客户端、社交媒体等多个传播渠道，多媒介、多渠道的资源都汇聚于一个全面指挥的"中央内容生产中心"。这一概念，借鉴自餐饮行业，现已成为融合媒体新闻生产和策划工作的标准配置，它作为策划和指挥全局的核心，连接了包括报纸、广播、电视、网站、社交媒体和移动客户端在内的各种媒介和渠道。

在每年全国两会召开之际，各级媒体机构都会着手推动融媒体技术与资源的发展，采用以"中央内容生产中心"为核心的平台规划策略，致力于制作全方位的两会新闻报道。例如，重庆日报报业集团激活了自家的"中央内容生产中心"，以此保障对全国两会的报道能够实现24小时不间断的全媒体覆盖；四川广播电视台则通过"中央内容生产中心"，运用融媒体的传播方式，实现了在各种大小屏幕上对全国两会的连续报道；而安徽广播电视台则通过整合电视、广播和网络等多种媒介资源，构建了专注于全国"两会"报

---

① 江西这家网站拿了个中国新闻奖一等奖！中国记协网深度剖析其创作心得［EB/OL］.［2024-07-11］. https://www.sohu.com/a/120212211_393123.

道的特色"中央内容生产中心"，并借助"海豚视界"等新媒体平台，实现了新闻内容的一站式采集、多样化编辑和跨平台发布。[①] 此外，《焦点访谈》的一期节目《项目资金拿了民生项目黄了》不仅在电视上播出，还紧跟融媒体时代的传播趋势，制作了适合新媒体的短视频，并通过小屏话题推送，收获了良好的传播效果。

（三）媒体平台与用户之间的融合策划

在当今的媒介融合时代，用户生成内容（UGC）已成为媒体内容生态的一个不可或缺的组成部分，每个人都有可能成为信息的生产者和传播者。因此，在融媒体报道的策划中，策划者应深入考虑与平台用户之间的内容协作，通过多种渠道鼓励用户参与到新闻生产的各个环节中来，如选题设置、信息源提供、舆论形成、信息反馈等，使用户生成的多样化内容成为网络新闻专题的重要组成部分。这种做法不仅能够提升专题策划的参与度，增强传播效果，还能增加策划内容的广度和深度。

例如，2019 年是中华人民共和国成立 70 周年，多家媒体以"我和我的祖国"为策划视角，在各大媒体平台征集与新中国同龄的群众，通过网络提交文字、照片、视频等，分享他们与伟大祖国共同成长的故事。[②] 这样的策划不仅丰富了最终专题的内容展现，还增强了受众与专题之间的互动性，成功吸引了更多的关注和参与。

四、策划的创新形式与多维手段

融媒体时代新闻策划的核心在于传播形式的创新与传播手段的多元化，这不仅是其显著特征，也构成了其主要优势。通过巧妙地展现策划的创新形态与运用多维策略，有效地整合多种表现手段的内在联系，可以实现资源的最大化利用和传播效果的最优化。

（一）注重全媒体技术的运用

在新技术的推动下，融媒体策划需要充分利用全媒体技术，创造性地整合传统与新兴的多媒体形式。除基本的文字、图片、音频、视频和图表等，新兴技术如动态漫画、Flash 动画、动态图像、虚拟现实（VR）、直播、HTML5 以及人工智能（AI）等，都被纳入新闻策划的设计之中。这些技术的应用不仅丰富了内容的表现形式，还增强了受众的现场感、参与感和沉浸感。在融媒体的创新框架下，不同形式的多媒体素材有机结合，相互补充、共同作用，服务于

---

① 王小娟，左志新，沈金萍 .2018 全国两会媒体报道的"融"与"变"［J］. 传媒，2018（7）：8–11.
② "我和我的祖国·寻找共和国同龄人"征集活动开始啦！［EB/OL］.［2024–07–11］.https：//www.sohu.com/a/334455922_699027.

核心主题和内容，构建出一个内容丰富、形式多样、深度充实的融媒体报道体验。

以江西网的融媒体作品《千年大墓惊世发掘——南昌海昏侯墓出土》为例，该项目融合了传统的新闻报道形式，如新闻稿、深度评论、专访和人物特写，与新兴的视觉表现形式，包括高清图片、多媒体视频、Flash 动画等。此外，该项目还积极采用了当下前沿的媒体技术，如无人机航拍、增强现实（AR）、虚拟现实（VR）以及 720° 全景摄影，打造了一个多角度、多维度的立体展示平台。这种综合运用多种媒介和技术手段的策划，向公众展示了一场关于古代文化遗产发掘的视觉盛宴，使整个项目不仅在内容上具有深度和广度，而且在形式上也呈现出丰富多彩的特色，成为一个集知识性、趣味性和视觉冲击力于一体的全媒体信息展示典范。[①]

（二）提升审美深度与情感深度

在融媒体报道策划中，技术的应用远超过了单纯的功能性展示，它更是一种审美深度和情感深度的提升。策划的核心不仅是将文字、图片、音频、视频和动画等多种媒介形式简单叠加，而是深入理解每种媒介的独特表达规则和创作方法，通过技术与艺术、情感的融合，展现策划内容的思想深度和情感丰富度。以新华网于 2014 年推出的《简政放权——持续改革再发力》为例，该项目创新性地采用沙画视频作为专题的视觉引入，通过描绘两位年轻创业者的旅程，生动阐释了"简政放权"政策及其对普通人生活的积极影响。沙画艺术的引入不仅提升了视觉美感，赋予了报道以新颖的表现形式，同时也增强了内容的表现力，而以年轻人的创业故事作为叙述视角，使这一政策报道变得更加温馨和接地气，展现了政策背后的人文关怀和情感共鸣。

（三）设置双向互动环节

融媒体时代的新闻策划具有前所未有的互动性特征，不再是单向传播的模式，而是建立在双向互动的基础之上。通过利用互联网及社交媒体等工具，策划人员能够直接与受众进行交流，获取其反馈和意见，从而进一步优化新闻内容和传播策略。这种互动性不仅提升了受众的参与度和分享意愿，也有效地扩大了新闻传播的影响范围。此外，策划人员需充分利用融媒体平台提供的数字化资源，树立深厚的互联网数字化思维。应用大数据和信息化技术对传播情况进行细致的分析，研究受众的偏好和信息需求，确保新闻采编策划工作以受众为中心。同时，策划人员必须深入了解各个传播平台的特性与优势，根据不同

---

① 中国江西网 . 千年大墓　惊世挖掘——南昌海昏侯墓出土［EB/OL］.［2024-07-11］.https：//www.cas. gov.cn/2016-05/24/c_1118919628.htm.

平台的受众定位和偏好进行差异化的内容推送。鉴于融媒体环境中短视频、新闻客户端、微信、微博等平台受众特征的多样性，制定有针对性的内容发布策略显得尤为关键。同时，新闻策划在融媒体背景下应是动态的，策划人员需在传播过程中对内容进行持续的动态监测与调整，以保证报道方向和重点的时效性和针对性，实现最优化的传播效果。

为了使互动更加深入和有效，策划团队需要针对不同的主题设计具有明确目的和独特特色的互动环节，避免仅停留在常规的调查和评论互动上。例如，通过开发与主题相关的互动游戏来提升用户的参与兴趣，邀请用户分享新闻故事或扩展报道内容，鼓励用户自主设计讨论话题并参与其中，甚至让用户直接参与到社会热点问题的解决过程之中。

以新华网推出的《集成交互专题：嫦娥三号探月》为例，这个专题不只是以多媒体的形式提供了详尽的探月信息，更通过引入交互性元素，为用户带来了独特的感官体验。尤其引人注目的是，专题中关于月球车全球征名的活动成功吸引了三百万以上网友的热情参与，收到了成千上万的命名建议。最终，"玉兔号"被选定为中国首辆月球车的官方名字。[①] 这个过程不仅使网友从单纯的信息接收者转变为内容的积极贡献者，同时也使他们成为专题传播的强大推手。

第三节　融媒环境下新闻策划的思维培养

在融合媒体新闻生产的综合能力体系中，策划能力展现了该领域的深层次能力。区别于技术与技能等表层能力，这种能力强调的是思维能力的培养与锻炼，不仅是技术的简单应用，而是一种以脑力活动为主导的能力。在此框架下，记者被赋予"四力"，即"思维能力""行动能力""听觉能力""书写能力"，其中思维能力被视为最为关键的能力。

记者在现场采访或进行镜头前报道时所展现的机智，以及新闻作品中体现的创意，实际上是经过全面策划和设计安排的成果。看似日常简单的用语选择，实则是经过深思熟虑的结果。对现场画面的精准捕捉，是基于采访团队周密计划的创意展现。因此，在新闻采访与写作过程中，虽然具体的微观技能构成了基础，但融合媒体策划的宏观思维能力则是衡量记者高阶技能的关键指标。

---

① 集成交互专题：嫦娥三号探月［EB/OL］.［2024-07-24］.http://www.xinhuanet.com/mil/zt/cety/.

一、逻辑思维：构思能力培养

在新闻行业中，记者常面对大量信息。随着新闻业的进步，信息的复杂性增加，记者需具备有效收集、处理信息的技能。更关键的是，记者应具备对信息进行逻辑整理的内在能力，即在新闻采访和报道过程中展现的构思能力。

以一个典型的新闻专业学生的作业为例："大学毕业后是直接工作好还是继续深造好？"在开始规划这一教育话题之前，应首先明确以下7个关键问题：

（1）该专题预计的长度或篇幅是多少？是3分钟还是10分钟？

（2）本专题将采用何种形式？是问题探讨、人物访谈，还是其他？

（3）专题的核心驱动力是什么？旨在解决哪些问题？

（4）目前已收集到哪些相关背景信息？

（5）专题的创新之处在哪里？

（6）该专题预设的层次或结构是怎样的？

（7）计划采访哪些对象？为何选择他们？他们需要提供哪些信息？

许多学生在进行这类专题策划时，倾向于使用无目的、无设计的"街头访谈"方式，向路人提出宏大而笼统的问题，例如"你认为大学生毕业后是工作好还是继续深造好？为什么？"这种方法是典型的新闻策划误区，因其问题设计过于广泛，缺乏对问题的结构化思考，难以针对具体问题进行细化处理，从而无法解决新闻报道的核心议题。这种情况反映出采访者缺少一项关键技能——逻辑构思能力。新手往往基于感性认识来规划他们的专题或内容，如从个人角度、利益和心态出发进行新闻策划，忽略了理性思考和客观分析。若不习惯于逻辑化思考，整个新闻采访与写作过程可能会变得混乱，缺乏逻辑性的思维习惯甚至可能会导致无法察觉问题的盲点。

如何培养新闻策划中的逻辑构思能力，成为提升记者专业素养的关键。

（一）层层分解

在发展逻辑思维时，一个核心原则是意识到信息需要被分层处理。这就像是处理一颗枣子：直接整个吞下并不是明智的选择。为了充分体验枣子的风味，应当一小口一小口地细嚼。将信息作为一个整体来处理，意味着缺乏深入的思考。因此，对于采访的逻辑构思而言，培养分层分析的习惯至关重要。这一习惯涉及两个关键步骤：第一步是能够明确区分不同层次；第二步是确保各层次之间存在逻辑上的联系。第一步相对简单，类似于我们在小学时用来分析文章的"总—分法则"：先确定一个中心议题，然后根据该中心议题的不同方面或层面进行细分。这就如同人们所说的"逻辑树"：从树干到树枝，形成多层，且每一层都可以进一步细化，构成一个层次分明的结构（见图4-1）。在实际操作中，可以采用类似于逻辑思维图的简易形式，通过绘制树状图，对采访对象进行分层剖析，明确各层的提纲。第二步要求在各层次之间建立起合乎逻辑的联系，这种联系应当基于之前的分层。例如，不同分层之间的关系可以是并列关系、递进关系、微观与宏观的关系、主观与客观的关系、原因与结果的关系等。这要求采访者进行深入的思考和规划。例如，如果策划一个关于著名编剧转为高校教授的人物专题，可以构建纵向逻辑关系，将人物经历划分为三个到五个时期，采用顺序或倒序的排列方式；或者根据人物的三个到四个显著特质进行横向划分，形成并列的板块式逻辑结构；抑或围绕职业转变的过程，探讨背后的原因，构建"原因—结果"的因果逻辑关系。

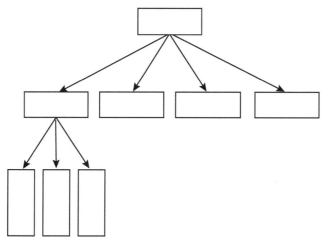

图 4-1　逻辑思维板块

（二）侧重取舍

在摄影和拍照的过程中，面对同一对象，不同的拍摄角度反映了摄影师的独特选择。全面展现一个事物往往具有挑战性，重要的是找到并强调那个最想表现的焦点。在完成了分类工作之后，下一步就是进行选择和取舍。通过"分类"，我们将具有相似性质的主题或观点归置一处，以清晰、系统的方式展现采访对象的特点和全貌，但过分追求全面性可能导致报道浅尝辄止，甚至落入平庸的俗套。因此，进行有针对性的选择变得尤为重要。这包含两个层面的工作：首先，识别主要和次要元素，即区分哪些信息是关键的，哪些信息是次要的，就像挑选新收获的豆子一样，将不同的豆子排列出来，按优先级挑选最重要的；其次，确定选择和取舍的准则，明确哪些内容是最佳的、最有价值的，只有当这一点明确时，前一个步骤的选择和取舍才能有效实施。

遵循"总—分原则"的思维模式往往会导致缺乏重点意识，许多人习惯于平均分配注意力。例如，在规划关于某位著名教师的人物报道时，可能会设定三个层面来展示该人物，作为"优秀教师""忠诚朋友""孝顺儿子"。虽然这些角色的层次划分得很清晰，但明显需要强调一个焦点以传达核心议题。选择哪个角度作为重点，取决于每位记者的个人依据，包括报道将在哪个平台上发布、目标受众最感兴趣的点是什么，以及记者认为其他人可能忽略或较少关注的方面。例如，《记者档案》栏目在策划采访央视前著名记者王志时，从其众多采访案例中选取了《成克杰腐败案》和《贪官胡长清》两例进行探讨，这一选择既符合当时公众关注的焦点，又深刻展示了王志作为记者的工作风格和理念。

（三）确立报道焦点

选择侧重点时的关键标准之一是确定"你的报道最终想要传达什么主题"。简言之，一个清晰的报道定位是必需的，这个定位就像逻辑树的根基，决定着所有核心议题和分层讨论。在实施新闻策划时，必须坚定地基于这一"根基"，避免像随风摇摆的"墙头草"。例如，策划一个关于免费为贫困人员剪发的理发师的报道。在策划阶段完成后，实地采访发现理发师不善于表达且时间有限，而偶遇的一位同样致力于帮助低收入人员的志愿者朋友，时间充裕且善于沟通。在初次采访失败后，记者决定将这位朋友纳入采访对象，但因为是即兴决定，处理两位人物故事的衔接时没有经过深思熟虑，缺乏逻辑联系，导致报道内容混乱，未能聚焦原计划的主题。

初学者往往因为缺乏经验和不够强烈的职业身份认同，容易忘记最初的报道定位，有时还会被采访对象主导或影响，这是许多经验丰富的记者要避免的"被采访"境遇。尽管为了确保沟通顺畅，偶尔"被采访"可能是必要的，但这种情况不应持续太久，更不能让情况完全逆转。新入行的记者可能会过分沉溺于自己的主观世界，而逻辑构思能力的培养正是为了帮助他们跳出自我中心思维模式，保持理性思考，牢牢把握住报道的核心焦点和整体框架。

二、快速思维：即兴能力培养

在策划报道的过程中，记者经常会遇到意料之外的情况或突发事件。尽管可能已经做了充分准备，有时依旧难以避免意外的发生。因此，快速思维能力成为新闻工作者极其宝贵的一种技能。以著名主持人杨澜采访知名企业家王永庆先生为例，她面临了一个出乎意料的挑战。面对一位个性鲜明且在媒体人眼中需要特别小心对待的采访对象，对于初出茅庐的杨澜来说，无疑是一大考验。杨澜回忆道，在采访中她保持镇定，尽管准备了30多个问题，但在

15 分钟内，王永庆先生便简洁地回答完毕，仅用简单的"是""不是"或"喜欢""不喜欢"等词汇作答。[①] 杨澜试图通过提前做的功课和"善意"的提醒来引出更多话题，但仍被王永庆先生直截了当的态度所难住，使这次采访让人感到无奈。

这种采访中遇到的突发状况是记者在策划和执行阶段难以预料的。虽然事后的准备能够帮助完成采访任务，但未能按照最初的计划进行采访，尤其是直播类的报道，往往会让人觉得是不尽如人意的体验。这就要求记者提升即兴思维能力。虽然提高快速思维能力有一定的技巧，但更多地需要通过长期的经验积累和信息储备来实现。

（一）确立主题，多角度入手

在进行即兴表现时，关键的一点是要有一个清晰的主题目标，避免毫无目的的即兴表现。因此，坚持主题十分重要，要在主题的引导下寻找机会进行表现。例如，央视资深主持人白岩松在 1997 年香港回归直播期间的即兴表现至今仍被广泛赞誉。1997 年 6 月 30 日上午，在驻港部队离营誓师大会即将开始的前一小时，天空突降大雨，而在开幕前 20 分钟，天气又突然放晴。白岩松利用这一天气变化，即兴地开场道："一场大雨洗刷的是中国百年的耻辱，而风雨过后，是中国晴朗的天空。"这一开场白巧妙地从天气情况入手，不仅与当时的气氛相契合，而且富有深意，最关键的是紧扣了回归这一主题。当日晚上 8 点 20 分，当中国人民解放军驻港部队的先头部队越过管理线进入香港时，白岩松再次即兴地说道："各位观众，这条线并不长，车速也并不快，但是今天驻香港部队，越过管理线的这一小步，却是中华民族的一大步，为了这一步，中华民族等了百年。"无论是现场的天气变化还是行进的车队，所有的观察都成了即兴表现的契机，而每一次的即兴发挥都恰到好处，因为它们都紧密围绕着"回归"这一主题。

（二）因景促情激发即兴思维

记者在进行新闻策划和采访报道时，应尽量使自己的心态放松，避免陷入一成不变的思维模式。一个过分固定且详尽的策划可能会限制即兴表现的空间，导致报道呈现出一种刻板感。所谓的"即兴报道"，便是记者在被现场的人物、情境或景象所触动时，受到灵感的启发而进行的采访报道，这类报道通常出现在新闻直播中。突发的场景、氛围或景观都能促进记者进行快速地即兴思考，激发灵感，引出超越预设的话题。例如，假设策划对一位以出色的演讲技巧而闻名的人物进行采访，记者团队预备了许多挑战性问题，旨在引发并

---

① 那个瘦瘦的倔老头［EB/OL］.［2024—07—11］.https://blog.sina.com.cn/s/blog_477614640100b34y.html.

展现该人物的口才。然而，出乎意料的是，这位平时能言善辩的演讲家在镜头前竟然表现出紧张，甚至表示自己感到"有些紧张"，这是策划前未曾预料到的情况。此时，记者需要在原有策划的框架下进行即兴发挥，帮助采访对象尽快适应采访氛围。此过程中记者需要至少做到两点：首先是找到一个轻松的话题，帮助采访对象消除紧张感；其次是利用当前场景中的元素，通过观察、聆听和思考，引出与主题相关的边缘话题。或许可以从他的个人生活出发，讨论其家庭或对个人形象的看法，甚至以幽默的方式触及他的童年经历，既缓解了紧张气氛，又推动了采访的进展。通过利用现场的元素激发即兴思维，记者可以更自然地融入采访流程，实现富有创造力的报道。

（三）储备经验

美联社记者希勒尔·伊塔利曾提到，新闻报道中引人注目的直接引语往往源于对话中的即兴发挥。他强调，记者需要进行充分的准备工作和深入的探究，以便在谈话发展的任何方向上都能紧随其后[1]。伊塔利认为，是否预先准备好问题取决于个人的感觉，有时候，可能只准备了一两个问题，期待在交流过程中引发更多的讨论。即兴发挥虽然重要，但也需遵循一定的规则，避免过于随意而造成相反的效果。例如，一位主持人在采访一位著名作家时，提及其擅长唱歌，临时提议对方现场演唱，结果对方提出双方合唱，导致主持人因自知唱歌走音而陷入尴尬境地。

有效的准备包括两个方面：首先，保持持续的学习，积累知识。记者的即兴思维能力建立在广泛的知识储备之上，因为知识积累本身就能激发思维活跃，学习无疑使人变得更加敏锐。其次，注重经验的累积。通常，拥有足够自信和丰富经验的人在即兴表现时更为出色。实践经验的不断积累可以增强这种自信。对于新手而言，虽然难以与经验丰富的资深记者相比，但关键在于把握每一个实践机会，并且成为一个细心的观察者，将所得的经验和学习成果进行系统的记录和整理，使之转化为宝贵的资源储备。

（四）变技巧为习惯

即兴思维偏好那些天生爱好思考的人，并不是仅在需要时突然动用几个应急的技巧，而是将这些技巧内化为日常生活中的习惯。

（1）培养思考的习惯。这意味着要经常练习多角度思考，摒弃陈旧的思维模式，以新的视角审视问题。无论是阅读、购物还是烹饪，试图从不同的角度探讨问题，视其为激活思维的基本步骤。通过日常练习，如每日花五分钟进行思维风暴，挑战在三分钟内想出 20 个解决方案，五分钟内寻找 30 种方法

---

① 杰里·施瓦茨.美联社新闻报道手册［M］.曹俊，王蕊，译.北京：中央编译出版社，2014：99.

等。培养进行思维风暴的习惯，是提升创造力的关键。

（2）将"触景生智"转化为常态。真正触动人心的往往是最本质的元素，因此记者应习惯于深入并认真地融入每次采访。这种投入会激发源源不断的创意，因为情感投入会让智慧更加灵动。为了让采访对象提供所需的信息，记者首先需要展现出真正的热情；为了获得真实信息，需要建立一个平等且诚挚的交流环境……这些都应成为习惯而非仅仅是技巧，习惯能够增加即兴表现的机会。

（3）使积累成为习惯。正如美国 CBS 晚间新闻的著名主持人沃尔特·克朗凯特所说，自从从事新闻工作以来，他便开始研究美国的政治和历史，这已经成为他的一个习惯，每年都要整理相当于一本书厚度的资料。单纯在脑海中构思和思考可能导致思维的局限性和偏差，而将思考记录下来则能够帮助更好地把握整体视角，发现潜在的缺陷和不足。

三、创新思维：培养"独家策划"创造力

尽管一些人认为在信息传播技术高度发达的今天，实现信息的独家占有变得越来越难，但基于创新的"独家内容"的发掘仍然存在。在信息接收方面，信息可能是共享的，但在信息的产出端，通过创新和再创造，信息可以成为独家内容。资源虽然有限，但对资源的创新利用却是无限的。得益于人类的创新思维能力，我们可以说，独家内容无处不在。

"独家"这个概念源于国际新闻界对于"抢先报道"的追求，英语中的"Scoop"意味着"抢先获得或发布"。因此，"独家"包含两重含义：一是在传播时效上迅速，能够第一时间发布；二是在内容的挖掘深度或角度上与众不同。在这个竞争激烈的融媒体时代，大部分情况下竞争的是时效性，依靠的是技术的先进性。而要在深度和内容的独特性上胜出，则更多地依赖于创新思维。当然，某些"独家"是因为媒体本身的特殊影响力和权威性，这种影响力的建立，也离不开媒体之前对"独家"形象的塑造，而这又归结于创新思维的培养。

在如今快速发展且竞争激烈的行业中，缺乏创意和创新思考能力的人容易被市场淘汰。特别是在媒体行业，作为信息的前线采集者，通过创新思维创造的"独家内容"显得尤为重要。那么，如何提升个人的创造性思考能力以产出更多"独家新闻"呢？以下是三种有效的训练方法。

（一）提升新闻敏感度：高瞻远瞩的创新视角

在信息全球化的背景下，传统的思维模式往往限制了记者的创新能力和新闻敏感度。所谓的新闻敏感度，是指新闻工作者识别和发掘新闻价值的能力。

为了创造"独家"内容，记者需要跳出常规的思维框架，从更高、更远的角度观察和思考问题。这种高度的新闻敏感度不仅包括基本的真实性、时效性和深度，还应扩展至对新闻发展趋势的预见能力（远度）和从全人类发展视角审视事件的能力（高度）。这些层面的综合能力构成了新闻价值判断的"五度"（见图 4-2），逐级深入，使成功策划"独家"报道的可能性随之增大。"远度"关注的是在充分调研的基础上对事件未来走向的预判；"高度"则关注的是从宏观的人类发展角度来理解和报道事件。

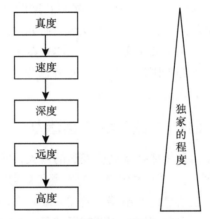

图 4-2　新闻敏感度与独家策划的"五度"

从这个案例可以看出，通过站在更高更远的角度，结合深度的市场洞察和敏锐的新闻感觉，能够有效地提升新闻作品的创新度和独特性。这不仅要求新闻工作者具备丰富的知识储备和敏锐的观察力，还需要跨界思考，将不同领域的知识和信息进行融合创新，以产生具有影响力的"独家"新闻内容。因此，对于新闻工作者而言，持续提升新闻敏感度，并将其转化为实践中的创新思考和策划能力，是实现职业成长和创作优秀作品的关键。

（二）思想交流提升受众参与度：创造信息价值

在技术驱动下的新闻界，大型专题报道的竞争越发激烈，使"独家"内容的挖掘变得更加困难。然而，创新思维始终是独家内容不竭的源泉。通过思想与信息的交流，利用独特的观点替代传统的"同质化"信息，可以显著提升受众的认知度，并创造出独特的价值信息。例如，通过对重大事件的特别策划和独家评论，可以展现思想创造的独特价值。2007 年，针对广东省委省政府领导班子的更替，大多数媒体仅停留在传统的通告式报道上，《南方都市报》与奥一网联手策划发起了一个大型的互动活动，邀请广东市民在网络上对省级领导进行"拍砖"，即提出批评和建议，活动被命名为"岭南十拍"。这一活动持续了数月，吸引了省委书记和省长的积极参与，不仅展示了广东市民开明的民风，还成功塑造了新一届领导班子的积极形象，并展现了他们的个人魅力。这一策划不仅获得了大量独家信息，而且网民的建言成了引发广泛关注的独特思想。这场成功的策划最终转化为系列的新闻策划报道，形成了持续性的话题，其最终成果"网络问政"荣获"第20届中国新闻奖"一等奖（见图4-3）。

2008，《南方都市报》与奥一网联手
策划"岭南十拍"评论活动

↓

2009年初，广东省长、省委书记发文
再次邀请网民献言献策

↓

2009~2010年，《南方都市报》相继推出
"岭南10拍""东莞10问"等策划，搭
建平台自动生成报网合一的议题内容

↓

2010年，系列策划报道合编为"网络
问政"，获得第20届中国新闻奖一等奖

图4-3 "网络问政"系列策划及其发展

（三）运用个性化与戏剧性提高报道作品的传播度

在策略规划领域，创新性思维的运用可通过挖掘和强调具有独特个性或显著戏剧性的人物、事件或细节来体现，旨在提升报道作品的叙事吸引力和受众的关注度。一方面，个性化的策划着眼于利用采访记者或媒体节目的独有特色来形成有别于常规的策划思路，其中，记者在采访过程中表现出的独特提问方式或对话风格往往成为报道中的亮点。个性化思维不仅展现了策划者的创新能力，而且成功的新闻工作者往往通过培养自己的独特采访风格来塑造明显的个人品牌，吸引更多的受众关注。例如，严谨而文雅的白岩松、知性而气派的杨澜、亲切而柔和的陈鲁豫以及善于追问和反思的王志，都是通过其个性化表现吸引受众的典范。这种个性的展现不仅是独特性思维训练的结果，也是打破工作常态，激发新闻作品戏剧性看点的重要手段。另一方面，戏剧化的设计意味着规划内容不能仅停留在平淡无奇的表现上，而应追求多样化的风格、节奏、立场和表达方式。通过寻找并利用潜藏在日常平静之下的冲突，可以形成富有戏剧性的设计，从而增强策划的吸引力。例如，第25届中国新闻奖网络专题一等奖作品《网上诚信馆道德新标杆》便是通过讲述具有情节转折的故事来吸引受众的，该作品描述了温州商人谢某在1997年生意失败欠下巨款后，在众人几乎遗忘此事的2014年，携带17年前的债务单远赴千里归还18万元的故

事。通过展示"17年"的时间跨度、"18万元"的巨款以及"千里"的距离，这一策划在强调戏剧性的同时，也赋予了"网上诚信馆"事件专题以生动和深情的内涵。

四、互联网思维：意识转变的培养

在当代新闻产业的发展中，创新性的采访与报道流程涉及策划、采访、撰写、传播等多重环节，显示了新闻记者在新时代下应具备的综合性传媒技能。在互联网时代，全能型传媒人才炙手可热，其所具备的互联网思维在新闻制作的各个阶段都发挥着重要作用。互联网思维不仅是技能层面的要求，更是意识层面的转变，它要求新闻工作者在策划阶段就自然地融入互联网信息传播的特质，代表着对传统新闻制作意识的升级和转变。

（一）服务导向的思维培养

在媒体融合的今天，新闻媒体的角色经历了根本性的变革，尤其是官方媒体，其由曾经的信息权威发布者转变为提供信息服务的平台。在这样的背景下，原本的"受众"现在被视为"用户"，而新闻内容则转化为"产品"。一方面，面向用户的传媒服务通过"个性化定制""精准推送""智能匹配"等方式得到不断升级。另一方面，用户地位的提升也实现了互联网的"共享""开放""互动"价值，促进了服务平台的建设和信息产品质量的提升。因此，培养服务思维变得尤为重要，这种思维不仅体现在具体技能上，更关乎意识和认知的转变，它将直接影响新闻人才展现上述能力的方式。

（二）极致思维的培养

在媒体融合的背景下，追求信息的大规模集成和互联互通成为新的趋势，这要求新闻行业的从业者具备极致思维。这种思维涉及信息的全面收集、处理、传播和反馈，追求在每一个环节上达到最优。例如，在新闻策划阶段追求多角度的选题视角，在新闻采访过程中实现全面的信息采集，在新闻产品呈现上展现多样化的融媒体形式。极致思维旨在提供超越用户预期的服务效果，引发社会热点，展现服务的极致价值，这种思维不仅是对技术和业务深度挖掘的结果，也是对前期准备工作的极致追求的体现。

（三）融合思维的培养

融合思维首先体现为跨界能力的培养，在尚未完全打破各种媒介之间的壁垒的现实条件下，新时代的新闻工作者需要具备恰当运用文本、图片、音频、视频、网络等多种媒介的综合能力。这种能力不仅包括理论知识和实际操作技能的掌握，还涉及理念和技术的全面融合。在跨界的基础上，融合思维进一步扩展为一种宏观视野的整合，超越传统媒介间的融合，将新闻传播工作提升到新的高度。这意味着新闻工作不仅是新闻传播行业的一部分，更是社会各行各业的组成部分，反映了新闻人主动融入社会多元领域的意识和认知。因此，融合思维代表着对社会生活各个方面的全面覆盖，体现在多元知识的学习和社会学者角色的定位上。

第四节　融媒环境下的新闻采访

一、融媒体时代融合报道的特征

"融媒体"这一概念是在多媒体和全媒体的基础上进一步发展而来的，相较于"全媒体"，"融媒体"展现了更为显著的先进性，并且与新闻行业的实际发展需求紧密相连。科技的进步和移动互联网的广泛应用导致大众媒体之间的专业边界日渐模糊，传统媒体的细分工作角色已不再适应融媒体环境下的报道需求，这促成了能够同时操控文本、图片、视频乃至编程的多能记者，如"融合记者""背包记者""全能记者"等新型职业角色的出现。跨媒介平台的融媒体采访趋势变得日益明显。

当前，通过融媒体采访进行融合报道成为主流媒体常见的报道手法。融合报道是利用数字移动通信技术和互联网平台，通过整合不同媒介的传播形式、技术手段、报道风格和叙述方法来实现新型新闻传播方式。与传统新闻报道相比，融合报道的独特之处在于新媒体与传统媒体的整合。

移动互联网的普及促使融合报道优先在移动端发布，用户得以通过移动设备传输和接收新闻内容，参与互动。在融合报道中，轻便的移动互联网设备（如智能手机、平板电脑等）得到了广泛应用。一般而言，融合报道展现了以下五个典型的特点。

（一）以数字移动通信技术的应用为基础

数字移动通信技术的广泛应用不仅是融合报道实践的基础，也是推动现代新闻传播形态发展的关键动力。随着智能手机和移动互联网技术的快速普及，数字移动通信技术深刻地影响着人们的信息获取方式和交流方式，为新闻报道带来了"移动传播"这一核心特性。这种特性使新闻内容的生产和消费过程更加灵活多变，信息的传递不再受限于时间和空间，确保了新闻传播的即时性和普遍可接入性。在数字移动通信技术的支持下，新闻内容的生成与传播模式发生了显著的变革。例如，"移动端首发"成为新闻发布的新常态，优先考虑移动设备用户的阅读习惯和接收特点，使新闻内容在第一时间通过移动平台触达受众。此外,"移动直播"技术的应用,使现场新闻的实时传播成为可能,无论是大型活动的现场报道还是突发事件的即时追踪,都能通过移动直播技术让受众获得沉浸式的体验。

(二)以互联网信息平台为依托

融合报道模式依托于互联网信息平台,构筑了新闻传播领域的一种革新机制。随着互联网技术的演进,融合报道在挖掘与呈现新闻背景信息方面得到了精确且深刻的技术支撑,显著提升了报道的深度与广度。互联网信息平台的广泛应用,不仅为融合报道的内容创作、发布、传播以及反馈收集等全链条工作流程提供了更为宽广的操作平台,也拓展了新闻报道在数字时代的边界和可能性。

(三)将差异化的媒体传播方式的融合作为标准

融合报道突破了传统新闻报道单一媒介形式的限制,通过巧妙整合不同媒介的传播手段和技术,提升了新闻内容的丰富性和互动性。这种报道方式不仅是将文字、音频、视频、图片等基本元素进行简单的组合,而是更加注重如何通过技术融合创造出全新的新闻消费体验。例如,通过动漫和动态图像为新闻故事增添趣味性和生动性,利用数字地形模型和虚拟现实(VR)技术为受众提供沉浸式的新闻场景体验,同时,人工智能(AI)的应用能够使新闻策划、采集和发布等多个环节更加智能化。

(四)以新闻生产模式创新为手段,以社交媒体和自媒体报道为主要内容

融合报道的出现不仅是新闻生产模式的革新,同时它也象征着传统新闻行业向数字化、社交化和个性化转型的必然趋势。这种革新突破了传统新闻生产的边界,不仅在组织结构、体制机制上进行了调整,更在分发途径和效果评价机制上实现了革新。最为突出的特点是,融合报道采纳了用户生成内容(UGC)和专业生成内容(PGC)相结合的模式,有效地整合了来自广大用户的原创内容与来自专业媒体人的深度报道,从而极大地丰富了新闻内容和观点。

在移动通信技术和互联网平台的加持下,融合报道使新闻报道的来源变得更加广泛,话题覆盖范围更广,传播力度和深度得到显著提升。社交媒体和自媒体平台的兴起为融合报道提供了丰富的内容源泉,使新闻不再局限于传统的新闻机构独家提供,而是形成了一种由众多参与者共同创造和分享的生态系统。这不仅加快了信息的流通速度,也提高了互动性和参与度,使受众能够在新闻的生产、传播、接收和反馈过程中发挥更加积极的作用。

(五)在线交流互动,为用户提供新的体验

融合报道通过运用最新的数字移动通信技术和互联网平台,为受众带来了全新的新闻消费体验。区别于传统媒体的单向传播模式,融合报道通过情境化内容的创作，为用户提供沉浸式和互动式的体验。社交媒体的广泛应用，如微博、微信公众号等成为新闻传播与用户交流互动的重要渠道，使新闻机构能够在处理公共事件和社会热点问题时，更加高效地与公众进行沟通和互动。

以中国国家地理的微博互动活动为例，该平台经常发起关于自然、文化和地理知识的话题讨论，邀请网友分享自己的观点和经历。这种方式不仅增强了用户的参与感和归属感，也使新闻内容更加丰富多元。同时，中国国家地理通过微博发布的高质量图片和深度文章，使用户能够在视觉和感知上获得沉浸式体验。

二、融媒体时代新闻采访的技术形态

媒体融合的实践首先依赖于理念的更新和组织结构的重塑，以及对传统新闻制作流程的全面优化。在此基础上，新闻机构需要紧跟技术发展的前沿，选择与自身发展战略相匹配的新技术，以推进创新过程。

（一）三网融合技术

三网融合技术涉及电信网络、广播电视网络和互联网在业务应用层面的整合。这种技术的应用不仅集成了多种功能，还能拓宽新闻媒体的业务领域，实现新闻资源的相互通达和有效共享。通过三网融合，新闻媒体能向用户提供包括语音、数据以及广播电视在内的综合服务，利用网络的整合实现更加智能化的新闻传播方式。采纳三网融合的思路进行新闻采编工作，使受众可以通过手机、电视和电脑等不同终端接收新闻内容。这种融合促使新闻报道向创新性、互动性和个性化的方向发展，并在此过程中增强了社会受众的参与度。

（二）5G、人工智能和区块链技术

融媒体时代新闻采访的技术形态正经历前所未有的创新和变革，借助于5G、人工智能、区块链等尖端技术，新闻传播方式得以升级，用户也获得了全新的信息接收体验。随着5G技术的发展，新闻传播开始向低延迟、高带宽、广泛接入的方向发展，特别是结合4K、8K和超高清视频，能带给受众更为丰富和真实的视觉享受。同时，人工智能技术的应用使新闻报道能够从一个全新的视角观察世界，为用户呈现更深度的新闻内容。

媒体融合的核心在于通过智能化地匹配内容与用户需求，重塑用户连接。这一过程需要构建大数据和资源平台、智能生产和传播平台、用户沉淀平台。从实践的角度来看，融媒体平台生产的新闻产品不仅满足了不同受众群体的信息需求，也针对不同受众群体的媒介使用习惯和信息阅读方式进行了定制化生产，这些都依赖于智能技术和数据信息的反馈。

5G作为新一代的移动通信技术，不仅关注于数据的高效传输和无缝衔接，

还与大数据、人工智能等技术共同构筑了一个万物互联的生态系统，从媒介形态、连接方式、生产模式和市场规模等多个方面促进了媒体融合的深化。5G的出现使媒介形态获得了显著改进，激活了车联网等潜在媒介，创造了新的连接体验和生产方式，同时也为市场规模的扩大提供了可能。

区块链技术则在数据存储和保护方面展现出巨大潜力。作为一种可能的未来社会操作系统，区块链不仅能进行价值传递，还能够让用户掌控自己的数据，为传媒业营造一个参与度更高、更公开公正的新生态系统。虽然区块链技术在传媒领域的应用还处于早期阶段，但它在版权保护、资产管理、内容审核以及新闻众筹等方面的应用展示了其在重构商业和盈利模式方面的潜力。

（三）大数据技术

大数据的应用技术领域主要涵盖了计算机视觉、机器学习、自然语言处理（NLP）、语音识别等先进技术。在内容生成方面，大数据技术的应用表现为新闻自动化生成系统、人工智能编辑团队、合成新闻主播（虚拟主播）以及自动化视频内容生产。在内容传播方面，大数据技术通过由算法驱动的智能匹配机制来实现。而在传播呈现的维度，大数据技术的应用则主要体现在对内容标签化以及用户画像的精准构建上。

（四）融媒体技术

融媒体技术代表了一种新兴的新闻报道模式，它以自媒体的集成为基础，利用互联网平台、数字技术和人工智能的支持，实现了传统媒体和新媒体资源的高度整合。这种技术不仅是将广播、电视和报纸等传统媒体与百度贴吧、博客、微博和微信等新媒体平台深度融合，而且还能够促进不同媒体品牌之间的广泛联系。通过这种深度整合，融媒体技术能够创造出一个既保持各自特色又能优势互补的多元化报道和宣传系统。

融媒体的核心优势在于它能够根据各种媒介的独特优势实现协同效益，即实现"1+1>2"的影响力。作为一种基于最新技术的传播平台，融媒体能够智能化地分析和捕捉舆论信息，广泛收集数据，并以用户需求和服务为核心，不断推动新闻报道的创新和发展。

三、融媒体时代新闻采访的方式

在融媒体时代，新闻采访仍然是新闻制作不可或缺的一环。记者通过采访来收集信息，这些信息经过整理、撰写、校对和发布，成为受众接触到的新闻内容。没有深入的采访，新闻写作就失去了根基，即便能够写出文章，也缺乏实质性内容，无异于空中楼阁。因此，新闻从业者必须深刻理解采访的重要性，掌握多样化的采访技巧，并不断提高采访能力，以确保能够收集到丰富而有深度的资料。

（一）个别采访

个别采访是一种典型的"一对一"、面对面的交流方式。进行这类采访前，记者需要准备详细的采访大纲，并按照大纲逐一提问。不论是通过录音还是笔记，都要求能够完整捕捉到被访者的回答，以便于后期整理。个别采访的优势在于能够进行深入提问和细致聆听，有机会追加问题，包括那些未预先设想到的问题，这样记者可以在采访过程中拥有更多的主动权。在采访中与采访对象建立起良好的关系，能够鼓励对方分享更加真实和深入的信息。通常，对某个人物进行深度专访就采用这种方式。选择好采访对象后，记者必须亲临现场，与采访对象进行近距离交流，并针对新近事件或情况进行提问。这样的采访方式能够确保文章具有新闻价值和可读性。

在融媒体时代，个别采访不仅局限于传统的面对面形式，还广泛运用数字技术和社交媒体平台，使采访内容能够快速且广泛地传播至不同的受众群体。记者在进行个别采访时，除需要准备详细的采访大纲，并确保通过录音或笔记完整记录对话外，还需要考虑采访内容如何在多种媒介上进行有效呈现。例如，一段采访视频可能会被剪辑成多个短片，在社交媒体上分别发布，以吸引不同的受众群体。同时，采访的文字版本也可通过在线新闻网站和博客进行推广，以增加内容的深度和广度。此外，融媒体时代的个别采访也更加注重互动性。记者可以在社交媒体上预告即将发布的采访内容，通过问答或直播的方式，让受众提前提交问题，这些问题可以在采访中向被访者提出，增加采访的参与感和时效性。例如，记者在采访某位名人前，通过 Twitter 收集粉丝的问题，然后在采访中提出这些问题，让受众感受到他们是采访过程的一部分。

（二）新闻发布会采访

新闻发布会是一种由政府或社会组织为了公布重要信息或政策，以及解释关键政策和事件而举办的信息发布活动。这类活动可以是定期的、非定期的或特别安排的，通常是在组织遭遇重大且正面的事件时进行的，目的在于直接向社会公开透明地传达信息，通过媒体提升组织或与之相关人士的公众形象。

新闻发布会的一般流程包括由新闻发言人先行发言，随后开放媒体记者提问。记者能否在这样的会议上获得提问机会是一个关键点。因此，参加新闻发布会的记者应事先准备一些具有针对性和目的性的问题。这不仅展现了记者及其代表媒体的专业水平，也是获取独家新闻素材的良机。会议进入提问环节时，记者应当积极举手并自信提问，以增加获取独家信息的机会，使最终的报道内容独树一帜。

例如，政府或企业在举办新闻发布会时，通常会通过电视直播和社交媒体

（如 Facebook Live、YouTube 或 Twitter）实时直播这些活动，以确保能够触及不同的受众群体。这种策略不仅扩大了信息的传播范围，还提高了公众参与和互动的可能性，受众可以通过实时评论或分享来参与讨论，从而增加信息的传播动力。同时，记者也必须调整自己的报道策略。他们需要在准备问题时，不仅考虑现场的互动效果，还要思考如何通过问题引发网络上的讨论或关注，可能会更加关注那些能够引发热门话题或广泛传播的问题。

（三）座谈会采访

座谈会采访是一种面对面的群体交流方式，区别于个别采访的"一对一"模式，它采取的是"一对多"的形式。此类采访邀请的参与者应具备代表性，以确保讨论内容的多元性和深度。在座谈会中，不同的参与者可以围绕特定的主题提出自己的观点和看法，通过集体讨论寻求共识或深入探讨某些问题。

有效的座谈会应聚焦于一个明确的主题，避免将多个无关的议题混合在一起，这样可以保证讨论的针对性和效率。记者在这样的采访场合中，需要展现出良好的互动性和亲和力，帮助参与者迅速融入讨论，同时也需要控制好讨论的节奏，确保在有限的时间内完成预定的采访目标。此外，记者还需要具备出色的提问技巧和倾听能力，能够通过深入的座谈发掘问题的核心和本质。

随着数字平台的发展，座谈会不再仅仅是封闭的、面对面的讨论，而是变成了一个开放的、可以全球参与的互动平台。首先，座谈会的组织和实施在融媒体时代更加注重多平台的协同。除传统的实体性聚集外，座谈会常常会通过视频会议软件如 Zoom 或 Microsoft Teams 等来进行，允许来自不同地理位置的参与者加入。这种方式不仅扩大了参与者的范围，也使讨论更加多元化。此外，这些座谈会通常会被实时直播到 Facebook Live、YouTube、Twitch 等社交媒体平台上，进一步提高了讨论的可见性和参与度。其次，为了提高互动性和受众参与度，座谈会在融媒体时代通常结合了实时反馈机制，如在线投票、实时评论和问答环节。这使远程受众可以与现场参与者一样，直接参与到讨论中来。例如，一个关于气候变化的座谈会可能会邀请科学家、政策制定者和公众代表，在讨论时不仅限于现场交流，也鼓励网络受众通过社交媒体提出问题，通过这种方式，座谈会的影响力和教育作用得到了极大的增强。

（四）蹲点调研采访

蹲点调研采访是一种深入新闻现场、长时间驻留以深挖某一议题的采访方法。这种方式要求记者亲临事件发生地，通过一段时间的观察和研究，对特定问题进行细致的调查和分析。在进行蹲点调研时，记者需关注社会热点和公众所关心的议题，逐级深入，透彻解析，以确保报道具有深度和强大的影响力。

以《人民日报》2013 年 7 月 23 日发表的《驻村三日》为例，记者赵鹏深入福建福安市的农村，通过三天的密集调查和交流，倾听了农民的真实想法，与地方干部探讨发展出路，和归乡创业的大学生讨论未来展望。在访问了 13 个村后，撰写的报道深刻回答了关于当前农村状态、农村建设和发展以及农民增收希望的重要问题，从而产生了积极的社会影响。

在融媒体时代，记者不仅要亲临事件现场进行观察和研究，还要利用各种数字工具和平台，以增加调研的深度和广度，并实时分享进展，从而吸引更广泛的受众参与和反馈。记者在进行蹲点调研时，会使用社交媒体来更新实地调查的状态，分享照片、视频和实时笔记，这不仅为公众提供了实时的信息，还能激发在线讨论和互动。例如，记者可以在 Twitter 上发布关于调研进展的短消息，或在 Instagram 上分享调研地点的相关照片和视频，通过这些平台提高报道的可见性和互动性。此外，融媒体工具也被广泛用于蹲点调研中。记者可以通过 Facebook Live 或 YouTube 进行现场直播，使受众能够即时看到调研现场的情况，并通过评论功能参与到讨论中来。这种互动性极大地增强了报道的吸引力和影响力。例如，记者正在调查一个小镇的水质问题，他们可以通过蹲点调研，与当地居民、专家和官员进行深入交谈。同时，记者可以使用无人机拍摄受污染的水域的空中视角，并通过实时直播分享这些图像。

（五）大会采访

大会采访指的是记者对于重要的会议活动或典型事件的报道工作。在处理这类新闻时，记者需事先进行选题策划，确保对会议的全面覆盖。这意味着不仅仅是简单地签到，而是要全程地参与会议，深入了解会议内容、听取报告、研究文件，并深刻领悟会议的核心精神，以便于撰写报道。除基本的会议报道，记者还应努力撰写一些独家新闻、专访或者会议花絮，以丰富报道的内容和角度。

参与会议的记者需要善于抓住机会，如会议开始前、会议休息时间或会议结束后，这些时段都是对会议代表进行采访的绝佳时机。会议报道不应仅限于简报形式，而应通过向参会代表提出受众所关心的、质量高的问题，使报道更加生动、出色。如同每年的全国两会一样，都会吸引众多国内外杰出的记者前往北京，进行深入细致的采访报道。

在融媒体时代，大会采访已经从传统的单一报道方式转向多渠道、多格式的综合报道策略，这种变化不仅提升了报道的深度和广度，还增加了互动性和受众参与度。现代记者在大会期间不仅报道会议本身，还通过多种数字平台进行实时报道和互动，以确保信息的即时传递和多角度展示。比如，记者在大会采访中会使用多种媒介工具进行报道。这些工具使报道更加生动，能够触及更广泛的受众群体。例如，记者可以在 Twitter 上实时更新会议进展，通过 Instagram 分享会议现场的图片和短视频，在 YouTube 或 Facebook 上直播重要讲话或讨论环节。

（六）问卷调查采访

问卷调查采访是一种可以通过互联网、电话或邮件等多种方式进行的社会调研方法，广泛应用于国内外的社会研究领域。这种方法的一大优势是标准化程度高，便于进行数据统计和分析。参与者可以通过勾选或填写文字的方式来回答问题。在设计问卷的过程中，需要确保问题具体明确，避免提出模糊或抽象的问题；表达方式应简洁明了，避免使用不常见的术语或可能引起误解的模糊表述。对于收集回来的问卷，必须进行仔细的统计分析，以总结出具有规律性的观点和结论，确保调研结果的有效性和可靠性。

在融媒体时代，问卷调查采访不仅仅是通过传统的互联网、电话或邮件来进行的，还大量利用了社交媒体平台和移动应用程序，从而大幅度提高了调研的参与率和数据收集的效率。这些工具的集成和应用使调研能够触及更广泛的受众，收集到更加多元和实时的数据。在设计和执行问卷调查时，记者和研究人员利用融媒体技术确保调研的广泛性和精确性。例如，可以通过在线调查工具如 SurveyMonkey 或 Google forms 创建和分发问卷，同时在 Twitter、Facebook、LinkedIn 等社交网络上分享调查链接，以吸引更多的参与者。这种方法不仅增加了问卷的覆盖面，也便于参与者在任何时间、任何地点完成问卷，提高了调研的便利性和响应率。此外，融媒体技术也使问卷调查能够更加灵活地适应不同类型的问题，如单选、多选或开放式回答等，从而使收集到的数据更为丰富和有深度。记者和研究人员可以实时监控问卷的填写进度和初步的结果，快速调整策略以应对低响应率或数据偏差问题。在问卷数据收集和分析阶段，利用数据分析软件和工具，如 SPSS 或 R，进行数据清洗、处理和统计分析，可以有效地从大量数据中提炼出有价值的信息和趋势。这不仅加速了数据处理过程，也提高了研究结果的准确性和可靠性。例如，进行一项关于城市居民对公共交通服务的满意度的问卷调查，通过融媒体平台，可以迅速达到成千上万的受众，收集到涵盖不同年龄、职业和居住区的广泛意见。最终的调研报告将反映出细致的公众意见和具体的改进建议，为决策者提供有力的数据支持。

（七）电话采访

电话采访是一种在无法面对面采访对象时所采用的采访方法。尽管新闻报道强调记者应亲临现场进行深入的报道，电话采访在特定情况下仍然是一个有效的备选方案。然而，这并不意味着支持在能够实地采访的情况下仍选择远程采访的做法。

　　进行电话采访前，记者需准备充分，事先规划好要提问的内容，确保问题直接且易于理解，方便被采访者回答。采访过程中，记者应保持礼貌的态度，并对收集到的信息进行仔细核查，以确保报道的准确性。采访结束时，还需要对涉及的具体信息，如人名、地点和职位等进行核实确认。

　　在融媒体时代，电话采访仍然扮演着重要的角色，尤其是在快速新闻报道和国际新闻报道中。随着技术的发展，电话采访不再局限于传统的语音通话，而是包括了多种通信形式，如视频通话等，极大地增强了电话采访的功能和效果。电话采访在融媒体时代的特点是利用高度发展的通信技术，使记者能够迅速接触到无法亲自访问的消息来源。例如，通过 Skype、Zoom 或其他视频通话软件，记者不仅可以听到采访对象的声音，还可以看到对方的表情和周围的环境，这对于增加报道的丰富性和深度非常有帮助。此外，这些工具通常具备录制功能，使采访内容可以被直接保存，便于后期的整理和报道。另外，融媒体工具的应用使电话采访可以更加互动和多元化。记者可以在社交媒体上实时更新采访进展，甚至可以在直播中进行电话采访，让公众参与到实时的新闻制作过程中。这种方式不仅提升了新闻的透明度，也增强了受众的参与感。

第五章
融媒环境下的新闻写作

第一节　融媒环境下新闻标题的制作

一、新闻标题的作用和功能

新闻标题充当着报道的窗口，担负着概括主旨、吸引受众的关键角色。作为版面上最显眼的元素之一，标题不仅是新闻的精华，还起着引领受众快速把握新闻核心的作用。它像是新闻的导航仪，帮助受众在海量的新闻信息中做出选择，满足他们对新闻信息的具体需求。新闻标题是稿件不可或缺的一部分，由于它首先捕捉到受众的注意力，因此极易形成第一印象。对于电视新闻而言，一个引人注目的预告标题足以让受众暂停手中的遥控器，期待节目的播出。一条精心设计的标题能够彰显新闻内容的亮点，增强报道的吸引力和传播效果。总的来说，新闻标题的功能和作用主要体现在以下四个方面：

（一）通过标题美化版面设计

标题不仅是文字的排列，它也是版面设计的一部分，赋予了新闻页面以层次与美感。通过巧妙的标题设计，可以避免页面显得单调乏味。这种设计上的巧思不仅能够提升页面的视觉吸引力，还能够丰富受众的审美体验，让他们在阅读新闻的同时，也能获得美的享受。

（二）标题的吸引力在于其悬念

在信息爆炸的互联网时代，人们面对海量的信息，不可能阅读所有内容。同时，互联网的无处不在使人们的时间感和空间感变得更加碎片化，这也使信息的传播和接收变得更加碎片化。因此，即便在融媒体时代，标题依然非常重要，甚至比传统媒体时代更加重要。标题吸引受众的关键在于其能够激起受众的好奇心，通过保留悬念的方式引起受众的阅读欲望。标题通常通过以下三种策略来吸引受众的注意力，激发他们的阅读兴趣。

1. 提升标题的文学魅力

在融媒体时代，鉴于受众阅读习惯的碎片化，动宾式结构的句型在标题创作中显得尤为重要。通过精心挑选的动词来吸引受众的注意力是一种有效的策略，但隐藏宾语可能会误导受众。因此，利用富有文采的标题，恰当运用动宾结构，不仅能够吸引受众，还能准确地传达新闻的实质或立场。

2. 引发情感共鸣

"心中有志，言出成诗。"记者的见解和情感不仅存于心，更应通过文字表达出来。在标题中融入情感，不仅不会损害新闻的客观性，反而能增强新闻与受众之间的情感连接，提升文章的吸引力。情感化的标题能够触动受众，促使他们深入阅读内容。

3. 凸显稀缺性

稀缺性是衡量新闻价值的关键因素，也是新闻选题的重要依据。一个能够突出事件稀缺性的标题，更有可能吸引受众的注意力。通过强调新闻事件的独特性或罕见性，标题能有效地吸引受众的兴趣，促进他们对文章进行进一步探索。

（三）标题提示新闻的内容并凸显新闻的价值

标题的核心作用在于概括新闻内容并突出其价值。一个有效的标题不仅应该能够准确地展示文章的内容，还应当能够增强内容的价值感，吸引受众的注意力。成功的标题是那些能够立即捕获受众兴趣的、促使他们愿意投入时间深入阅读正文的标题。在快速浏览的情况下，如果标题未能引起足够的吸引力，文章很可能会被忽略。考虑到融媒体时代受众的阅读习惯，以及互联网普及所带来的阅读环境的变化，集中精力进行深度阅读变得更加困难。尽管如此，一个引人入胜的标题配合高质量的内容，仍有很大机会吸引受众的兴趣。因此，确保标题能够精确地反映新闻内容，并明显地展现其内在价值，是至关重要的。

（四）标题需要表达立场与态度

标题承担着表达观点和立场的重要功能，能够引导受众对新闻内容形成特定的理解和反应。它不仅简洁明了地传达信息，而且通过明确的评论或立场，揭示新闻事件的深层意义，从而影响受众的态度甚至行为。标题的这一作用主要通过以下两个方面实现：

（1）揭示事物本质，引导正确解读：标题通过精准的措辞揭示了事件的核心，帮助受众深入理解新闻的真实含义。这种深入的理解基于对事件本质的准确判断，避免了观点的多样性导致的混乱，为受众提供了清晰的视角和理解的基础。

（2）评论功能的发挥：作为"社会的公器"，新闻媒体担负着传递信息和进行社会调节的双重职责。在这一过程中，新闻标题通过表达明确的立场和态度，不仅传达了信息，而且具有一种"仪式性"的作用，有助于维护社会关系，促进社会秩序和社会共同体的建立。在关键时刻，一个精心构思的标题可以通过其评价性的内容，明确媒体的立场和观点，对于加速信息的传播和形成公众意见具有不可忽视的作用。

二、新闻标题的类型与结构

（一）新闻标题的类型

在新闻报道中，标题扮演着至关重要的角色，其类型和结构的多样性使新闻能够更有效地传达给受众。新闻标题按表现形式可以分为两大类：大标题和单条新闻的标题。大标题概括了一组新闻的共同主题，既可以描述事实，也可以表达观点，或者两者兼顾，独立于个别新闻标题之外。而单条新闻的标题则更为细化，包含引题、主题、副题、小标题和提要题等多种形式，其中主题作为新闻内容的核心，处于最显眼的位置，强调新闻中最重要或最吸引人的点。引题旨在为主题提供背景和意义，副题旨在对主题的内容进行补充说明，提要题则以简洁的方式概述新闻的主要内容，小标题则用于较长的文章，分段概括内容精华。

根据内容，新闻标题又可分为实题和虚题。实题注重具体、翔实的描述，涉及具体人物、事件及其发展过程，而虚题主要阐述观点、评论和愿景，关注原则和道理。尽管主题可为实题或虚题，但是虚题需与实题相结合，不能单独作为标题使用。这样的分类和结构设计，不仅增强了新闻标题的表现力，也方便了受众根据自己的兴趣和需求，快速把握新闻内容的精髓，进而提高了新闻传播的效率和影响力。

（二）新闻标题的结构

新闻标题的结构展现了其内容的丰富性与多样性，可以通过单一型结构和复合型结构两种形式来呈现。

单一型结构的标题直接而简洁，如《北京晚报》中的"冬奥会首个新建比赛场馆完工"这样的单行题，或者通过分为两行或三行来逐步展开信息，每种方式都旨在实现标题的完整性和实用性。

复合型结构的标题则更为复杂，它由主题和辅题组成，通过引题、副题等不同形式的辅题来补充和丰富主题内容。例如，《北京晚报》的报道"书信一封报上登，离散骨肉喜团圆"通过引题"书信一封报上登"来引出主题"离散骨肉喜团圆"。同时，副题可以补充主题中未交代的事实，如"首钢滑雪大跳台今天完工"（主题）通过副题"已基本具备比赛条件，冬奥后'变身'体育公园"提供更多细节。在构建复合型标题时，引题不仅可以通过解释和说明新闻背景来引出主题，也可以用直接叙述事实的方式或提出疑问、发表议论的方式来引导受众。副题的作用在于补充主题，解释细节，印证观点，或回答由引题提出的问题，如"豆芽为什么这么肥？激素催的！"在此，引题以提问的形式提出，主题则给出了直接的答案。设计复合型标题时需注意：确保主题和辅题间逻辑正确、虚实结合得当、分行合理，避免受众产生误解，且要保持各行标题间意义的连贯性。例如，错误的逻辑关系或分行不当可能导致信息传达不清，如将"中央领导同志走上街头和群众一起打扫卫生"误解为主题，实际上它应是一个辅助性的背景说明。

三、新闻标题的制作

在新闻的采集和编辑过程中，精心制作的标题不仅能够点睛，而且能在新闻传播过程中起到关键作用。标题简洁却能概括新闻核心，它可以被视作新闻内容的微缩版。正如胡乔木所言，构思一个出色的标题所花费的努力相当于撰写全文 1/3 的精力。标题是新闻的灵魂所在，一个引人注目的标题不仅能激发受众的阅读兴趣，还能扩大文章的传播范围，给人们留下深刻的印象。利用关键词的标题具有强大的检索功能，有助于新闻内容的有效传播。

对于报纸和期刊而言，标题的吸引力直接影响到受众是否会选择阅读文章。据研究显示，约有 47% 的受众会基于标题来决定是否对正文感兴趣，从而决定是否继续阅读。在广播媒体中，由于其瞬时传播的特性，新闻标题需要更加生动形象，具有亲和力和感染力，以便于听众能够快速地把握广播内容的精髓。电视媒体将声音和图像结合起来，简洁而引人入胜的标题能有效吸引受众的注意力，提升收视率。

互联网媒体的新闻标题则因其独特的超文本、超链接、交互性和及时性特点而更具检索价值。网络新闻标题通常较长，一般在 15~27 个字，这有助于揭示更多文章内容，便于受众搜索、点击和分享。在这个信息爆炸的时代，一个好的新闻标题不仅是传达新闻的窗口，更是提高信息传播效率的关键。

（一）新闻标题的语体运用

在新闻报道中，一个精准而富有吸引力的标题会起到画龙点睛的作用，其背后所蕴含的语体运用则是构成其魅力的关键。新闻标题通过恰当的语言材料选择，展现出修辞的巧妙、词汇的精确以及语法的严谨，形成一种既稳定又富有变化的表达方式。标题不仅需要注重语言的准确性和文字的简练性，还需要有足够的感染力来吸引受众。

修辞的恰当使用，如拟人、比喻、夸张、设问、双关等手法的运用，不仅增强了标题的意蕴，还赋予了受众更多的想象空间，使标题成为一种艺术的表现。例如，"台风'达维'撕扯海南岛"通过拟人化的描述生动地传达了台风的破坏力，而"鸡窝里飞出金凤凰"则通过比喻揭示了人物或事物出人头地的故事。

词汇的巧妙选择也至关重要，它通过略语、简称的运用，数字的精确引入，甚至是贴近生活的口语表达，提高了新闻标题的可读性和亲和力。简约而不简单的词汇，像"方便面国标即将出台"中的"国标"，不仅简洁明了，还带有一定的专业性，使标题既准确又充满信息量。

标点符号的使用在新闻标题中较为谨慎，恰到好处的标点能够产生意想不到的效果。冒号、叹号、破折号等能够加强语气、引起共鸣，而引号的使用则能精确引用话语，标明特定称谓，甚至通过反义引用来避免误解，如"别把扩大优质资源等同于'名校扩建'"，既明确了讨论的焦点，又避免了将两者混为一谈的误解。

（二）新闻标题制作中的问题

在当今信息爆炸的时代，新闻标题的制作面临诸多挑战与问题。目前视觉冲击力成为媒体追求的一大方向，一些媒体在标题制作上不再追求深入精准，反而倾向于不负责任的随意编造，导致一些晦涩难懂甚至误导性强的标题充斥在新闻媒体中，这不仅削弱了受众对新闻的阅读兴趣，也损害了新闻媒体的公信力。特别是在互联网时代，"标题党"的现象日益严重，通过夸张、刺激性或是完全脱离新闻内容的标题来吸引点击量，如利用情色、暴力字眼或故弄玄虚的表述方式，这些行为虽一时能提高关注度，但长期来看却是对受众负责任的态度缺失。

此外，软文广告的嵌入使一些新闻标题被商业利益绑架，过度夸张或直接与广告挂钩的标题，不仅误导受众，还可能会对社会造成不良影响。在追求点击率的过程中，一些制作者不惜使用"转疯了""难以置信的"等耸人听闻的词汇，不仅浪费了受众的时间，也损害了新闻行业的形象。

新闻标题不仅是信息检索的工具，更应该承载着浓厚的人文关怀，通过恰当、负责任的制作来提升受众对事件的兴趣，引导健康的舆论方向，提高大众审美和鉴赏能力。例如，一些富有创意和深意的标题如"难以想'象'的痛苦"既吸引了受众的注意，又恰到好处地传达了新闻的核心内容和深层次意义，成为新闻传播中的典范。因此，面对当前新闻标题制作中的种种问题，媒体和自媒体从业者需要重新审视自己的社会责任，通过精心的标题制作，为受众提供既真实又有价值的新闻内容。

四、新闻标题制作的技巧

（一）开门见山

开门见山的本质在于直接而迅速地呈现报道的关键信息或亮点，以此吸引受众的注意力。这种写作策略能够迅速传达新闻的核心内容，满足受众对信息的即时需求。

（二）制造悬念

悬念在新闻标题和报道中起着至关重要的作用，它像是一把钩子，不仅能激发受众的好奇心，还能促使他们进行深入的阅读。有效的悬念构建依赖于三个核心要素：悬置、惊奇和满足。在这三者之中，悬置通常通过提问或隐藏关键信息的方式出现在标题中，以引发受众的兴趣和期待。实践中，围绕新闻要素，即"什么人""什么地方""什么时间""什么事""什么因""什么果"来设置悬念，能够有效地吸引受众的注意力。悬置的关键在于识别哪一个问题是受众最关心的，因为这将直接影响到悬念的吸引力。例如，通过挑选具体化且易于理解的悬念，可以让标题更加接地气，如"屹立山尖400年不倒，最强'钉子户'除了他还有谁！"通过提出"什么人"的问题，激发了受众探索这位坚持者身份的欲望。"张家界：这场演出的所有观众均属高风险人群，请立即报告"则通过指出"什么地方"的紧急情况来迅速引起公众的关注和行动。

同时，标题中的悬念应该侧重于事实而非噱头，避免过度隐藏信息或设置多余的悬念，因为那可能会导致受众感到困惑而非好奇。标题应当保持一定的信息透明度，以确保受众在好奇心的驱动下能够顺畅地接受和理解报道的内容。

（三）通俗关联

通俗关联在写作中的应用旨在通过减少行业或专业术语的使用，并与日常生活经验建立联系，以此更贴切地触及特定群体的关切或需求。这种写作策略通过采用更为生活化和易于理解的语言，使信息更加易于被广泛接受。例如，在处理膝盖疼痛问题的报道中，将专业的"膝关节疼痛"简化为更通俗的"膝盖痛"，这不仅使信息更易于被大众所理解，同时也能直接触及那些经常遭受此类问题困扰的特定群体，如经常跑步的人。这种方法能够有效地提高文章的推荐量、阅读量和点击率。同样，将复杂或不熟悉的主题，如太空生活，与广受欢迎的日常元素相结合，可以使这些主题显得更加亲切和可接近。

（四）直接引语

直接引语能够抓住受众的注意力，通过展示人物情绪、幽默看法或权威意见，直接传达信息的核心。这种方法在不同的报道领域中都有其独特的应用和效果。在体育和娱乐领域中，利用网友的情感表达或幽默评论作为文章的标题或重点，可以有效地引发共鸣和关注。例如，"在 2021 年东京奥运会女子双人十米台决赛中，张家齐和陈芋汐夺金，网友惊叹：'下饺子的水花都比他们大'"，这句话既展现了比赛的激烈程度，又体现了网友的幽默感。同样，"朱雪莹在 2021 年东京奥运会女子蹦床决赛中获得金牌，网友评价：'也太美了吧'"，这不仅传达了比赛的美感，也展现了公众对中国队的赞赏。

在时政、健康、军事等更为严肃的报道领域中，直接引用公众人物或专家的言论能够增加报道的权威性和说服力。例如，"国务委员兼外长王毅在东亚峰会外长会上对中方被指责一事进行了严厉反驳，直言：'你们死了这条心吧'"，这个引语展示了中方的坚定立场和对外交攻击的直接回应。

（五）提炼数字

在现代媒体传播中，数字的精确性与直观性使其成为表达信息的重要工具。数字不仅能精确描绘事物的性质，还能迅速传达信息要点，因此有效的数字运用能显著提升内容的吸引力和传播效率。尤其是在数字化时代，机器对阿拉伯数字的敏感度远高于文字，这使包含阿拉伯数字的内容更易于被搜索引擎检索和推荐，进而达到更广泛的传播。

在处理极大或极小的数字时，数字与文字的结合可以避免信息传达的冗长和模糊，使内容保持清晰和精准。例如，将"100000000"简化为"1 亿"，既保持了信息的准确性，也避免了数字的冗杂，使信息传递更为高效。然而，数字的使用也需谨慎。数字虽然可以提炼信息，但过分依赖或错误使用可能会导致信息的平淡乏味或误解。数字的意义并非自明，需要在恰当的语境中进行解释和挖掘，以免造成受众的混淆或误解。

（六）善用比喻

善用比喻的修辞手法可以极大地增强文章的吸引力和表现力，通过将复杂或抽象的概念与受众熟悉的事物进行比较，可以让信息传达变得更加直观和生动。通过名词代替形容词的策略，不仅能够使语言更加鲜活，也便于优化搜索引擎，提高内容的可见性和吸引力。例如，将陈艾森和曹缘这对搭档在东京奥运会上的卓越表现比喻为"王炸组合"，这个比喻不仅凸显了他们的实力和在比赛中的爆发力，也赋予了这个组合一种无可争议的优势和吸引力，类似于牌局中不可抗拒的"王炸"组合。

（七）对比反差

在传达信息或讲述故事时，运用对比反差的手法可以更有效地突出主题，强化事物的特性，为用户留下深刻的印象。通过对不同方面或相似事物进行集中比较，可以揭示其独特性或共性，进而加深理解和感受。例如，"爱情与美食的双赢：一个老夫妻的羊肉店故事，20年热度不减"强调了爱情和事业成功的双重喜悦。

（八）冲突

冲突是吸引用户注意力的强大工具，尤其是当它涉及突发事件、异常情况或新奇内容时，能够在受众心中形成强烈的情绪反应。有效地使用冲突不仅能够瞬间抓住用户的目光，还能够激发他们深入了解报道内容的兴趣。例如，"警惕！夏季偷拍行为横行，发现立即报警"这个标题，通过将"警惕"置于前面，直接点明了对公众的紧急呼吁，强调了夏季偷拍对女性的侵害和社会的警觉性，同时"发现立即报警"的呼吁引发了公众的主动参与和防范意识，有效提升了社会对这一问题的关注度。

（九）转折

转折在叙事和报道中起着关键作用，它能够创造出意料之外但又情理之中的情节变化，为受众带来新奇的体验和深刻的印象。这种技巧不仅能够吸引受众的注意力，还能够在传递信息的同时，为受众提供深层的思考和理解，有时甚至能够颠覆受众的预期，引发对事物本质的重新认识。

例如，"在一场暴雨中，一位女孩寻求男友的帮助却被'留'在一旁？其实背后有着暖心的理由……"这个标题通过先设定一个可能引发受众情感共鸣的情景——在困难时刻求助未果，随后揭示出了一个出人意料却又十分感人的转折——男友作为特警，在确保女友安全后，优先救助了其他需要帮助的市民。这种转折不仅展现了个人的英雄行为，也强化了人性中的善良和责任感，同时让受众重新评价最初的判断，引发对于爱、责任和牺牲的深入思考。

（十）造梗用梗

在当代媒体传播中，利用谐音梗或流行梗来增加报道和内容的趣味性，已经成为吸引年轻群体注意力的重要策略。这种方式不仅能够让传统的新闻报道变得更加生动有趣，还能够促进信息的传播，尤其是在社交媒体上。通过巧妙地运用谐音和网络流行语，可以让报道更加贴近年轻人的语言习惯和文化背景，从而增加其吸引力和传播效果。例如，"第32金，中国体操队'金'喜连连"，通过玩转"金"和"紧"（紧张的比赛）的谐音，传达了体操队取得胜利的喜悦。

第二节　融媒环境下新闻导语的写作技巧

在新闻报道中，导语扮演着至关重要的角色，它汇集了新闻事件的核心事实和最吸引眼球的亮点。类似于相亲的第一印象，导语的目的是在第一时间展现新闻最引人关注的方面，以俘获受众的兴趣，或至少留下深刻的印象，激发他们进一步探索的好奇心。

导语具备两大核心特点：首先，它追求文字的精练，不必覆盖新闻的所有要素，而是专注于凸显最关键的点；其次，导语应具有吸引力，能够凸显新闻的价值，触动受众的情感。在互联网时代，随着人们信息消费习惯的碎片化和娱乐化，许多受众往往只阅读文章的开头几段，而非全文。这使导语的撰写变得尤为关键。

对记者来说，导语不仅是对材料的整理和对报道结构、逻辑的初步梳理，还是整篇报道顺畅组织的开端。一旦导语写得好，文章的其他部分也会相对容易地串联起来。

一般而言，导语可分为直接式和延缓式两种形式，且各有其适用的场合和效果。

一、导语的类型

（一）直接式导语

直接式导语采用的是倒金字塔结构，它在文章的开头就直接呈现了新闻报道中最重要的信息，特点是简洁明了，直截了当。这种导语方式通常应用于硬新闻报道中，要求记者在写作时能够精练概括重点信息，避免冗长和啰唆。次要信息则安排在文章的后续部分展开。

在硬新闻报道中，导语通常需要回答新闻要素的5W1H，即何时（When）、何地（Where）、何人（Who）、何事（What）、为什么（Why）以及怎么做（How）。建议在导语中只包含几个关键的要素，尝试涵盖所有要素可能会使导语显得过于烦琐。例如，以下导语："中国周四将首枚旨在探测暗物质的空间望远镜送入太空，标志着人类寻找暗物质进程中的最新进展。暗物质是宇宙总质量的绝大部分，但对人类而言却是不可见的。"这段导语涵盖了时间、事件、重要性以及定义等要素，但更有效的写法是聚焦于事件的"重要性"，以更突出地显示其意义。

对于突发事件，如果某些新闻要素尚未完全明确，导语应仅包括已经确定的信息。例如，"中国地震台网正式测定：12月9日15时20分，四川绵阳市安州区发生4.6级地震，震源深度10千米。"对于这类即时新闻，由于短时间内难以完全评估影响，导语应着重呈现截至发稿时已获得的最新信息。

（二）延缓式导语

延缓式导语采取了一种与直接式导语截然不同的"柔性"方法，它不会立即揭示新闻报道中的核心事实，而是通过描绘、反问、设问等手段来营造情境，增强氛围。这种导语通过勾勒出一幅生动且富有趣味的新闻场景，激发起受众的好奇心，吸引他们深入阅读。

二、导语的特征

（一）直接式导语提供最重要的信息

直接式导语在硬新闻的写作中扮演了至关重要的角色，它像是倒金字塔结构的顶端，直接点出新闻事件中最重要和最具有新闻价值的元素。良好的导语能让受众仅通过阅读开头部分就能掌握事件的核心，这样的导语是高效传递信息的关键。通常，对于非常规、紧急或首次发生的事件，直接式导语尤为合适。这类事件本身就具备足够的新闻冲击力，过多的叙事可能会削弱其新闻价值。

例如，近日，港珠澳大桥海底隧道工程完成了"最终接头"的安装，现已能够供人步行穿越。昨日，本报记者实地采访了这条创纪录的海底隧道，不仅体验到了兴奋，还获得了一则令人震惊的消息：在完成"最终接头"的安装后，团队又进行了一次持续34小时的"返工"式精密调整，最终将误差控制在毫米级别。建设团队表示："我们不留任何遗憾。"

这个导语先明确了工程的最新进展，随后通过现场采访的方式增加了报道的现场感和悬念，最后通过直接引用的方式，简洁而深刻地突出了建设者追求完美的精神，整个导语既信息丰富又易于理解。

（二）直接式导语要惜墨如金

在新闻报道中，导语的作用无可替代，正如陆机在《文赋》中所言："立片言而居要，乃一篇之警策"，意味着一句话能够抓住关键，便足以引领整篇文章的方向。这种对于导语的精练追求，既是国内外媒体的共识，也是新闻写作的基本规律。例如，新闻报道《我三十万大军胜利南渡长江》的导语仅用二十多个字就概括了新闻的核心："英勇的人民解放军二十一日已有大约三十万人渡过长江。"此外，路透社关于中国首次核试验的报道的开头简洁有力："今天格林尼治时间7时，中国爆炸了一枚原子弹，从而闯进了核俱乐部。"《普利策新闻奖名篇快读》中收录的60篇获奖作品，其导语多在一百字以内，体现了惜墨如金的原则。

（三）延缓式导语要语出"惊"人

延缓式导语，则通过故事讲述、创造悬念、引发情感共鸣等方式，深深地吸引受众。它旨在通过细节描写唤起受众的"共情"效应，或通过抛出未解之谜激发受众的好奇心。比如一篇关于改变村庄命运的老支书的故事，仅通过一系列数字和对于耗时 36 年建成的万米水渠的描绘，就让受众感受到了环境的恶劣与人的坚韧，激起了敬佩之情。

一道万米水渠，跨 36 年建成，过三个村子，绕三重大山，穿三处绝壁，越三道险崖，一位村支书，用一辈子的时间，彻底打破了村庄干渴的"宿命"，带领千余人打开了脱贫致富之门。

又如，有关文昌航天发射场的一则导语通过描绘专家行为上的异常，制造了一种紧张氛围，让受众不禁想继续向下阅读，探究事件的全貌。

昨天晚上 8：34，文昌航天发射场直播大厅里灯火通明，警戒线内专家们很多都不在贴有自己名字的座位上，而是三三两两地聚在一起，指着有各种密密麻麻数据的 LED 大显示屏低声交谈，所有的目光都齐刷刷地盯着前方。

三、融媒体时代导语写作的技巧

李希光强调，对于新闻写作，若有两小时用于撰写，其中一个半小时应专注于导语的打磨。这不仅是因为标题和导语是吸引受众眼球的关键，还因为它们的精练过程伴随着新闻主体的构思与完善。[①] 制作新闻报道是一个对信息进行深入梳理的过程，需要综合考虑事件的时间顺序、重要性、趣味性等多方面的因素。随着报道框架的逐渐明确，导语的构思也将变得更加清晰。

撰写出色的新闻导语，首先需要明确几个问题：目标受众群体是谁、他们期待知道什么、应当知道什么、喜欢和不喜欢什么。在融媒体背景下，面对长篇幅的内容和无法迅速抵达核心的报道，受众往往表现出抵触情绪。在信息碎片化的时代，了解科技和媒体之间的紧密联系，选择合适的信息获取方式和阅读方法变得尤为重要。以关于"国家旅游局盘点春节"和杭州"最萌离家出走"案的报道为例，过多的细节和明显的情感倾向不仅让导语显得冗长，而且可能降低受众的阅读兴趣。记者在试图增加趣味性的同时，却可能无意中增加了报道的"噪声"，导致叙述效率降低。有效的导语应当简洁明了，直击新闻

---

① 李希光. 新闻学核心［M］. 广州：南方日报出版社，2002：49.

核心，同时保持客观，避免不必要的情感色彩，确保信息的高效传达。

在融媒体环境中，新闻的表现形式变得更加多样化，包括文字、图片、音频、视频、漫画等多种媒介。尽管如此，导语的作用依旧不可或缺，它位于报道的开头，展示了新闻内容中最精彩、最关键的信息。为了吸引年轻受众的注意力，导语中适当使用网络流行语如"点赞""打call"等，可以增加文章的吸引力，传达积极向上的社会价值观。

在完成导语撰写后，应通过精简内容去除冗余的文字、短语或句子，确保只保留必要的信息。避免使用如"记者了解到……"之类的无关紧要的引言，因为受众普遍理解这些信息是记者获取的。新闻的焦点应当放在事件和相关人物上，避免让记者的采访过程或个人观点占据主导地位。此外，不必要的形容词、副词或抽象词汇应该删减或放在文章后面。

例如，原有的导语："昨天16：23，杭州一先生来电：文一西路财经学院，一个男生刚才打篮球的时候晕倒在地，不晓得怎么回事……"，其实可以更加直接地概括为："杭州一名22岁的男大学生昨天下午在打篮球时突然晕倒并口吐白沫，紧急送医后不幸身亡。"这种方式直接明了地传达了事件的核心，简化了无关的细节，使导语更加精练有力。

第三节　融媒环境下新闻内容写作

融合媒体新闻创作是在融合媒体的深度整合进程中不可或缺的技巧。这一领域以其内容的多样性、传播渠道的广泛性、技术的多样性和受众的多元性而著称，它传播迅速，具有极强的时效性和灵活的互动性。在新闻创作过程中，必须坚守新闻工作的基本准则、要求和格式。

尽管融合媒体新闻的呈现形式更为多变，传播渠道更加多样化，语言更加生动活泼，但它仍然坚持传统新闻工作的真实性和务实性原则。记者这一职业极为崇高，背负着重大的责任。李大钊先生曾经深情告诫："铁肩担道义，妙手著文章。"著名记者郭超人也曾指出："记者笔下有财产万千，笔下有毁誉忠奸，笔下有是非曲直，笔下有人命关天。"[1]

一、融媒体新闻写作的基本原则

根据中国互联网络信息中心发布的统计报告，截至2022年6月，我国网

---

① 郑鸣.关于记者：郭超人新闻思考［M］.北京：新华出版社，2010：15.

民规模达 10.51 亿人，互联网普及率达 74.4%。[①] 在这个快速发展的时代，融媒体新闻的创作需要适应时代的变迁，不断探索和创新报道的方式，以提供更为直观和新颖的新闻体验。融合媒体平台正积极融入人工智能（AI）、虚拟现实（VR）、增强现实（AR）、大数据、区块链等前沿技术，构建多元化的传播体系，通过电视、报纸、网络、移动应用、社交媒体等多渠道协作，满足用户对新闻的需求，提升用户体验，增强用户黏性，并实现有效的新闻传播和积极的舆论引导。

（一）坚持正确的舆论导向

要坚定不移地遵循正确的舆论导向，首要任务是推广和弘扬社会主义核心价值观。在新闻传播和宣传过程中，必须致力于传播社会主义核心价值观，持续推广积极的主流价值观，保持对主要舆论阵地的掌控，并利用社会主义核心价值观来引导社会思想和汇聚社会共识。

习近平总书记强调，党的新闻舆论工作的核心原则是坚持党的领导。这意味着党和政府管理的媒体要将党性原则和人民利益融为一体，新闻工作者有责任成为党的政策的宣传者、时代变迁的记录者、社会进步的促进者和公平正义的守护者。

党的宣传任务还需要立足于以人民为中心的工作导向。例如，2020 年中国官方的新闻发布活动为战胜新冠疫情提供了坚强的舆论支持，并向全世界展现了对人民负责任的国家形象。

（二）保证真实性和时效性

新闻的真实性是其存在的核心。仅当以实事求是的原则报道新闻事实时，媒体方可建立其公信力与权威性。在确保内容真实的基础上，考量新闻报道的时效性也极为重要。新闻机构追求"独家头条"的精神要求记者具备高度的新闻敏感性，能够及时识别并报道新闻线索。

在融媒体环境下，报道速度的提升和覆盖范围的扩大提高了新闻报道的时效性和准确性，从而能够为受众提供一种全新且优质的阅读体验。例如，对于2021 年我国成功发射遥感三十号 10 组卫星，央视新闻微博视频率先进行了报道，展现了媒体的迅速反应能力。

在确保新闻的真实性和客观性的基础上，尽快发布新闻以满足受众的需求，是获得受众支持的关键。例如，2021 年 7 月关于河南发生的洪灾的报道中，新闻机构将保护人民生命财产安全作为首要任务，通过迅速的信息发

[①] 第 50 次《中国互联网络发展状况统计报告》［EB/OL］.［2024-07-11］.https：//k.sina.cn/article_1784
473157_6a5ce64502002lf3x.html.

布，对防洪救灾工作提供了积极的指导，展示了新闻报道在社会危机管理中的重要。

（三）增强互动和服务群众

新闻制作过程中应紧贴实际情况、生活场景以及群众需求，尤其是在地方性新闻报道中，更应强调地方特色，关注地方民生和民意，以此增强与地方受众的联系。通过积极收集并及时响应本地受众的反馈和建议，新闻媒体不仅能够增强与群众的互动，还能提供更加精准的服务。例如，《为大别山老区留守老人"解渴"》一文通过详细的文字报道和视频内容，生动地展现了如何通过民众反馈解决具体问题的过程。[①]该报道不仅提供了具体的信息，还通过微信公众号"领导留言板"的二维码，便于受众进一步互动和参与，体现了媒体在倾听民声、集中民智、回应关切、推动工作方面的积极作用。

新闻报道在向不同文化背景的受众群体传达信息时，应确保语言简洁明了，以便所有人都能理解报道内容。根据报道的具体内容，配以相关图片或视频，可以增强新闻的直观性和吸引力。例如，2021年7月河南遭受暴雨灾害时，新华网、人民网和腾讯网及其客户端所开通的"河南暴雨紧急求助专属通道"，展示了新闻媒体在紧急情况下为群众提供实时帮助的重要作用。通过填写求助信息，群众可以将遇到的困难迅速地传达给相关部门进行处理。此外，新华网客户端《新华大健康》推出的河南暴雨健康互助专属通道的成功，也证明了媒体在大型灾害发生后，对于缓解医疗系统压力、为群众提供健康保护等的积极贡献。

二、融媒体新闻写作的基本要求

（一）树立融媒体意识

在当前的媒体环境中，融媒体平台通过整合各类信息资源，向受众传达新闻，这不仅打破了传统报刊在版面上的限制，而且极大地扩展了新闻报道的深度与广度。这种媒介形态的发展，使新闻事件能够以更加立体化的方式展现在受众面前，通过系列报道、专题报道、深度报道以及新闻述评等多种形式，对重大新闻事件进行全面深入的报道。

1. 全媒体传播体系意识

为了推动媒体的深度融合，必须坚持正能量的传播、优化管理策略、保持一体化发展，并优先考虑移动端用户的阅读体验。同时，科学地布局资源并不

[①] 胡雨松，陈若天，唐嘉艺，等.为老区人民办实事｜一条留言，为大别山老区留守老人"解渴"　[EB/OL].［2024-03-15］.http://leaders.people.com.cn/n1/2021/0719/c58278-32161401.html.

断进行改革创新，以促进传统媒体和新兴媒体的有机融合，是融媒体写作的重要发展方向。在这个过程中，融媒体写作要积极适应媒体融合的趋势，迎合新技术的发展和广大受众的阅读习惯，主动引导公众舆论的健康发展。

融媒体写作的核心在于充分利用各类媒介资源，创造出符合时代需求的精品内容。这要求创作者不仅要有新闻敏感性，还需要掌握多媒体技术，以更加丰富的形式呈现新闻内容，满足受众多样化的信息需求。通过这种多维度、多角度的报道方式，融媒体平台能够为受众提供更加全面、深入的新闻解读，增强信息的透明度和公信力。

同时，融媒体写作还要注重服务于群众，密切关注公众的生活，深入探讨社会热点问题，通过新闻报道直接回应公众的关切。在内容创作过程中，积极采用互动交流的方式，收集受众的反馈和建议，使新闻内容更加符合受众的实际需求和期待。

此外，融媒体写作还应倡导正面的价值导向，传播正能量，通过高质量的新闻内容，引导受众形成正确的价值观念和世界观。在这个信息爆炸的时代，融媒体平台承担着塑造健康网络环境、提升社会文明程度的重要职责。因此，融媒体写作不仅是新闻传播的技术和方法的革新，更是媒体责任和社会责任的实践。通过不断的探索和实践，融媒体写作将进一步推动媒体行业的发展，为社会进步贡献力量。

2. 技术创新和精品内容意识

在融媒体时代，技术的革新不仅推动了新闻传播方式的变革，也为内容质量的提升和内容表现形式的创新提供了无限可能。领先的技术是融媒体发展的重要驱动力，能够有效提升内容的传播效果，使新闻报道更加生动、直观和引人入胜。人民网、新华网、光明网和中国青年网等媒体机构，都在积极探索技术应用于新闻生产的新路径，通过技术升级和改造，不断创新报道的形式和内容，建立了高效集约的内容生产体系和传播链条，为受众提供了高质量的新闻信息，并为其带来了全新的阅读体验。

技术创新包括利用人工智能、大数据、虚拟现实等先进技术，优化新闻采集、编辑、分发等各个环节，实现个性化内容的推荐，满足用户多元化的信息需求。同时，通过创新内容表现形式，可以更有效地吸引受众的注意力，增强新闻信息的传播力和影响力。

此外，注重精品内容的生产是技术创新的重要目的之一。在追求速度和效率的同时，更应关注新闻内容的深度和质量，通过深入的调查研究和精心的内容策划，生产出具有价值和意义的新闻作品，以真正满足受众对高质量新闻的期待和需求。精品内容的生产不仅能够提升媒体品牌的影响力和公信力，也是丰富用户体验、增强用户黏性的关键。

3. 贴近群众服务群众的意识

在融媒体新闻写作中，始终坚持以人民为中心的工作导向是传播工作的核心。这意味着媒体需要强化与用户的联系，深入生活、扎根群众，生产和传播人民群众喜闻乐见的新闻作品。通过客户端、用户社群、网络问政等多样化的互动平台，媒体可以加强与用户互动的深度，鼓励用户参与到新闻信息的内容生产和传播过程中，从而使新闻报道更加贴近群众的实际需求和兴趣。

为了更好地服务群众，媒体还应当促进新闻平台的社交化，通过将新闻平台与便民服务紧密结合，为公众提供更加便捷、全面的服务。这不仅包括提供即时、准确的新闻信息，还包括提供生活服务、法律咨询、健康指导等实用信息，以满足用户多方面的需求。

（二）形成多元化的传播视角

在融媒体时代，受众群体的多样性要求新闻报道采用多元化传播视角，以满足不同受众的需求和期待。受众的性别、年龄、文化程度和兴趣爱好千差万别，因此他们对于新闻内容的偏好及其阅读目的存在显著差异。根据"使用与满足"理论，受众接触媒体的动机多种多样，包括获取信息、休闲娱乐、增长知识、社交互动等。因此，融媒体新闻报道需要提供健康向上、丰富多样的内容，既满足用户的多元化需求，同时也引导其形成积极的价值观。

1. 不同的新闻资源

新闻工作者在进行报道时，需关注并利用各种新闻资源，通过比较、审核和整合，筛选出具有新闻价值的内容进行传播。例如，《行走川渝，两岸记者点赞"双城经济圈"》这篇报道，通过采访不同背景的人士，从多个角度展现了成渝地区双城经济圈的发展现状和前景。报道聚焦于"人文交流牵起两岸""双城经济圈未来可期""优惠措施为台企添翼"三个主要方面，充分体现了新闻报道的多维度和深度。

成渝地区双城经济圈的建设是国家的重大战略，旨在于西部地区形成高质量发展的重要增长极，并将其打造成内陆开放战略高地。报道通过海峡两岸记者的独特视角，具象化地展现了成渝地区双城经济圈的相关政策和未来展望。报道首先聚焦于川渝文化的代表性元素如熊猫、三星堆等，展示了成渝地区丰富的文化底蕴；其次深入川渝高竹新区，报道其软硬件设施的建设情况，体现了双城经济圈在基础设施方面的进步；最后详细介绍了面向台商的优惠政策，突出了成渝地区对台企的支持力度和良好的商业环境。

2. 不同的新闻体裁

采用多样化的新闻体裁对于增强新闻内容的吸引力和影响力至关重要。这种方法不仅能够吸引更广泛的受众关注，还能够满足不同受众的信息需求和阅读偏好。例如，针对 2021 年 7 月河南省发生的特大洪涝灾害，人民网就采用了一种全面且多元的报道策略，通过其多个栏目和频道（包括"人民观点""社会法治""互动""人民视频"，以及人民网客户端和微博）对灾情进行了深入报道。报道形式多样，包括文字报道、视频报道、直播、政务互动和专题报道等，这样的多维度报道方式有效地确保了灾区群众和社会公众能够及时获取灾情信息，同时也为救援行动和灾后重建工作营造了有利的舆论环境，鼓励社会各界积极参与到救灾中来。

此外，人民网还在河南频道上开展了特别报道，这一举措全面展现了中央与地方政府如何联合应对洪涝灾害，体现了政府部门间的紧密合作与协调。这种全方位的报道不仅为公众提供了有关洪涝灾害的直接信息，包括灾害的影响、救灾进展以及存在的挑战和不足，也增加了信息的透明度，增强了公众对救灾工作的信心和支持。

3. 不同的报道形式

采用多样化的报道形式不仅能够提升新闻内容的权威性和可读性，还能够增加其趣味性，吸引更多受众的关注。针对重点新闻事件，进行科学且合理的策划至关重要，需要动员多个记者团队进行综合性报道。例如，光明网在 2024 年全国两会期间就采用了一系列全媒体报道形式，从多个独特的视角深入探讨了人大代表和政协委员的意见及建议。这样的全方位报道策略，不仅丰富了新闻的表现形式，也使复杂的议题更加易于被受众所理解，提升了新闻报道的整体吸引力。

（三）创新新闻表达方式

在智能手机普及的时代，每个人都有可能成为信息的传播者，人们每天都在接触和分享大量的信息。这一现象不仅改变了人们获取信息的方式，也提高了大众对新闻内容和形式的鉴赏标准。面对这样的挑战，媒体从业人员必须积极寻求创新，通过多样化的表达方式和传播手段来吸引受众，以他们喜欢的方式真实地呈现新闻内容。这不仅包括传统的文字和图片，还包括视频新闻节目，甚至包括使用虚拟现实（VR）和增强现实（AR）等技术增强互动效果，以增强受众的沉浸感和参与感。

1. 多元丰富的内容

随着生活节奏的加快，人们阅读新闻的时间变得更加碎片化，新闻媒体面临的挑战是如何在有限的篇幅内传递更多的信息。解决这一问题的方法之一是利用多元丰富的内容来满足不同受众的需求。虽然信息的海量增加使人们对内容的要求更高，但高质量的新闻内容仍然能够吸引受众，如需要付费订阅的

《纽约时报》《华尔街日报》和中国的《南方周末》网络版。

为了建立起新闻与受众之间的沟通桥梁，新闻写作需要根据新闻素材、媒介的定位以及目标受众的特点，融合电视、广播、报纸、网络等多种表达方式和语言风格。这意味着新闻不仅要可读、可听，也要可看，能够通过不同的渠道和形式吸引受众的注意力。媒体机构不仅要提供常规的消息报道，更要提供深度报道，通过深入的分析和探讨吸引并留住更多的受众。这样的内容不仅能够满足受众的信息需求，也能够提升媒体的品牌影响力，培养起一批忠实的"粉丝"。

2. 多元化的呈现方式

在当今的融媒体时代，新闻媒体机构正通过提供精准、专业的内容服务来满足用户的多样化阅读需求。网络新闻的形态已经远远超出了传统的文本报道，视频、音频、直播等形式为受众带来了全新的体验。这些多样的内容形式在融媒体平台上广泛传播，深受广大人民群众的喜爱。融媒体新闻中心在提供新闻服务、知识服务和便民服务等方面都力求达到高质量和高水准，其传播力和影响力也达到了前所未有的高度。

新闻内容的表现形式已经不再局限于即时报道，如新闻简讯和消息，还包括深度报道、新闻述评、新闻专稿以及新闻评论等多种形态。而且，这些内容还可以通过图片、漫画、视频等多媒体形式呈现，丰富了新闻的表现手段，增强了信息的吸引力和影响力。这种多元化的内容表现形式不仅能够让新闻报道既简明又深入，还能够结合事实和理论，使新闻内容更加丰富，更能满足受众对于新闻信息的多方面需求。

3. 传播要与国际接轨

在全球化的背景下，网络媒体和社交平台扮演了至关重要的角色，不仅要在国内传播信息，也要在国际交流中发挥着关键的作用。为了有效地占据国际舆论的制高点，新时代的网络媒体正积极探索新的传播方式和适当的渠道，旨在将新闻内容传播到更广的范围，提升其在国际上的影响力和话语权。为了有效地进行国际传播并服务于更广泛的受众，我们需要把握移动化、社交化、可视化等国际传播领域的趋势。正如习近平总书记所强调的，我们应在构建对外传播话语体系方面下功夫，使内容既容易接受又易于理解，确保国际受众能够明白和理解我们传播的内容，从而不断提高对外传播的效果。[①]通过这种方式，我们可以在国际上构建一个更加积极、清晰和有影响力的形象，促进国际交流与理解。

---

① 习近平.加快推动媒体融合发展构建全媒体传播格局［J］.新湘评论，2019（9）：4-6.

三、融媒体新闻的写作方法

新闻写作不仅是记者须掌握的基本技巧，也是衡量其专业素质和知识深度的标准。作为新闻报道中的核心元素，新闻文章体现了对报道文体一般要求的集中展现。陆机在《文赋》中提到的挑战——思想与文字表达之间的差距——依旧是当代新闻写作中需要克服的难题。[①]想要精通新闻报道的艺术并掌握写作技巧，了解什么样的写作是理想的，什么样的写作是实际能够做到的，以及两者之间的区别，是至关重要的。

在当今的媒体环境中，新闻编辑和记者需要超越陈述客观事实的层面，通过挖掘、整理、解释和分析新闻内容，把那些贴近人民生活、接地气和真实的新闻故事呈现给受众。在融媒体时代，新闻写作应当具有"网感"，这意味着在坚持新闻的真实性和及时性原则的同时，还要在新闻的语言风格、呈现方式和传播渠道上进行创新。这样的创新旨在让新闻内容能够满足不同年龄的群体和不同文化背景的受众的阅读偏好。

（一）融媒体新闻的构成部分

融媒体新闻通常涵盖了标题、导语、新闻背景、主体以及结尾等关键部分。这些元素的使用与否往往取决于报道的内容范围、新闻价值、目标受众，以及新闻的社会化传播、多平台交互和媒介矩阵的互补传播特性。在此基础上，新闻的撰写便涉及如何选择材料和构建新闻报道的问题。

1. 融媒体新闻标题

在融媒体时代，新闻标题的撰写尤为重要，它在很大程度上决定了受众是否会点击链接进行阅读。与传统报纸新闻标题的严谨性不同，融媒体新闻标题倾向于更加口语化、通俗化和句子化，这样的标题更容易引起受众的共鸣。例如，在 2020 东京奥运会期间，清华大学的杨倩夺得了首枚金牌，引发了媒体的广泛报道。不仅展现了比赛的情况和成绩，还围绕杨倩的个人兴趣和日常生活进行了报道，增添了报道的生活气息和人文关怀，使新闻内容更加贴近人心（见表 5-1）。

表 5-1　融合媒体平台新闻信息产品工作流程

标题	媒体	发布时间
杨倩，奥运首金	人民日报客户端	2021-07-24　10：16
中国军团开门红！00后小将杨倩夺东京奥运会首金	封面新闻	2021-07-24　10：16

---

① 徐洪流. 文赋［M］. 杭州：浙江人民美术出版社，2002：5.

续表

标题	媒体	发布时间
首金！杨倩获得东京奥运首金	光明网	2021-07-24　10：35
首金！杨家弄村沸腾了	新华网	2021-07-24　12：38：33
杨倩获得奥运首金，孙春兰代表党中央、国务院发来贺电	百家号·北京日报	2021-07-24　13：05
杨倩：妈妈，我想吃油焖大虾	新华网	2021-07-24　13：40：56
中央、省、市发出贺电祝贺杨倩获奥运首金	百家号·宁波统战家	2021-07-24　19：28
奥运冠军、比心与美甲，中国"00后"选手杨倩射落东京奥运会首金	百家号·人民资讯（人民网）	2021-07-24　13：54

　　编写亲切自然的新闻标题并不意味着采用夸张或煽动性的"标题党"手法来吸引受众的注意。目前，新媒体领域存在的"标题党"现象和低俗内容对新闻行业的健康发展构成了威胁，这种做法往往会导致虚假新闻的产生，破坏媒体的公信力。因此，新媒体时代的新闻标题设计需要经过精心打磨，追求简洁明了，既不能过长也不能过短，一般建议控制在 20 个字符左右。这样的长度不仅便于网络链接的目录排版设计，更重要的是它符合受众的网络阅读习惯和心理预期，有助于提高新闻内容的吸引力和阅读效率。

　　2. 融媒体新闻导语

　　新闻导语作为报道的开篇，担负着特殊的含义。它通常不遵循事件发生的时间顺序，而是优先展示事件的高潮或结果，以一种简洁明了的方式介绍新闻的主旨，旨在用最简练的语言概括报道的核心，引导受众深入阅读全文，并为随后的详细阐述奠定基础，起到一个引导和扩展的作用。

　　有效的导语应该具有吸引力，能够使受众立即抓住新闻的中心议题，并激起受众继续阅读的兴趣。例如，《中国青年报》报道的《"边跑边穿白大褂，我忘了害怕"》，这篇报道通过直接引用主角于逸飞在紧急情况下的行动和感受，展现了其强烈的责任心和勇气。导语通过直观而迅速地叙述，营造了浓厚的现场感，有效地传达了于逸飞内心的真实想法和情感，这些是在面对突发事件时自然流露出的本能反应。[①] 在这种特定情境下，导语不必囊括传统新闻报道中所要求的五个基本要素（5W），只需能够触动人心即可，目的是用最引人注意的方式吸引受众。又如，《成都商报》关于"2021 成都国际音乐剧节"的

---

① 许子威."边跑边穿白大褂，我忘了害怕"［EB/OL］.［2024-03-25］http://news.youth.cn/sh/202107/t20210727_13130803.htm.

一则报道的导语，以周杰伦在电影《不能说的秘密》中的斗琴场景为引，吸引了大量受众的注意力。该导语巧妙地将文化热点和即将发生的活动联系起来，不仅有利于优化搜索引擎，吸引流量，也增加了公众对该活动的关注度。[①] 这种写法显示了如何将文化元素与即时新闻相结合，以提高报道的吸引力和可读性。

3. 融媒体新闻主体

新闻报道的结构基本上分为两个核心部分：导语和主体。在策划和布局新闻时，除必须精心设计引人入胜的导语外，还需要从海量的事实素材中筛选出能够支撑和阐释主题的材料，并将它们以强逻辑性的方式组织起来。新闻报道应紧扣社会的热点议题和具有广泛社会影响的事件，涵盖政策动向、民生问题、文化体育活动以及其他社会关注点。

在撰写新闻的过程中，记者需要注重文风和表达技巧，同时要考虑到受众的阅读体验和情感共鸣。正如柏拉图所言："掌握了讲故事的艺术，便掌握了世界。"故事不仅是新闻文本的灵魂，也是连接记者与受众的桥梁，有效的故事讲述应当富有感染力，能够触动人心。

从受众的视角出发，故事化的报道更能吸引受众的注意力，使其更愿意深入阅读。新闻背景的摆放位置也具有灵活性，有时将其放在报道的开头能更好地吸引受众的兴趣。例如，《南方周末》报道的《给月牙泉补水》一文，通过将新闻背景置于文章开头，生动地描述了月牙泉的自然与文化价值，以及其面临的环境挑战，从而引发了受众的好奇心和关注。敦煌市月牙泉景点以其独特的自然美景和深厚的文化背景而闻名，被誉为"沙漠中的第一泉"。[②] 然而，自 20 世纪 70 年代以来，月牙泉面临着水位下降甚至可能消失的风险。直到 2011 年，随着《敦煌水资源合理利用与生态保护综合规划（2011—2020 年）》的批准和后续补水工程的实施，月牙泉的生态状况得到了显著改善，水位稳定上升，生态恢复成果初步显现。该报道通过配图直观地展示了敦煌月牙泉及其补水工程的情况，这种报道方式不仅丰富了新闻内容，也增加了视觉冲击力，使受众能够更直观地理解月牙泉的变化与保护工作的重要性。

4. 融媒体新闻结尾

新闻报道的结尾部分，即文章的最后几句话，有时并非绝对必需。当事实自身已足以清晰地表达新闻价值时，过度附加结尾可能显得多余。此外，是否采用传统结尾的决定因素还包括报道的体裁和结构形式。尽管新闻结尾的形式

---

① 任宏伟.2021 成都国际音乐剧节 8 月开启周杰伦作品音乐剧领衔［EB/OL］.［2024-03-25］.http：//scnews.newssc.org/system/20210718/001190977.htm.

② 给月牙泉补水［EB/OL］.［2024-03-24］https：//new.qq.com/rain/a/20210719A000GG00.

多样，但在设计时应遵循以下三个基本原则：

第一，结尾应紧密围绕事实，避免空泛的论述。新闻本质上是对事实的报道，因此其结尾部分也应当是基于事实的阐述。苏轼曾经指出，好的文章应如行云流水，自然而不拘泥。这意味着新闻结尾应当自然地流淌，恰到好处地停留在受众心中留下深刻印象的事实上。

第二，结尾应当提供额外的信息，而非简单地重复前文内容。通过在结尾部分增加新的信息或细节，可以加深受众对报道主题的理解。例如，《新华全媒+》关于"天问一号"任务的报道，通过阐述环绕器和火星车的工作状态、已完成的探索任务和后续计划，丰富了受众对这一科学任务的整体了解。[①]

第三，结尾旨在启发和引导受众，而非直接教育或说教。优秀的新闻结尾能让受众在了解事实的基础上产生深刻的思考和情感共鸣，而不是直接向其灌输特定的观点。对于不同类型的报道，结尾所起的作用也不尽相同：负面报道的结尾可以起到警示的作用，而正面报道则能激发受众的情感和共鸣。例如，《成龙献上"英雄帖"为奥运健儿送祝福》一文的结尾，通过回顾成龙在电影拍摄中的经历和牺牲，突出了他对电影艺术的尊重与热爱，让受众感受到其背后的深刻含义和情感力量。[②]

结尾部分的设计对于新闻报道来说至关重要。一个精心设计的结尾不仅能够强化报道的主题，增加信息的深度，还能激发受众的思考和情感，使报道留下持久的影响。在这个过程中，记者应当考虑到结尾对于整篇报道的贡献，通过事实的呈现和精心的文字安排，让每篇报道都能在受众心中留下深刻而独特的印象。

5. 融媒体新闻背景

新闻报道不仅是对最近发生的事件的直接叙述，它还包含着对事件背后的历史、社会、政治、自然环境和人物特征等相关信息的深入探讨。

（1）新闻背景的意义。新闻背景提供了一种必要的注释功能，通过揭示新出现的情况、问题、事物和现象背后的复杂因素，使受众能够全面理解报道所传达的新信息。例如，报道云南省丽江市华坪女子高中校长张桂梅的故事时，只有通过提供丰富的新闻背景，受众才能充分理解她之所以受到广泛关注的深层原因。报道描绘了张桂梅校长在高考期间，尽管身体不适，仍然坚守在自己的岗位上，鼓励和送别每一位考生的感人场景。这些直接的事实，结合张

---

① 新华全媒+! 人类首次获取! 祝融号火星表面移动视频来了［EB/OL］.［2024-03-24］.http：//www.xinhuanet.com/2021-06/27/c_1127602317.htm

② 成龙献上"英雄帖"为奥运健儿送祝福［EB/OL］.［2024-03-26］.https：//baijiahao.baidu.com/s?id=1705731997897446492&wfr=spider&for=pc.

桂梅长期在贫困地区工作的背景信息，揭示了她为何能够成为广受尊敬的教育者。张桂梅在贫困地区四十多年的努力不仅仅是她对职业生涯的选择，更是她无私奉献和深深扎根于教育的人生态度的体现。通过努力，她创立了全国首家完全免费的女子高中，帮助超过 1800 名来自山区的贫困女孩实现了大学梦，这一成就在阻断贫困代际传递方面具有深远意义。[①] 更重要的是，她的爱心和智慧为无数乡村女孩点亮了人生梦想。若没有这些背景信息的支撑，张桂梅登上热搜的新闻可能仅被理解为一个简单的瞬间事件，而难以捕捉到她行为背后的深厚情感和广泛的社会影响。因此，新闻背景不仅增加了报道的深度和广度，还提升了新闻的感染力和说服力，使受众能够更全面、更深刻地理解新闻事件及其广泛的影响。

（2）新闻背景的种类和作用。从功能来看，新闻背景的种类主要分为四大类，即说明性背景材料、注释性背景材料、对比性背景材料和提示性背景材料。

1）说明性背景材料。说明性背景材料旨在阐释新闻事实背后的原因、条件和环境，以及人物行为的动机，从而揭示新闻的深层意义。这类背景资料的范围涵盖历史、地理、人文等多个方面。例如，《证券日报》关于北京等五城市启动国际消费中心城市培育建设的报道，通过引介商务部部长的声明及其对国际消费中心城市的定义，提供了对政策背景的深入解读。[②] 该报道不仅解释了何为"国际消费中心城市"，还通过提及国内 20 多个城市的相关建设提案，凸显了此政策的广泛影响和重要性。

2）注释性背景材料。注释性背景材料通过深入解释和阐述新闻事实的相关细节，增强了新闻报道的深度。例如，在《光明日报》关于我国时速 600 公里高速磁浮交通系统研制成功的报道中，详细介绍了该项目的起始时间、面临的技术挑战以及取得的关键成就。报道揭示，中国中车负责该项目的研制工作，开创了拥有完全自主知识产权的时速 600 公里高速磁浮交通系统，这不仅标志着中国在高速磁浮技术领域实现了重大突破，也展现了中国在高新技术领域的创新能力。自 2016 年 10 月该项目启动以来，经过五年的持续努力，团队成功克服了提速、适应复杂环境、核心系统国产化等多个技术难题，实现了包括系统集成、车辆设计、牵引供电系统、运行控制通信以及线路轨道等在内的一系列成套工程化技术的重大突破。[③] 通过向受众呈现这一注释性背景材料，报道不

① 云南省丽江华坪女子高级中学党支部书记、校长张桂梅——照亮大山女孩的梦想［EB/OL］.［2024-03-27］.http://edu.people.com.cn/n1/2021/0717/c1006-32160739.html.

② 倪铭娅.五城市率先开展国际消费中心城市培育建设［N］.中国证券报，2021-07-20（A02）.

③ 邓志强.我国时速 600 公里高速磁浮交通系统下线［J］.高科技与产业化，2021，27（8）：52-55.

仅展示了中国在磁浮交通技术领域的最新成就，还强调了这一突破对于推动国家高新技术发展、优化交通系统、提高运输效率的重大意义。此类背景信息不仅能够让受众更全面地理解新闻事件本身，也有助于展现中国在全球科技创新舞台上的地位。

3）对比性背景材料。对比性背景材料通过展现事物在不同时间或条件下的变化，强调新闻事件的重要性和影响。这种材料不仅丰富了报道的内容，也为受众提供了一个更为直观的理解框架，帮助他们更清晰地看到变化和进步。例如，《南方都市报》和搜狐号关于大熊猫及藏羚羊受威胁等级变化的报道就是一个典型案例。报道中提到，近期大熊猫和藏羚羊的受威胁等级均有所降低，分别从"濒危"调整至"易危"，从"濒危"调整至"近危"。[①]这一变化的背景是生态保护措施的加强和生态环境的逐步改善。通过数据的对比，报道揭示了大熊猫和藏羚羊野外种群数量的显著恢复：大熊猫从 1988 年的 1114 只增至当前的 1800 余只，藏羚羊则从 1995 年的不足 7.5 万只增至约 30 万只。

4）提示性背景材料。提示性背景材料与对比性背景材料的主要区别在于其独特的呈现手法。对比性背景材料通过对立面的反衬来选择背景信息，强调差异和对比，而提示性背景材料则更加微妙，它通过向受众隐晦地呈现新闻事实中的某些观点或信息，激发受众的想象和思考。这种材料的内容可能包含直接对立的看法，或者是更为细腻的类比关系，旨在引导受众深入理解和探索新闻背后更广泛的意义。

（二）融媒体新闻的结构形式

融媒体新闻呈现出多样的结构形式，适配不同的内容、阅读设备和受众群体。下面将介绍六种典型的新闻结构形式。

1. 倒金字塔式结构

倒金字塔式结构是新闻报道中最经典的布局方式，主张新闻材料的排列按照事实的重要性依次递减。这种布局方式因其前重后轻、开始部分信息密集而得名"倒金字塔"。其起源可追溯到 19 世纪 60 年代的美国南北战争时期，当时的报纸编辑追求快速反馈和新闻更新，由此形成了这种结构。在采用倒金字塔式结构写作时，记者需要准确判断新闻要素的重要性，将最关键的信息放在文章的最前面。通常，这种报道会采用概要式的导语，即在文章开头就概述最重要的信息，而后续内容则补充其他详细信息。在这种结构中，段落通常较短，一到两句话便构成一个段落。各段落之间不必使用过渡语句，而是直接根

---

① 远离濒危，大熊猫和藏羚羊的"降级"之路［EB/OL］.［2024-03-27］.http://rsstoutiao.oeeee.com/mp/toutiao/BAAFRD0000020210812541982.html.

据内容的内在逻辑进行组织，使整个文章结构清晰、条理分明。

2. 时间顺序式结构

时间顺序式结构的新闻报道严格按照事件发生的时间线编排，从事件的起始点开始，按照事件的开始、发展、高潮、结尾的自然顺序展开。这种方式在一定程度上还原了事件的全过程，具有较强的叙事性，使受众仿佛身临其境。在这种结构中，重要信息通常放在文章的末尾，旨在引发受众的共鸣或期待。由于其标题具有吸引力且篇幅适中，这种结构并不会削弱新闻的吸引力。

3. 沙漏式结构

沙漏式结构结合了倒金字塔式结构和时间顺序式结构的特点，旨在融合两者的优势，同时避免它们的局限性。这种结构的报道开始时简要介绍主要信息，但仅作为概述。细节和背景信息随着叙述的展开而逐渐揭露，促使受众跟随故事线索继续阅读。

沙漏式结构与倒金字塔式结构的主要区别在于其适用的新闻类型和信息组织方式。倒金字塔式结构适合快速传达事件的新闻报道，强调将最关键的信息置于文章最前面。而沙漏式结构，形似沙漏，顶部和底部信息量大，中间部分信息量相对较少，更适合具有强烈事件性、现场感和视觉吸引力的报道。这种结构首先展示生动的故事或现场，吸引受众注意，然后逐步深入，展开全面的叙述，增强了新闻的可读性和吸引力。

4. 积累兴趣式结构

在新闻报道的实践中，倒金字塔式结构因其编辑的便捷性和能够突出重点的特性而得到广泛应用。然而，这种单一的结构形式在一定程度上限制了新闻叙事的多样性。区别于倒金字塔式结构的直接开篇方式，积累兴趣式结构的报道通常通过逐步展开新闻事实来引导受众在逐渐增长的兴趣中深入理解新闻内容。此种结构因其能够使材料的趣味性从文章开头到结尾持续升温而得名。以报道《"弃北大读技校"，周浩十年"歧途"》为例，文章通过提及周浩在短视频平台上回顾自己的故事，设定了一个引人入胜的开场。该篇报道讲述了周浩因一篇偶发的新闻而成为"弃北大读技校"标签下的焦点人物，并探讨了公众如何通过互联网对他的选择进行反复的解读和讨论。该报道不仅关注周浩的个人选择和经历，也涉及社会对他的看法和评价，以及他面对这一切的态度。[①]此外，文章还详细描述了周浩在北京工业技师学院学习数控专业并最终实现个人逆袭的故事。通过展现周浩的个性、教师的关心以及国家政策的支持，文章塑造了一个敢于追求梦想的平凡而卓越的个体形象。

---

① 梁国胜. 浅论周浩"弃北大读技校"一文的新闻价值［J］. 采写编，2015（1）：31-32.

5.《华尔街日报》结构

《华尔街日报》的报道风格遵循一种特定的叙述模式，该模式由具体到抽象而展开。报道通常以一个引人入胜的小故事或描述性段落作为开头，随后逐步拓展话题范围，揭示更多相似事件或情境。在这种报道结构中，记者会通过一段关键性的文字，通常称为"核心段"，来明确报道的目标及其重要性。这部分不仅阐述了报道故事的核心，也解释了该故事为何值得关注。随后的内容则围绕主题提供丰富的支持材料和证据，以加深受众对话题的理解。报告的结尾部分，通过使用直接引用或再次讲述一个小故事来形成文章的闭环。这样的结尾不仅与开头相呼应，还旨在激发受众的反思和深入思考，增强报道的影响力和思想深度。

6. 并列式结构

在并列式结构的报道中，文章的不同部分展现出一种平行的关系。这种报道通常由一句概述性的导语开头，随后主体部分由几个独立而又相互关联的段落并列展开，每个段落着重介绍一个特定的方面或观点。例如，人民网于2021年7月21日发布的报道《东京奥运会开幕式的新变化》，就采用了这种结构。文中，记者从八个不同的角度对开幕式进行了细致的报道：

（1）开幕式的文艺表演简约而不失传统，融合了日本的祭祀元素；

（2）奥运主火炬的点燃方式和最后一位火炬手的选择引起广泛关注；

（3）出场顺序按照日语"五十音"排序，中国代表团排在第111位；

（4）各代表团首次派出一男一女两名旗手，日本队首设一男一女两名队长；

（5）宣誓环节经历重大变革，奥运誓言进行了大幅修改；

（6）日本自卫队飞行队"蓝色冲击波"在开幕式当天进行飞行表演；

（7）日本天皇将独自出席开幕式，皇室其他成员不会现场观赛；

（8）开幕式采取空场方式举办，出席人数减少至千人以下。

通过这种并列式结构的运用，报道成功描绘了东京奥运会开幕式的全貌和亮点，不仅满足了受众的信息需求，还激发了受众的好奇心，增加了文章的可读性。

新闻报道的结构形式多种多样，创新是报道写作的重要原则。报道应根据内容的特性和新闻的价值来选择合适的结构，目的是吸引受众的注意，使报道生动、有趣。

（三）事件性新闻与非事件性新闻写作的方法

新闻报道主要关注"发生了什么"，根据报道的内容和方式，新闻可以分为多种类型，包括动态报道、简讯、特稿（新闻素描）、评论性报道、案例分析报道、综述以及人物特写等。在此，我们不采用传统的分类方式，而是根据报道的事实性质，将以"发生了什么"为中心的新闻分为事件性新闻和非事件性新闻两大类并分别对其进行分析。

1. 事件性新闻与非事件性新闻

事件性新闻围绕一项具体的新闻事件展开报道，着重强调新闻的时效性。这类新闻涵盖了许多动态报道和现场报道，关注事件的独特性和本质特点。与事件性新闻不同，非事件性新闻则是对一段时间内多个事实、情况和事件的汇总反映，旨在揭示事件的整体状况、趋势或经验等。非事件性新闻的特点在于它通过具体的例子来阐述更广泛的观点或现象，主要关注事物发展变化过程中的阶段性、趋势性、经验性或典型性特征，如典型案例报道、综合新闻、经验分享、评论报道等。

2. 事件性与新闻写作

（1）一事一报式报道，即对新近发生的单独事实的报道。专项报道，在本质上与所谓的硬新闻或即时报道相对应，关注最新发生的单一事件。这类新闻的时效性极高，报道速度越快，其新闻价值越高。撰写此类报道的关键在于精确捕捉"发生了什么"。这里的"发生了什么"构成了报道的核心信息。基于这一点，重点是要突出新闻事件中最具新闻价值的元素，并在必要时补充相关背景信息。具体方法如下：

1）强化对"发生了什么"的关注，明确报道的焦点。专项报道需要将"发生了什么"作为报道的核心焦点。由于这类报道讲求时效性，要求报道快速直达要点，因此导语部分必须明确包含"发生了什么"。例如，参考消息网的一则即时报道《完成任务！祝融号将继续探索火星》简洁地传达了祝融号火星车完成其既定巡视探测任务的消息：截至 8 月 15 日，祝融号火星车在火星表面运行 90 个火星日（约 92 个地球日），所有科学载荷开机探测，祝融号圆满完成既定巡视探测任务。后续将继续向乌托邦平原南部的古海陆交界地带行驶，实施拓展任务。①

2）优化报道视角，凸显主要信息。一旦确定了将"发生了什么"作为报道的核心，接下来的步骤就是从大量信息中筛选出主要信息。选择报道角度的过程中，需要挖掘事实的新闻价值，并尽量满足受众的需求，对其他信息进行适当的精简或扩展。

3）精选背景资料，有序安排附加信息。在主要信息确定后，需从受众的

---

① 胡喆.完成任务！祝融号将继续探索火星［EB/OL］.［2024-03-26］.https：//www.360kuai.com/pc/90cc41dca350b006c？cota=3&kuai_so=1&tj_url=so_vip&sign=360_57c3bbd1&refer_scene=so_1.

角度出发，考虑是否引入新闻背景资料，如历史背景、相关数据、环境因素等，以提供更全面的信息视角。新闻主体部分的核心任务是具体解读新闻事实，并补充导语中未提及的细节。例如，报道《被生态环境部点赞！解码"成都蓝""雪山白"》表述道：8月18日，国务院新闻办公室举行建设人与自然和谐共生的美丽中国发布会。发布会上，生态环境部部长黄润秋在谈到蓝天保卫战目前取得了哪些成绩时，介绍了近五年成都市 PM2.5 浓度下降了约 36%。黄润秋说："这几年，不断地有同事、朋友给我发来图片、发微信朋友圈，就是坐在成都的家里在窗户边拍的西岭雪山，清清楚楚。如果你运气好，偶尔还能拍到百公里之外的贡嘎雪山，这就是大气环境改善实实在在的效果。"黄润秋在发布会上表示，最近这几年，我们头顶上天空的"颜值"一年比一年高了，一年比一年好看了；我们呼吸的空气，一年比一年清新了；老百姓对蓝天白云、繁星闪烁带来的幸福感也一年比一年增强了。他认为，这背后，是各地区、各部门、各方面协同作战、合力攻坚、久久为功的结果。近年来，成都市践行新发展理念，突出公园城市特点，实现了规划理念、发展方式、营城路径全方位深层次变革，在城市看到雪山的概率越来越高。[①]

在这篇报道中，导语后的段落提供了进一步的详细信息，而后文则揭示了成都空气质量改善背后的具体措施：采纳新发展理念，突出公园城市特色，实现规划、发展和城市管理的全面深化改革。

（2）一事多报式报道的写作。在新闻报道领域，一事一报式的报道通常在事件全部结束后进行，这样可以确保报道的内容是完整和准确的，因为此时事件的所有要素和相关信息都已经明晰。然而，在某些情况下，这种报道方式可能显得太过僵化，不能满足受众对于迅速接收信息的需求。特别是在面对具有高时效性的事件和时间跨度较大需要分阶段报道的事件，以及其他媒体已经进行报道但未能覆盖所有亮点或深度不足的情况时，一事多报式的报道方式显得尤为重要。

一事多报式的报道强调灵活性和深度，通过即时报道高时效性的新闻，阶段性地覆盖长期事件的各个发展阶段，以及对已有报道进行补充和深化，挖掘未被充分报道的亮点和重点。这种方法不仅能快速满足受众的信息需求，还能提供更加全面和深入的视角，增加新闻报道的价值和影响力。通过一事多报式的报道，媒体能够在保持报道准确性的同时，提供即时、多角度和深层次的新闻内容，更好地服务于公众的信息需求。

---

① 被生态环境部点赞！解码"成都蓝""雪山白"［EB/OL］.［2024-03-26］.http://sc.people.com.cn/n2/2021/0818/c345509-34873576.html.

3．非事件性新闻写作

（1）多事一报式报道的写作。非事件性新闻的撰写，尤其是综合性报道，以及包括经验新闻、述评新闻在内的其他形式，采用了多事一报的报道策略。

1）寻找新的新闻契机。与事件性新闻相比，非事件性新闻的时效性可能不那么强烈，因此在写作技巧上，关键在于找到一个恰当的新闻契机作为报道的切入点。这可以通过挖掘"最近发生的"某一事件作为新闻的由头，以此满足新闻报道对时效性的基本需求。

2）"借题发挥"，由点及面。在报道一个最近发生的事实时，采取"借题发挥"的方法，可以从一个具体的事件扩展到更广泛的议题或现象，实现从一点看到全面的效果。通过聚焦于一个关键性的新闻事实，反映出更为全局或综合的情况。这种方法不仅能够捕捉到新闻的时效性，也能在较宽的范围内进行探讨和分析，为受众提供更深入的理解和思考。

3）采用独特视角进行报道。在处理内容丰富、涉猎广泛的综合性报道时，选取一个引人入胜的叙述视角对于让报道显得更加新颖和生动至关重要。"点"代表了具体的新闻事实，而"面"则是这些事实背后的广阔背景，是新闻事实发生的环境。在报道中，将背景作为全文的焦点，通过一个特殊的视角进行深入的探讨，可以使报道更加吸引人。例如，《南方周末》的报道《荒漠猫：地球上最神秘的猫科动物——神秘正消去，研究仍不足》（节选）：最新一项研究表明，最早的家猫约一万年前由非洲野猫驯化而来，大橘、三花、小黑、阿白等常见的中国家猫，也是非洲野猫的后代。串起这项研究的，是地球上最神秘的野猫——荒漠猫。它们的样子仿佛精灵。黑色瞳孔嵌入蓝色的眼眸，一簇毛从猫耳尖伸出，好像长出一对角，在阳光下泛出橘红色。它拥有灰褐色到棕红色的皮毛，柔软的尾巴末端有 3~5 个黑色圆环，仅在青藏高原一个相对狭小的范围里生活。

通过这种方式，报道不仅传达了关于荒漠猫及其相关研究的信息，还通过特定的视角和叙事手法，引发了受众对于更广泛的自然界和生物多样性议题的兴趣，有效地提升了文章的吸引力和影响力。[①]

4）采用横向综合的报道手法。这种方法特别适用于宽广主题的综合报道，涉及的材料范围广泛，背景由多个典型事实组成。这样的报道，类似于掠影式的通讯，采取了一种观察性的报道风格。通过展现一系列的见闻和经验来展开，这种报道方式倾向于提供一个广阔视野下的综合视角，因此"点"的材料

---

① 林方舟．荒漠猫：地球上最神秘的猫科动物神秘正消去，研究仍不足［EB/OL］．［2024-03-26］．https://new.qq.com/rain/a/20210726A0048X00.

往往涵盖多个不同方面的内容，以构建出一个全面的主题画面。

5）采用"总—分"结构的叙述方法。这种结构的写作手法主要体现在两个方面：一是从数据到具体案例；二是从宏观视角到微观细节。通常，报道首先概述整体情况，然后再逐步深入具体的实例或细节。多事一报式报道通过整合多个相似事实来构成单篇报道，而多事多报式报道则将众多事实分成系列报道或组合报道，旨在提供更为丰富和详尽的信息。这种方法不仅能够让受众获得一个全局的认识，还能通过深入的案例分析，让受众对每个细节都有更深刻的理解和感受。

（2）多事多报式报道的写作

1）系列报道。系列报道通过围绕一个中心主题，从多个角度和侧面进行深入报道，展现了主题的多维度和复杂性。撰写系列报道时，应遵循以下四个原则以确保报道的深度和广度：首先，选取具有广泛涵盖性的中心主题作为系列报道的核心。这个主题需要足够强大，能够整合和支持起系列中的所有单篇报道，确保整个系列围绕一个共同的焦点展开。其次，系列报道应从多个侧面或多个层次来探讨和呈现主题，每一篇都应该提供新的视角或信息。再次，重视系列内各篇报道之间的系统组合效应，通过精心设计整体结构，使各篇报道相互补充，共同构成一个完整的故事框架。最后，尽可能在形式上保持一致，通过统一的视觉风格或叙述手法等，加强系列报道之间的内在联系，增强整篇性和连贯性。

2）组合报道。组合报道通过将有关同一主题但内容、形式、来源各异的新闻稿件集成于一个版面，使受众能够从稿件间的整体联系和对比中深刻理解新闻事实的意义。这种报道形式是编辑和记者集体智慧的产物，体现了多方面的协作和努力。以《四川日报》的《驰援河南！强降雨牵动人心　各路川军星夜行动》为例，这一系列组合报道围绕"四川人民援助河南"这一主题，从多个维度进行了全面报道。报道以直观生动的方式，展示了四川援助队伍在河南开展的各项救援活动，包括电力抢修、应急通信支持、水灾排险以及物资捐赠等，同时还有记者的现场手记，带给受众更为丰富的视角和更深入的体验。[1]

组合报道的构成元素包括不同方面的具体报道，比如，《四川日报》记者提供的"保供"与"排险"报道，揭示了四川救援队伍的迅速反应和有效行动；"捐赠"部分展现了社会各界的广泛参与和支持；"记者手记"则从个人视角深化了报道的情感层面。

---

[1] 驰援河南　强降雨牵动人心　各路川军星夜行动［EB/OL］.［2024–03–23］.https：//www.sc.gov.cn/10462/12771/2021/7/23/764bdc567bff4e30b05d5068dd0fb353.shtml.

这种报道方式的优势在于能够综合利用多种报道单元,通过不同的视角和内容形式,构建出一个立体、多面的新闻叙述。组合报道不仅展现了新闻事件的复杂性和多维度,还能通过对比和联动,增强报道的吸引力和影响力,有效引导受众理解和关注事件的深层意义。

无论采取何种组合方式,组合报道的目标都是更全面地传达新闻信息,凸显新闻价值,进而有效地引导社会舆论。

第四节　融媒环境下新闻故事化的技巧

一、什么新闻需要故事?

在现代新闻传播学领域,尽管对于追求时效性和准确性的硬新闻而言,故事化的叙述似乎并非必需,特别是当新闻内容需要在有限的时间与空间内传达时,采用简洁、直接的报道方式显得尤为重要。然而,随着媒体环境的演进与受众需求的多样化,即便是硬新闻亦有可能通过"软着陆"的方式进行故事化转化。此类转化不仅适用于单一报道,在系列报道中也体现得尤为明显,中国新闻奖对系列报道的表彰亦证实了这一点。此外,对于那些新闻时效性要求较低的事件,采用软新闻的报道方式成为传递信息的有效手段。例如,人物特写、公民英雄行为的报道,或是反映社区、地区发展进程的深度报道等,这些内容通过故事化的表达,不仅塑造了报道对象生动、鲜明的形象,也使报道内容更加亲近、易于受众理解,同时传递了积极的价值观与人生观。

在西方媒体的实践中,通过故事化手法进行公民教育的案例不胜枚举,这种方式虽不直接宣讲爱国主义、社会责任等价值观念,但通过富有吸引力的故事内容,有效地实现了价值观的传递。这一点,对于我国媒体而言,尚存在较大的发展空间。在很多情况下,我国的媒体传播仍旧依赖于较为直接甚至是单一的宣教手法,缺乏足够的故事性,以致难以激发受众的兴趣与共鸣。

随着中国社会的快速变迁,讲述中国故事的任务变得尤为重要。我们不仅需要回顾并传播中国的传统故事,更要关注并充分表达当下中国的新面貌与新故事。这不仅有助于国内外受众更加全面、深入地了解中国,也是塑造中国形象、传播中国声音的有效途径。然而,要实现这一目标,首先需要我们承认并克服现有的不足,采取积极的措施,包括提升故事讲述的技巧、拓展内容的深度与广度等,只有通过充分展现中国故事的独特魅力与价值,我们才能确保在全球舞台上以自己的声音讲述自己的故事。

二、如何找到好故事？

在新闻采访与报道过程中，当对象涉及公众人物、争议事件、社会热点、自然灾害或是非凡故事等领域时，这些素材由于其固有的新闻价值、故事潜力和争议焦点，本质上具备较高的叙事吸引力。与聚焦于普通个体的报道相比，这些内容天然携带更为丰富的故事情节、情感纠葛和公众关注点，从而使相关故事的讲述过程相对容易吸引受众的关注和兴趣。

（一）选题要宽泛

在新闻选题的策划与开发过程中，一个宽泛且具有深度的视角是至关重要的，尤其是在关注国家发展大局的背景下。经济日报社原总编辑艾丰同志曾深刻地指出，优秀的记者应具备与国家领导人相似的思考视角，密切关注国家的重大政策和发展方向。这不仅是因为这些主题直接关联到广大民众的切身利益，同时也因为它们体现了社会进步与时代发展的脉动。诸如粤港澳大湾区的发展、环境保护、科技创新等领域，均为社会广泛关注的焦点。

例如，在讲述"马氏'兄弟'跨越二十年的诚信"这一案例时，故事不仅展现了诚信的力量，同时也呼应了"一带一路"倡议下的民族团结与合作精神。在另一案例中，岩头村的脱贫故事不仅是对精准扶贫政策的生动诠释，更是"西畴精神"的体现，强调了靠自身努力改变命运的价值观。这些故事的选题并不局限于一时一地的事件，而是紧扣国家的发展脉络，反映了普遍性问题和长远发展的主题。在准备报道这些主题时，广泛的预备阅读和深入的背景调研是不可或缺的。记者需要通过翔实的资料收集和分析，深入理解主题的历史背景、现实意义以及未来展望。无论是港珠澳大桥的工程技术创新，还是暗物质的科学探索，充分的知识预备可以为报道增添深度和广度，进而引发受众思考。

在新闻创作的过程中，记者应该随时记录灵感，这些瞬间的灵感往往是报道中最具吸引力和启发性的部分。同时，对于在采访过程中觉察到的任何情绪反应，无论是喜悦、怀疑还是愤怒，记者都应深入挖掘其背后的原因。这样的感知不仅能够引导报道深入人心，更能够触及受众的情感，激发公共讨论。

在当今的媒体环境中，新闻报道的竞争越发激烈，当一项新闻事件已被广泛报道时，记者需寻求新的报道角度和深入挖掘内容，以区别于其他媒体的报道。为此，可以采用两种策略：具体法和换角度法。采用具体法意味着深入探讨那些尚未被充分报道的细节和人物故事。例如，对于一些大型事件或政策的报道，虽然其宏观影响可能已被许多媒体覆盖，但那些活生生的人物和他们的个人经历往往未能得到足够的关注。这些具体的人物故事不仅能够为新闻增添深度和温度，而且能够帮助受众更加直观和具体地理解新闻事件的影响。然而，换角度法鼓励记者从不同的视角观察和报道同一事件，这可能包括从底层工人、农民、企业管理者甚至政府官员的视角进行报道。不同的视角能够揭示事件的不同层面，为受众提供一个全面的、多维度的理解。以第三届中国企业改革发展论坛为例，该论坛聚集了来自政府、企业、研究机构和媒体的1400多位代表，围绕"加快新旧动能转换、推动高质量发展"这一主题进行了讨论。报道这一事件时，记者可以运用具体法和换角度法，深入探讨参与论坛的各方代表的具体观点和故事，如探讨企业家在推动经济高质量发展中所扮演的角色、分析混合所有制改革的案例，或是深入报道关于科技创新与5G时代的讨论。

此外，记者还可以关注论坛所在地——济南如何利用这一机遇促进自身的经济转型，以及如何为山东省乃至全国的企业改革发展提供借鉴。通过报道济南市新旧动能转换先行区、中国（山东）自由贸易试验区等地的项目合作案例，可以为受众提供具体、生动的改革发展实例。

（二）与采访同行

新闻本质上是一种叙述艺术，当代的新闻写作日益注重故事性，它通过鲜活而感人的实例传达观点、引导公众舆论，从而提升其说服力和影响力。这种生动的故事，并非仅通过阅读材料或听取报告便能发掘，它需要记者深入基层、贴近群众进行实地采访和调研，这样才能够挖掘到真实感人的故事。普利策奖得主、美国记者富兰克林的经验也印证了这一点。他认为，要以故事化的方式进行新闻写作，就需要通过对话、场景描写等细致地展现事件中的每一个情节和细节，让隐含在事件中的、能激起人们兴趣和情感共鸣的戏剧性故事浮现出来。关于如何进行有效的新闻采访和写作，以及运用这些具体的技巧，更多的细节可以在有关新闻采访技巧的章节中找到。

三、如何呈现好融媒体时代的新闻故事？

在融媒体时代，传统的新闻报道方式已经不能完全满足受众的多样化需求，因此记者需要采用综合的手段来讲述故事，以适应视听习惯的变化。这要求记者、编辑和美编通过多种媒体形式协同作战，展现新闻内容。以"当代愚公"黄大发的先进事迹为例，澎湃新闻采用了文本＋图片、视频等多种方式，全面、立体地展现了黄大发精神。首篇报道利用文字稿的形式，通过细腻的文字描绘了黄大发与他修建的水渠之间的不解之缘。82岁的黄大发用自己的青春和汗水，赌上生命修建了这条水渠，让后辈对他的付出感到惊讶与敬佩。紧接着，澎湃新闻以H5形式发布的长篇画卷更是创新性地展示了黄大发故事的深度与广度。其以"大发渠"为主线，通过连环画、动画、全景照片、音频和视频等多种媒介，为受众提供了一种沉浸式的体验。背景音乐和实地音频的加入，让受众仿佛置身于黄大发修渠的现场，感受到了他坚定不移的精神。界面的黑白风格，配以金色的点缀，既彰显了黄大发人物形象的雄壮大气，也给予了受众全新的视觉享受。这种多媒体的融合报道方式，不仅增强了故事的表现力和感染力，也充分体现了融媒体时代下记者呈现新闻故事的新思维与新策略。通过综合运用多种报道手段，能够更全面地展现主题，更深刻地传递价值观，有效地增强新闻的传播力和影响力。

四、新闻故事化应该注意的几个问题

（一）如何使用直接引语和间接引语

在我国新闻行业中，存在两个较为普遍的问题，即关于信源和引用的处理。首先，使用直接引语的情况不足，这限制了报道的直观性和信服力。其次，过多依赖匿名或不明确的信源，这种做法可能会引发对信源甚至新闻真实性的质疑。对于那些不愿意透露姓名的重要信息提供者，新闻工作者应考虑寻找其他愿意公开身份的信源，以增强报道的透明度和可靠性。

1. 直接引语

作为新闻报道中的一种重要手段，直接引语的功能和价值不容小觑。它不仅可以为新闻故事增添现场感，让受众能够通过采访人物的原话直接感受到现场的氛围，还能够增强报道的层次感和立体感。在融媒体时代，直接引语的运用，加之音频、视频等多媒体元素，能够为受众提供一种更为丰富和沉浸式的体验。例如，在报道"当代愚公"黄大发的先进事迹时，通过加入黄大发本人唱的歌曲音频，受众可以更加真实地体验到他对家乡的深切情感，以及他坚持不懈的精神。这种直接从源头捕捉的声音，比任何转述或描述都更能打动人心。另一篇报道中，记者详细记录了湖南永兴的谢永宏站长在洞庭湖湿地保护工作中的奋斗历程。通过直接引语，受众不仅能了解到洞庭湖湿地的自然美景，还能感受到一位科学家对自然保护事业的热情与执着。这些直接引语不仅传达了信息，还展现了报道人物的性格和情感，增强了故事的感染力。

使用实名信源的直接引语还能提升信息的权威性，让受众相信报道内容的真实性。相对于匿名或不明确的信源，实名信源能够减少受众对信息真实性的怀疑，增强报道的可信度。这对于维护新闻的客观性和公正性至关重要。当关键信息的提供者选择匿名，记者应权衡是否更换信源或通过其他方式确保报道的准确性和权威性。然而，直接引语并非万能的，如何发挥其作用取决于记者的立场和报道的目的。在使用过程中，为了保证报道的公正性，需要对不同立场的直接引语进行均衡处理，确保多方视角的公平呈现。这样，直接引语不仅能够增强报道的生动性和说服力，还能够促进信息的公正、客观呈现。

2. 间接引语

间接引语，作为新闻报道中的一种重要表达方式，涉及记者对信源原话的精选、整理和归纳，通常不会直接用引号标注。在运用间接引语时，保证引述内容的真实性是最关键的原则。记者在转述时必须避免歪曲原意，在尊重事实的同时，还应适当介绍信源的背景，以增强信息的可信度。间接引语不仅能够为报道提供事实依据，推进故事发展，还能作为记者表达个人观点的一种方式。然而，在引用时必须把握好度，确保不违背新闻报道的真实性和客观性原则。以《坚决打好污染防治攻坚战 让人民群众享受优美生态环境》这一报道为例，市委书记蔡奇在顺义区调研污染防治工作时的发言，信息量较大，直接引用可能会过于烦琐，因此通过间接引语的形式进行报道变得尤为必要。通过精练的间接引语，可以有效地传达蔡奇关于污染防治的核心观点，同时保持报道的流畅性和易读性。这种处理方式不仅能够传达领导讲话的主要内容，还能够在不牺牲准确性的前提下，使报道更加简洁明了。

（二）讲故事必须与新闻主题相呼应

在新闻叙事化的实践中，确保故事内容与新闻主题紧密相关是基本原则之一。这意味着报道中的人物故事不仅要吸引受众，还必须与报道的核心议题密切相关，确保人物经历的转折点与报道的主题相呼应。在此过程中，人物的命运变化常常成为故事的关键情节，有助于加深受众对新闻主题的理解。然而，过度的、不恰当的故事情节的叙述不仅不能起到服务主题的作用，还有可能会误导受众，产生负面影响。新闻工作者在运用叙事化手法时，应谨慎处理个人故事与新闻主题之间的关系。有效的做法是，在故事叙述中明确地将人物经历与核心议题相连接，确保故事的叙述服务于新闻主题的深入探讨。同时，记者在选择和构建故事时，应充分考虑故事内容是否能够准确反映新闻的核心议题，避免过度侧重于人物故事而忽略了对于新闻主题的深入分析。这种平衡对于保持报道的客观性和深度，向公众传递清晰、准确的信息至关重要。

第六章

融媒环境下新闻的制作与生产

第一节　微博微信新闻的制作与生产

一、微博新闻的制作与生产

（一）微博新闻的兴起

随着社会的发展和技术的进步，微博逐渐成了重要的新闻传播和社会动员平台。特别是遇到涉及社会议题的公共事件时，由于传统媒介报道的限制和延迟，个体、目击者和新闻工作者便转向利用微博快速扩散的能力来分享信息、转发帖子和集中关注力量，以推动信息的传播和社会动员。微博的这种使用方式，不仅能在某种程度上突破监管限制，也体现了人们对社会参与的渴望。在这个过程中，广大普通用户成了微博新闻传播最关键的接收群体。

（二）微博新闻的写作特点

1. 微博新闻的文体特征

微博新闻的文体特性体现在其新闻传播文章的体裁上。受字符数量限制的约束，微博新闻通常采纳类似于传统纸质媒介中"一句话新闻"的形式，以简洁的方式概述新闻事实。具体而言，这些新闻的长度简短，内容直接，通常不超过一百字，有时甚至仅几字，仅突出关键的新闻要素。

在结构方面，单条微博新闻的结构通常非常简洁明了，其报道视角也往往倾向于单一，这主要是由于字符数的限制。这种限制使单条微博难以涵盖大量的信息内容，因此，它们一般集中关注于某一具体事件、特定情境或独特观点。由于这一特性，为了全面报道一个新闻话题，往往需要通过多条微博联合发布来共同构建一个完整的新闻叙事，使整个事件或议题的信息更加全面和深入。

在内容呈现方面，微博新闻有其独特的倾向性，它更多地专注于记录事件的花絮和细节，保持了一种接近原生态的记录风格。这种直接且未加修饰的呈现方式，让受众能够直观地感受到事件的现场氛围和情绪。在表现手法上，微博新闻倾向于采用记叙和描述的方式进行展开，通过讲述事件的经过或描述场景的细节来吸引受众。议论性的内容也存在，尤其是在追踪事件发展的过程中，微博新闻更倾向于通过叙述的方式，引导公众关注事件的深入发展和可能的社会影响，从而激发受众对事件的思考和讨论。这种方式不仅丰富了微博新闻的内容层次，也增强了其引导公众舆论的能力。

从表现手段来看，在微博等社交媒体平台上，新闻报道常常伴随着图片、音频、视频等多媒体元素的融合使用，很多时候，这些多媒体内容才是吸引受众注意力和传达新闻核心的关键。这种现象揭示了一个重要的传播趋势："无图无真相"，即受众更倾向于通过直观、易理解的方式来接收信息。多媒体内容的引入不仅让新闻在视觉上更加突出，还能有效提升信息的传达效率，弥补了微博字数限制可能带来的信息不足。因此，善于利用微博平台的新闻媒体通常会为每条新闻匹配相应的图片或视频，以增强新闻的吸引力。这种图文并茂，甚至连续图文播报的做法，实际上构成了一种新型的"直播"方式，它通过视觉和听觉的双重刺激，为受众提供了一种更加丰富和立体的信息接收体验。这种策略不仅有效提高了新闻内容的传播效果，也适应了当代受众对快速、直观信息的需求，体现了新闻传播在新媒体环境下的创新与发展。

2. 微博新闻的写作形式

微博新闻的撰写风格可以影响受众的观点和行动，其写作形式主要包括三种类型：标题式、导语式和评论式。

（1）标题式。标题式写作主要通过挑选新闻标题或关键词来进行编辑，并附加新闻的链接，目的是引导用户点击，以获取完整报道。这种方式在政治或商业新闻传播中比较常见，主要因为它能有效提高特定媒体网站的访问量。虽然标题式写作在节省时间和资源方面具有一定优势，但可能因缺乏内容深度和表达诚意而显得功利化。除非标题本身足以概括事件的主要事实并具有新颖性，否则通过这种方法传递的信息量相对较小，其吸引力和传播效果也会受到一定限制。这种写作风格曾是微博早期新闻报道的标志，但在如今已经变得较为少见。

（2）导语式。导语式写作则以新闻报道的导语作为微博新闻的主体，使用括号中的精简内容作为微博标题，并在此基础上添加那些未在导语中提到的关键新闻要素。这种方式试图最大化地突出事件的关键信息、重要人物声明及核心评论观点。然而，这一方法面临一个选择难题：是否在文末添加网页链接。虽然链接可以帮助受众获得更全面的信息和深入了解事件的各个方面，但即使采用网址缩短服务，也不可避免地占用宝贵的字符限制；反之，不添加链接可能会让受众难以访问更多的内容。因此，是否添加链接需要根据新闻事件的具体情况慎重考虑。

（3）评论式。评论式写作在微博等社交媒体平台上采用了一种类似于口语的表达方式对新闻事件进行转述，这种写作风格与传统的、更加正式的报道方式形成了鲜明的对比。它更多地展示了发布者的个人观点和态度，通过使用生动活泼甚至带有戏谑意味的语言风格，融入当前网络流行的词汇和表达方式，有效地拉近了与受众之间的距离。此外，评论式写作往往通过提出问题的方式结束，明确鼓励受众积极参与讨论，激发互动。这种写作风格尤其适用于社会新闻领域，因为它与微博用户通常倾向于进行浅层阅读的习惯相契合。在当代的广告和传播学实践中，这种富含人情味的新闻报道方式被证明能够显著提高受众的参与度和互动，从而达到更有效的传播效果。评论式微博新闻不单是对原始新闻内容的简单概括或压缩，它更是一种充满个性化色彩的创新性再创作，其中包含了发布者对于事件的独到见解和情感态度的表达，展现了博主对于提升受众体验和满足其需求的深刻理解和承诺。

（三）微博对新闻生产及新闻观的改变与冲击

自 2009 年微博作为一种新兴现象出现以来，它的影响力持续扩大，从被《南风窗》杂志在 2010 年赋予年度特别奖，到"今天你微博了吗"成为流行语，微博已经从一个网民娱乐的平台转变为介入公共事务的强大工具。微博革新了媒体生态和信息传播方式，成了一个关键的信息源，并以前所未有的速度传播各类信息和观点。

陈力丹教授归纳出微博的五大特征："背对面"的关注机制、裂变式的传播路径、"点对点"的关联模式、"全程共景"围观式结构、"后台前置"的传播环境。[①] 他认为微博开创了一个每个人都可以发声、每个人都有可能被听见的新时代。在这个被迈克尔·舒德森（Michael Schudson）形容为庞大的"泛新闻工作者"的[②] 社会中，《商业周刊》的专栏作者和社交媒体记者谢尔·以色列（Shel Israel）在《微博力》一书中预言，新旧媒体的融合是未来的趋势，他称为"辫子新闻"，由传统媒体、公民报道和社交媒体三者编织而成，这正在改变人们接收信息的途径。[③]

微博的兴起不仅重塑了人们获取信息的渠道，更根本地改变了新闻的制作

---

① 陈力丹.新闻理论十讲［M］.上海：复旦大学出版社，2008：26.

② 迈克尔·舒德森.新闻社会学［M］.徐桂权，译.北京：华夏出版社，2010：154.

③ 谢尔·以色列.微博力［M］.任文科，译.北京：中国人民大学出版社，2010：46.

方式和其本质。在微博所特有的传播环境中，传统的信息发送者与接收者的边界日渐模糊，将新闻转变为一个伴随事件进展而不断更新的流动性过程。这种转变激发了对新闻生产角色变化的广泛讨论：从专业的新闻工作者到普通公民，新闻的创作者身份多样化，这一现象对新闻制作的整个流程造成了根本性的影响。通过深入分析微博在新闻制作中扮演的角色，可以更加深刻地理解微博技术如何革新了新闻理念及新闻制作的方式，体现了其在新闻行业变革中的重要作用。

1. 新闻生产与微博的角斗

拉斯韦尔（Lasswell）的"5W模型"作为传播学的基石之一，以其简洁明了的结构概括了信息传播的基本框架，即信息如何通过特定媒介从发送者流向接收者。尽管这个模型描绘了一个单向且线性的传播过程，但它有效地勾勒出了信息传播的核心路径，并界定了传播学研究的五大核心领域：控制分析、内容分析、媒介分析、受众分析以及效果分析。在新闻传播的领域内，新闻作为信息的一种表现形态，其制作与流通过程深受微博这一新媒体平台的影响。微博通过其即时性和互动性改变了新闻的生产模式，尤其在新闻的采集、制作与发布这三个核心环节中，微博体现出了强大的影响力和改革性作用。

（1）新闻源的全民化。在传统新闻生产体系中，政府及其权威机构是新闻信息的主要来源，这一点在获取高级政府官员这类稀缺信息资源方面尤为明显，政府信息成为新闻工作者竞相追求的宝贵资讯。除政府发布的信息外，通过新闻媒体设置的热线以及记者个人构建的线人网络也构成了重要的信息来源。然而，这些信息渠道往往局限在相对封闭和有限的范围内。微博的出现颠覆了传统新闻信息获取的方式。起初，微博被视为一种分享个人经历和看法的社交工具。但随着时间的推移，得益于其即时、开放和快速传播的特性，微博逐渐转变成了一个重要的新闻传播平台。现在，任何个体都能在任何时刻、任何地点发布和传播新闻内容。微博独有的信息迅速扩散机制使这些发布的新闻能够迅速触及广大受众，从而彻底改变了新闻的采集、生产和传播流程。

微博平台的出现极大地扩展了新闻的来源，尤其受到新闻行业从业者的青睐。首先，众多官方微博账号，包括政府机构、企业及其员工的微博，成为新闻采集的宝贵资源。这些账号经过官方认证，发布的信息具有较高的权威性和可信度，为新闻工作者提供了准确可靠的信息源。即使是那些尚需进一步验证的信息，得益于政府和媒体之间的自然联系，也能显著提升新闻采集的效率。其次，那些专注于公共事务和公众权益的知名人士或网红的微博同样受到关注。这些微博因其个人影响力和庞大的粉丝群体，常常能激起社会的广泛关注。因此，微博平台突破了传统新闻生产中信息源的局限性，为新闻的采集过程开辟了更为广阔的视野和资源。

（2）新闻制作过程的社会化。微博平台的兴起对传统的传媒生态和传播环境带来了深刻的变革，尤其在新闻源的民主化方面，对新闻从业者的工作体验产生了根本性的影响。曾经，新闻生产被认为是一种高度专业化和职业化的活动，但现在，随着社交媒体特别是微博的普及，新闻生产变得更加社会化和大众参与化。

微博提供的新闻源为新闻工作者带来了前所未有的丰富素材，极大地拓宽了信息的来源。过去，新闻的产生往往需要专业记者通过严格的筛选和加工过程，而现在，微博平台使这一过程在很多情况下变得不那么必要。在微博中，每个用户都有可能成为爆料者，不仅是信息的提供者，还直接参与到新闻的传播过程中。这种新型的新闻传播方式，不同于以往由新闻机构单向传播信息的模式，而是建立在广泛的、无界限的用户网络基础上，使每个参与者都能够对接收到的信息进行再加工和分享。在微博这个开放的平台上，每个人都有可能成为新闻报道的加工者和传播者。用户可以对接收到的信息进行评论、转发或者以新的形式再次发布，这些活动都在一定程度上遵循着新闻报道的基本规范，如注重事实的准确性、尊重信息的原始来源等。这种模式不仅促进了新闻内容的快速传播，还实现了信息的多角度解读和丰富化处理，从而使新闻传播的过程变得更加民主化和多元化。

微博在新闻制作过程中的社会化影响也显著体现在评论领域。传统上，评论栏目是一个自由发声的平台，能够聚集多方观点，成为媒体机构之间竞争的关键。《新京报》的创新做法，即利用微博作为评论内容的来源，不仅是一次大胆的探索，也是推动前进的动力。2010 年，《新京报》推出的《微言大义》栏目，每周五次，每次约一千字，挑选微博上的内容，以个性化的视角和语言评论新闻事件，这一栏目的定位是"让风月人物谈风云，让风云人物谈风月；用风月的方式谈风云，用风云的形式谈风月"，并因其创新和影响力赢得了年度评论编辑金奖。该栏目被评为"阅读率最高的栏目"和"最能代表 2010 年的栏目"，它打破了传统边界，让每个人都有机会参与到评论中来，实现了新媒体与传统媒体空间的颠覆性融合。[①]这个栏目需要编辑持续在线，具有敏锐的洞察力，能在众多微博内容中精挑细选，涵盖了来自媒体精英、知识分子的深度言论，也包括了网友俏皮有趣的评论，展现了新闻评论的多元化和开放性。

---

① 解凡. 微言大义："微博现象"的社会学分析 [J]. 辽宁农业职业技术学院学报，2015，17（6）：53–55.

由此可见，微博等社交媒体对传统新闻制作流程的影响巨大，特别是在新闻的来源和参与度方面。传统媒体中，新闻的生产高度依赖于权威信源，记者和编辑在新闻制作中扮演关键角色，他们决定哪些信息被报道，以及如何报道。这一过程中，公众的参与度有限，主要是作为信息的接收者。然而，微博的出现和普及改变了这一格局。作为一种社交媒体平台，微博使每一个用户都有可能成为信息的发布者，人们可以直接分享新闻事件，并参与评论和讨论。这种直接参与不仅扩大了新闻信息的来源，还增加了新闻内容的多样性和丰富性。更重要的是，它下放了话语权，打破了传统媒体对信息流的垄断，使新闻生产变得更加民主化和多元化。这种变化带来了积极的影响，如增加了新闻报道的透明度和真实性，提高了公众对社会事件的关注度和参与度。但同时，它也带来了一些挑战，如信息真实性的验证问题、谣言的传播问题以及对权威新闻机构信誉的影响等。这要求传统媒体和社交媒体平台在新的传播环境中寻找合作与平衡的方式，共同维护信息传播的真实性和健康性。

（3）新闻发布方式的即时性和多样性。微博平台作为新闻发布的渠道，展示了其独有的即时传播能力和内容表现形式的多样化。这一平台的即时性特征极大地缩短了新闻发布与接收的时间差，允许新闻以文字、图片或音频的形式在瞬间被用户发布，并能通过@提及或转发等机制迅速扩散。这样的机制使每一个微博用户都有能力像传统媒体机构一般，独立完成从新闻采集到编辑再到发布的整个流程。微博新闻的表达多样性则源于用户在发布信息时的个性化选择，这一点与传统新闻行业那种依赖固定模板和结构来构建新闻故事的做法截然不同。尽管微博上每条信息的字数受限，但这种限制反而激发了用户的创造性，促使他们探索更为新颖和引人注目的叙述方式，以便吸引更多关注并增加粉丝数量。这种对创新的追求促进了新的表达方式和呈现风格的发展，使微博上的新闻内容变得更加丰富多彩和充满个性，进一步丰富了新闻传播的形式和内涵。

在微博的应用实践中，常见的发布方式主要包括以下几种：直播式发布、导读式发布和预告式发布。直播式发布采纳了类似于实时直播的形式，利用简练有力的文字、图片或视频，即时传播正在发生的事件，力求实现对事件的直观展现，从而使受众能够立即获得丰富且生动的信息。新浪微博的"微直播"功能正是基于这一概念设计，旨在让每位用户都能成为现场报道的参与者。导读式发布则更接近于传统媒体中的导读，常以"标题＋内容概要＋链接"的形式出现，并配合相应的图片或多媒体内容，向用户呈现简洁而全面的信息概览。这种形式不仅广泛被新闻媒体所采用，也常见于个人用户的推荐或分享行为之中，他们通过转发并附加评论或对信息进行二次整理，有效吸引了其他用户的注意。预告式发布主要针对那些已有预期的新闻事件，通过事先发布相关信息，既对事件的发生进行铺垫，又拓宽了事件的受众基础和影响范围。这种发布方式在为未来事件营造氛围和期待的同时，也助力于信息的广泛传播。这些不同的发布方式在微博平台的综合应用，凸显了社交媒体在新闻传播领域的特殊优势和创新潜力。通过各种形式的灵活运用，微博不仅极大地提升了信息传播的速度和广度，也增加了信息的传播深度，让每个用户都能在这个平台上根据个人的兴趣和需求找到或创造价值，共同参与信息的生产与分享过程。

2. 新闻生产的本质并未改变

微博的兴盛赋予了每位用户成为自媒体的能力，彻底改写了新闻制作的传统流程，瓦解了过往的专业壁垒和职业道路，促进了社会各界对新闻制作参与度的空前提升。在这样的背景下，新闻生产的每个环节变得更为多样化且界限模糊，各种角色的扮演也不再单一，展现出多元化的属性。微博用户的身份既是信息的接收方，同时又能转变为信息的编辑者和传播者，超越了传统信息源角色的约束。对于记者群体来说，微博既是挑战也是机遇。许多记者利用自己的微博账号分享个人见解和生活体验，同时，由于他们的职业背景，其发表的内容往往代表了其所属媒体机构的立场。这意味着，虽然作为一名普通的社交媒体用户，他们需要进行社交互动，但作为新闻从业者，他们在内容发布上仍需遵循专业的新闻逻辑和标准。

微博的崛起不仅使每个人都能参与到新闻的传播和制作中，而且对传统的新闻生产模式造成了深刻影响。这种转变降低了新闻制作的门槛，扩大了参与者的范围，使新闻生产的过程更加多样和开放。在这个平台上，用户不仅是信息的消费者，也是信息的创建者和传播者，突破了对传统信息源角色的界限。对于记者而言，微博成了一个能够同时展现其专业身份和个人生活的空间，尽管他们需要遵守行业规范，但微博平台使他们的声音更加接地气，拉近了与普通用户的距离。在哈罗德·拉斯韦尔（Harold Lasswell）提出的 5W 传播模型中，新闻信息的内容是核心。微博是否重新定义了"新闻"的概念？通过微博，信息成为新闻的门槛似乎有所降低，社交媒体的特性让更多的事件和现象有机会被视为新闻。[①] 按照盖伊·塔奇曼（gaye-tuchman）的理论，新闻的价值不仅取决于事件本身的重要性、显著性和趣味性，而且还依赖于编辑基于经

---

① 哈罗德·拉斯韦尔. 新闻学与传播学经典丛书社会传播的结构与功能［M］. 何道宽，译. 北京：中国传媒大学出版社，2015：102.

验而形成的价值判断。[①] 在微博的世界里，每个用户都有可能成为新闻的编辑，利用自己的判断决定什么值得分享，什么可以成为"新闻"。

在微博的背景下，新闻的生产过程已经发生了显著变化，引入了全民参与的新闻采集、社会化的制作流程以及多元化的发布途径，这些变革虽然没有根本改变新闻定义的本质，却极大地扩展了新闻采集的边界和视角。通过微博，那些曾被忽略的事件和声音现在能够找到展现的平台，经历着复杂且充满转折的过程，最终被带入公众的关注焦点之中。正是这个过程，赋予了新闻以更深远的价值和意义，体现了传播本质上的目标——构建一个更加开放、共享的世界。在这个过程中，新闻不仅仅是信息的传递，更是连接不同人群、分享多元视角的桥梁，使我们共同期待并参与塑造一个广阔而多元的社会景象。

二、微信新闻的制作与生产

（一）新闻来源的多元化

在新媒体时代，传统媒体的新闻来源显得较为集中，其主要依靠自有的新闻采编团队来获取和生产新闻内容，这限制了其互动性和参与度。相反，用户生成内容（UGC）在互联网环境下为新闻报道提供了更广泛的来源，使任何用户都能成为新闻信息的提供者。为了更好地融入新媒体环境，传统媒体需要更加开放地利用用户作为新闻源的潜力，简化用户提供新闻线索的流程。

微信公众平台凭借其独特的传播特点，为拓展新闻来源提供了有效途径。这一平台具备较高的隐私性，使用户能够通过文字、图片、语音等多种形式，安全地向公众账号提供信息，而这些信息只对账号运营者可见，保护了信息提供者的隐私，减少了对个人隐私泄露或受到攻击的担忧，鼓励了用户更自由地分享自己的观点和信息。这种多样化的传播方式同时也满足了新闻报道对时效性和直观性的需求。

进一步地，微信公众平台还为账号运营者提供了开展广泛调查和研究的便利渠道。通过分析订阅用户的年龄、性别、地域等数据，可以增强调查结果的信度并提高其参考价值。例如，"央视新闻"微信公众号就利用这一平台收集用户意见，并将其纳入电视新闻播报，尤其是在每年春节策划的民生化、贴近生活的话题中，这种做法展现了强大的互动性和接地气的特性。

（二）新闻编辑过程便捷化

在现代媒体环境中，尤其是当传统媒体机构引入新媒体部门时，编辑工作

---

① 盖伊·塔奇曼. 做新闻［M］. 麻争旗，刘笑盈，徐扬，译. 北京：华夏出版社，2008：65.

的分工往往会出现一定程度的重叠。新媒体与传统媒体之间的协同工作尚未形成有效的互联互通，导致相比于传统编辑系统，新媒体的编辑流程显得不够专业化。微信公众平台的用户分组管理功能提供了一个值得借鉴的解决方案：通过将不同的发稿中心和记者站进行分组管理，编辑人员能够在接收到新闻线索时迅速与相关记者取得联系，实现快速的信息交流和报道制作，包括文字、图片和视频内容的即时发布。此外，微信公众平台的分组对接功能结合其现有的管理和素材存储能力，能显著降低新闻编辑的工作成本，极大地提高工作效率，有助于更好地整合和优化媒体内部的资源分配。

在快速发展的网络时代，许多传统媒体正在努力通过生产深度新闻内容来弥补时效性的不足。然而，在向媒体融合的过程中，传统媒体也致力于不落后于新闻报道的第一时间，因此开始注重提高新闻选题和报道的时效性。通过建立编辑人员的微信群组，可以实现新闻选题的即时讨论和稿件审核，避免了将新闻选题带到定期会议上讨论的需要，这种做法大大节约了时间，提升了新闻制作的效率和时效性。

（三）新闻内容生产精细化

新闻内容生产的精细化过程涉及将编辑环节的工作成果转换为精简且高品质的新闻作品。在这一过程中，选取恰当的展现方式对于确保内容质量极为关键。因此，微信公众平台成为优化内容展示的理想场所，提供了更为丰富和有效的呈现手段。特别是其"自定义菜单"功能，为内容呈现的多样性开辟了新径。通过微信公众平台，可以发布包括文本、图片、语音、视频等在内的多种类型内容，这不仅使传统媒体能在该平台上推出融合了多种形式的新闻内容，还鼓励它们整合既有的媒介资源，开发专门为微信公众平台量身定做的独特新闻产品。这样的做法，使微信上的新闻内容与传统媒体的产品相互补充，形成了特色鲜明的差异化。例如，"央视新闻"可以借助其知名主播和主持人的影响力，对其电视新闻资源进行二次开发，创造出与电视新闻不同的内容形式，如视频新闻、图文解析和纯文字报道等，以此吸引受众回流。另外，当下许多传统媒体通过引导用户回复关键词来提供相关内容，增加了互动性和便捷性。此外，开设"自定义菜单"的媒体允许用户通过点击菜单直接访问他们感兴趣的新闻，进一步提升了用户体验和内容获取的效率。

通过微信公众平台推送新闻，传统媒体找到了一种方式，将内容的重要性重新置于核心位置，唤起了在新媒体兴起之前逐渐被边缘化的"内容为王"的观念。在微信和微博等新传播平台成为主流之前，内容的主导地位曾遭遇挑战，渠道优势和服务质量成了一些传统媒体探索改革的新方向。当时，仅依靠优质内容难以保证竞争优势，内容需要与渠道和服务等元素相结合。然而，内容始终是基石。随着新媒体时代的到来，这一格局经历了显著变化。传统的内容优势，特别是独家报道的优势，因新媒体的快速传播能力而变得不再可靠，促使传统媒体开始寻求与新媒体的融合，以形态、内容和营销的多方面变革来应对新挑战。面对新媒体的竞争，传统媒体不仅需要在时效性上努力，还要通过创新的传播方式来吸引用户，而内容的质量在这一过程中往往会被忽视。

微信公众号每天能推送的新闻数量有限，加之强制推送的机制，若仅追求数量而忽略质量，易造成用户的信息疲劳，甚至退订，这样的后果往往是不可逆的。因此，精选少量高质量的内容进行推送显得尤为重要，此时"内容为王"的理念达到了新的高度。传统媒体需要从追求独家新闻的策略转变为挖掘深度信息，关注于更有价值的第二层面。对于零散信息的整合需要采用更加专业化的方法，通过高质量的内容来吸引用户。即使无法提供独家新闻，独特的视角和见解也能成为吸引力所在。对于依托传统媒体的新媒体平台或产品，拥有核心竞争力，展现产品的独特价值，是利用内容优势的关键。内容已不仅仅是阅读体验，而是产品使用体验，只有当用户真正愿意使用这一产品时，内容的价值才得以实现。

（四）受众选择自主化

以"央视新闻"的微信公众号为典型案例，其通过图文专题的形式来推送新闻，设计了一个分层的阅读体验：首先，用户首先接触到的是包含新闻标题、引人注目的图片及简短导读的初级界面；其次，第二级界面展示了完整的短新闻或长新闻的核心内容；最后，在这一界面的底部常设有"下载央视新闻客户端"的二维码，引导用户获取更全面的新闻报道。这种三级阅读模式使用户能够根据个人的兴趣、网络状况及时间安排来自主决定阅读的深度，有效应对了新闻消费的碎片化时间管理需求。

考虑到微信公众号在推送信息时对图片和视频的数量有所限制，主要是为了避免因数据流量的使用给用户带来额外的信息和经济负担，新闻客户端相比之下能够容纳更多的信息，并在内容展示与编辑风格上与微信精选新闻保持一致。通过技术整合，将微信与央视新闻客户端连接起来，当用户在微信上遇到感兴趣的内容时，便可以在有无线网络的情况下，转至客户端进行深入阅读，实现从被动接收信息到主动选择感兴趣内容的转变。这种做法不仅增强了用户体验，也提升了内容的接触效率与质量，使用户能够更加自由地控制自己的新闻消费过程。

（五）受众反馈高效化

在新闻传播的过程中，反馈是通过受众对新闻内容的响应来调整和优化后续的新闻传播策略。目标是提升新闻传播的效率和成效，以更好地满足受众的需求。传统的直接人际交流提供了高效信息交换的机会，促进了双向互动的传播模式。然而，当涉及大众媒体时，反馈的速度和量往往受到限制，这是由于传播过程中介入了媒介，同时大众媒体的远距离和缺乏个性化反馈也是反馈不足的原因。

对于传统媒体如电视和报纸来说，获取受众反馈需要投入大量的人力和物力资源。例如，通过收视率来评估电视节目的内容质量，但仅凭粗略的收视率数据难以进行精确分析。相比之下，微信作为一个基于人际交流的平台，为传统媒体提供了一个直接且高效获取用户反馈的渠道。例如，"央视新闻"的微信公众号，其未来发展的方向是减弱其作为媒体的属性，增强其作为沟通通道的功能，以建立央视新闻与用户之间的直接联系。通过微信平台，可以开发节目评分功能或直接征集用户反馈，这样的互动不仅有助于媒体更准确地理解受众需求与内容契合度，也便于及时对电视新闻节目进行调整和优化。此外，传统媒体通过微信平台进行问卷调查和栏目测试等活动，能够有效提升新闻内容的质量，从而吸引更高的受众收视。这种方法利用了微信的互动性和广泛的用户基础，提高了新闻内容生产的质量和效率，同时使媒体与受众之间的沟通更加直接和高效。

第二节　数据新闻的制作与生产

数据新闻作为一种新兴的新闻生产形式，由美国学者于2006年在大数据与互联网技术背景下的理论提出，自2012年起，在中国新闻学领域受到了广泛的关注与深入探究。该领域的最显著贡献在于其引入了创新的新闻生产和制作方法。通过结合计算机技术和大数据分析，数据新闻改革了传统的采访和写作流程，呈现出一种与传统新闻采编方式截然不同的新闻制作过程。在媒介融合的当代环境下，数据新闻以其独特的形式成了一种融媒体新闻产品，有效地促进了信息的传播。

中国在数据新闻领域的探索与发展较西方而言略显滞后，其生产过程中对编程及计算机技术的依赖提高了生产的技术门槛，从业者关于数据新闻生产所需的技术能力和思维方式尚不足够。近年来，随着短视频等较低门槛的融媒体新闻产品的出现，数据新闻的关注度有所下降。然而，数据新闻通过大数据分析实现的新闻呈现方式，展现了其在新闻专业性和客观性方面的独特价值。因此，掌握数据新闻的制作技能成为新时代记者职业发展中的一项重要技能。

一、数据新闻的界定与发展历程

（一）数据新闻的由来与界定

数据新闻的概念最早由美国《华盛顿邮报》的软件工程师及"每个街区"网站创始人阿德里安·哈罗瓦提在 2006 年提出。哈罗瓦提主张，通过计算机技术处理原始数据，媒体能够为公众提供深度且具有参考价值的报道，帮助人们深刻理解周围的世界。他提倡发布结构化且机器可读的数据，以补充以叙事为核心的报道，应对媒体变革的需求，这开辟了新闻采集与报道的新路径。

随后，新闻界对数据新闻进行了持续的探索和实践，使其发展成为一个新兴且充满活力的新闻类型。《数据新闻手册》作为专门讨论数据新闻的第一本书籍，在 2011 年伦敦"莫斯拉节"期间的一个 48 小时工作坊中由国际数据新闻社区共同编写而成，标志着这一领域的进一步成熟。该手册简洁地将数据新闻定义为"用数据处理的新闻"，强调了数据新闻是"数据"与"新闻"这两个概念的结合。[①] 它指出，数据新闻通过融合传统的新闻敏感性、说服力的叙述技巧与大量的数字信息，创造出新的表达可能性。这种可能性体现在利用数据挖掘、分析和统计方法从大数据中挖掘新闻线索，并通过可视化技术展现新闻故事的创新报道方式。

（二）数据新闻的发展历程

数据新闻作为一个综合性的新闻报道类型，其背后蕴含着一系列历史发展阶段和不同的新闻实践形式。学术界对此的研究揭示了数据新闻并非孤立的概念，而是具有丰富的历史继承和发展脉络。它的前身可以追溯到"精确新闻"，并随着时间的推移逐步演化为包含"计算机辅助新闻""数据库新闻""数据驱动新闻""大数据新闻"等多个发展阶段和具体类型的综合新闻报道方式。

1. 精确新闻

精确新闻作为数据与新闻结合的起点，标志着新闻报道方法论的一大进步。在 20 世纪 60 年代美国调查新闻的初期阶段，记者开始利用社会科学的方法，如抽样调查数据，来辅助深度调查报道。1973 年，菲利普·迈耶（Philip Meyer）出版的《精确新闻学：记者应掌握的社会科学研究方法》一书中，首

---

① 数据新闻手册［EB/OL］.［2024-03-25］.http://datajournalismhandbook.org/chinese/intro_0.html.

次将"精确新闻"定义为将调查、实验和内容分析等社会科学研究方法应用于新闻报道实践的过程。[①]这种方法论的引入,不仅使新闻报道在追求事实真相的过程中变得更为客观和全面,而且还极大地扩展了新闻报道的方法和视角。通过抽样数据的收集与计算机的量化分析,新闻工作者不仅仅是报道事实,更是以一种更精细、全面的方式参与到社会问题的探讨和解析中,从而为公众提供更加深入和多角度的信息。

2. 计算机辅助新闻

计算机辅助新闻(Computer-Assisted Journalism),尽管在命名上出现的时间晚于"精确新闻",但其实际应用却早于后者,为精确新闻的发展奠定了基础。早期,计算机技术在新闻行业中的应用相对有限,主要依靠技术专家对数据进行分析,而新闻机构对计算机的作用和重要性并未给予充分的认识和强调。

随着 20 世纪 90 年代计算机技术的迅猛发展及其日益普及,计算机在新闻制作领域的应用变得更为广泛,其精确性和深入程度也显著增强。起初,计算机辅助新闻报道主要聚焦于对调查性数据的分析,提供了有力的证据支持调查性报道。但随着技术的进步,计算机的功能经历了显著扩展,应用领域不仅覆盖报道本身,还延伸至数据源的梳理、深入的调查研究乃至利用社交媒体资源进行在线采访等更广泛的领域。

计算机技术在新闻制作的各个阶段发挥了关键作用,这包括新闻素材的收集、采访、素材整理和报道的最终撰写。这种应用可以概括为"4R"原则,即计算机辅助报道(Computer Assisted Reporting)、计算机辅助研究(Computer Assisted Research)、计算机辅助参考(Computer Assisted Reference)以及计算机辅助聚谈(Computer Assisted Rendezvous)。这四个原则共同体现了计算机技术在新闻报道过程中的全方位影响,极大地提升了新闻报道的内容质量和工作效率。

3. 数据库新闻

数据库新闻代表了计算机辅助新闻应用的一种更专业化形式,其核心在于利用计算机技术主动搜索新闻线索、证据和素材。区别于初期的计算机辅助新闻,数据库新闻阶段的媒体机构已经开始建立或与其他机构共同建立专用数据库,或通过申请、购买等方式获得政府、企业等第三方机构的数据库资源,使之成为新闻报道工作流程中的专用工具。在这个阶段,"数据库新闻"不仅是计算机技术应用的延伸,更是向"专业化数据利用"阶段的深化。在此过程

[①] 菲利普·迈耶.精确新闻报道记者应掌握的社会科学研究方法(第 4 版)[M].肖明,译.北京:中国人民大学出版社,2015:96.

中，"数据"成了一个关键性的概念，并且被显著地提及。这种变化为记者提供了更主动挖掘、搜索和利用数据的可能，使记者不再完全依赖技术人员的协助，增强了记者在数据处理和分析方面的能力。

然而，由于记者的核心工作依然是新闻报道，因此在数据库新闻中，数据分析和呈现通常还是作为辅助手段，辅助于传统新闻的表现形式如文字和视频。即使数据在新闻制作中扮演了更加重要的角色，其最终呈现形式仍旨在支持和增强传统新闻报道的内容和深度。

4. 数据驱动新闻

在数据新闻的诸多阶段和类型中，数据驱动新闻以其对数据的重视程度和运用方式，标志着数据新闻概念的深化和专业化。狭义上讲，数据驱动新闻是数据新闻领域的核心，它将"数据"置于与"新闻"同等重要的位置，甚至在某种程度上，数据成了推动新闻产生的关键动力。这一阶段的数据新闻突破了以往仅仅作为辅助工具的角色，使数据成了新闻生产过程中的主导因素，代表了对传统新闻生产方式的根本性创新。这种创新主要体现在新闻采访和报道写作这两个关键环节之中。在新闻采访阶段，数据驱动新闻的实践不仅限于对已有数据库的挖掘，而是扩展到了利用各种软件技术和合法途径，在全球互联网范围内进行数据搜索，这包括社交媒体平台如微博、微信等，使从官方到民间的各类数据资源都成为新闻线索的潜在来源。

在新闻写作阶段，数据驱动新闻的影响更为显著。传统的文字和视频报道逐渐让位于更为直观的数据可视化形式，如图表和图形，其中数据不仅是支撑证据，更是成为主要的呈现内容。文字描述、解说或其他形式的内容转而充当对数据可视化结果的辅助解释，以帮助受众更好地理解和吸收信息。[①]这种方法不仅提升了报道的信息量和深度，也极大地丰富了新闻的表现形式，为受众提供了更加直观、互动和多维度的信息体验。

5. 大数据新闻

大数据新闻标志着数据新闻的发展进入了一个全新的维度，不仅仅关注于数据的采集和新闻的生成，而是扩展到了数据在新闻的传播和消费过程中的角色，通过数据建立起传播者与受众之间的连接，从而形成一个广泛的数据社会网络。在这个网络中，用户的数据被广泛而精准地收集，社会各个领域的数据被开放使用，数据的驱动和应用变得更加智能化，计算机技术在很多环节上开始替代传统的人力工作。

---

① 苏宏元，陈娟. 从计算到数据新闻：计算机辅助报道的起源、发展、现状 [J]. 新闻与传播研究，2014，21（10）：78-92，127-128.

大数据新闻展现出了三个关键特点：首先，数据的广泛开放和深入利用使数据新闻的产量呈现出海量化的趋势；其次，数据的共享促进了新闻选择和推送的双向发展，实现了针对用户个性化需求定制新闻内容的可能；最后，计算机技术的应用使在新闻生产过程中挖掘出了一些规律，推动了新闻生产向智能化的转变。

因此，大数据新闻可以视为数据新闻在发展上的高级阶段，也代表了数据新闻从纯粹的新闻制作领域向更广泛的社会生活领域的扩展。它不仅改变了新闻的生产方式，还深刻影响了信息产品的传播、服务及消费模式，构建了一个涵盖社会生活多个方面的信息生态系统。然而，大数据新闻的完全实现仍然是一个渐进的过程，目前所讨论的数据新闻制作和生产主要集中在之前的阶段，未完全触及大数据新闻的广泛应用和深远影响。

二、数据新闻的选题与数据采集

在数据新闻的生产过程中，分为前期采访与后期写作两个关键阶段。前期工作主要包括新闻的选题策划、数据事实的采集，后期工作则是数据事实的呈现。

（一）数据新闻的选题

数据新闻选题阶段要求对潜在的新闻主题进行细致的选择、规划和讨论。由于数据新闻的制作通常比常规新闻报道需要更多的资源和劳力，因此精确且周密的选题规划成了整个制作流程的关键起点。

1. 选择的原则

在数据新闻的制作过程中，选题的广泛性和深度性是至关重要的。多数从事数据新闻制作的专业媒体倾向于挑选那些具有重要性和严肃性的主题，反映出数据新闻作为一种深度报道工具的角色，它利用具体的数据和直观的图像来揭示社会中值得关注的议题和现象，符合数据新闻将新闻学与社会学相结合的特点。

数据新闻的选题原则主要围绕以下四个方面：

（1）重要性：优先考虑具有重大社会影响和严肃性的主题。

（2）广泛性：覆盖面广，包括政治、经济、军事、文化和社会等多个领域。

（3）时效性：关注当前发生的重要事件或热门议题。

（4）深入性：在选题时寻找可以深度挖掘数据信息和价值的机会。

例如，《卫报》通过其数据新闻作品《维基百科伊拉克战争日志：每一次死亡地图》使用维基百科的加密数据展现了伊拉克战争的伤亡情况，引起了公众的广泛关注，这个报道在社会上产生了显著影响，甚至促成了英国政府决定从伊拉克撤军。《时代周刊》的《我们住在哪里？》通过数据可视化强调了美国人口密度的分布情况，也是一份有着重要社会价值的数据新闻作品。

国内方面，"财新数据新闻"团队曾获得2018年全球编辑网络（GEN）颁发的"全球最佳数据新闻团队奖"，其作品通常聚焦于具有时效性和社会价值的问题。比如，针对2013年山东青岛输油管道爆炸事件，财新的数字团队通过使用青岛管道地图绘制，清晰展示了爆炸区域及其原因。另外，为纪念北京奥运会举办10周年，财新推出了《场馆们的后奥运时代》，通过地图上的地点链接和现场照片数量数据，对比展示了奥运场馆10年前后的使用情况，[①]这些都体现了数据新闻在选题和呈现上的深入性和广泛性。

2. 选题的类型

在数据新闻的创作中，选题不仅是创作流程的起点，而且在很大程度上决定了新闻作品的影响力和传播效果。作为一种深入探讨社会议题的报道形式，数据新闻的目标是揭示事实背后的深层含义，促使公众更新和加深对社会现象的理解。这要求其选题具有深度和社会价值，既可以是公众熟悉并认可的议题，也可以是需要记者通过研究和探索发现的新话题。基于这种需要，数据新闻的选题可以大致分为两种类型：限定选题和非限定选题。

第一类"限定选题"，主要围绕特定的政治、经济或社会需求来展开，这些需求可能来自上级宣传部门的报道要求、市场和客户的特定需求或媒体自身的报道经验和新闻敏感度。这类选题通常具有明确的主题和目的，工作重点在于深入解析所给选题，进而生产出符合预期目标的新闻内容。

第二类"非限定选题"，则没有具体的主题或需求作为指导，需要记者主动挖掘和发现具有新闻价值的信息。这种选题方式更具有挑战性，它要求记者具备高度的洞察力和创新能力，以发掘和确立值得报道的新闻话题。虽然"非限定"意味着较大的自由度，但选题过程仍然需遵循媒体的相关规定和标准。特别地，在数据新闻的领域，记者除依靠传统的新闻直觉外，还可以通过对现有数据的持续监控和分析来识别新闻线索，从而发现具有深度报道价值的主题。这一方法使数据新闻的选题过程与传统新闻在方法论上产生了显著差异，展现了数据新闻独特的选题策略和创新潜力。

（二）数据采集

一旦选题确定，数据新闻制作便进入了至关重要的数据收集阶段。这一阶段不仅是数据新闻生产流程中的一个关键步骤，也涉及采集数据的具体方法和技术。在数据采集的过程中，主要采用两种常见的手段：网络搜索和数据

---

① 场馆们的后奥运时代［EB/OL］.［2024-03-25］.http://datanews.caixin.com/interactive/2018/olympics0808/.

抓取。

1. 网络搜索

网络搜索作为现代新闻记者的一项基础而关键的技能，主要依赖于各大搜索引擎或专业数据库网站，通过互联网搜索信息。在全球范围内，谷歌（Google）是使用最广泛的搜索引擎，而在中国，百度（Baidu）则占据主导地位。除此之外，还有其他搜索平台如美国的雅虎（Yahoo）、中国的搜狗（Sogou）和360搜索等。有效的网络搜索不仅需要熟练掌握搜索引擎的使用，还涉及一系列寻找更丰富和有价值信息的策略。

进行网络搜索时，常用的方法是关键词搜索，这也是最直接的方式，用户只需在搜索框中输入一个或多个关键词，搜索引擎便会从其索引数据库中检索匹配的网页。此外，还可以进行非必需关键词搜索，即不固定于单一关键词，而是输入多个可能相关的词汇，使用"or"或空格分隔，或利用高级搜索功能同时查询多个关键词，增加搜索的广度和可能性。特别地，利用域名进行搜索可以更精确地定位到特定网站上的信息。在搜索引擎中，通过使用"site："语法加上网站的域名，可以仅搜索该网站内的相关内容。这种方法在查找特定来源的信息时极为有效，甚至可以应用于社交媒体平台上的搜索，例如，在Twitter上通过在关键词后添加"site：twitter.com"来筛选出仅在Twitter上发布的内容。

2. 数据抓取

数据抓取，也是广为人知的网页抓取或网络爬虫技术，是一种高级且专业化的数据采集方法。通过编写电脑程序，这种技术能够自动从各种网页或公开的数据源中提取文字和数据，并将其转换成易于分析处理的格式。数据抓取的有效实施基于两个核心条件：首先是对广泛可获取的公开数据资源的依赖；其次是新闻工作者对相关抓取技术的掌握和应用能力。

随着信息技术的快速发展，越来越多的数据被机构和组织通过互联网平台公开，使熟练掌握编程技能的记者可以利用数据抓取技术作为获取、分析数据的有效手段。数据抓取技术的应用不仅提升了数据新闻的生产效率，也极大地拓展了新闻报道的深度和广度。

在实践中，数据抓取通常借助于编程语言如R或Python开发的爬虫程序完成，这些程序能够自动化地访问网页，提取所需信息。此外，市场上也提供了多种现成的软件和基于网页的工具，如Helium Scraper、Import.io、Parsehub、Web Scraper等，它们为不具备深度编程知识的用户提供了便捷的数据抓取解决方案。在中国，数据新闻工作者常用的工具包括八爪鱼采集器、火车头采集器、狂人采集器、集搜客采集器等，其中"八爪鱼"因其简易的操作界面受到广泛欢迎。云端技术的发展还带来了如"云爬虫"等新兴的数据抓取工具，进一步降低了数据采集的技术门槛，为新闻制作提供了更多的可能性。

3. 数据来源

数据新闻的制作依赖于从各种综合性或专业性的数据库网站中获取数据，这些数据库成为选取新闻来源的关键。数据的来源极为广泛，涵盖了政府统计数据、企业数据、研究机构发布的信息、国际组织的报告、新闻报道、各大门户网站、搜索引擎提供的数据、社交媒体平台、民意调查结果以及记者个人的数据收集等。其中，政府发布的数据、专业机构的数据库资源，以及新闻机构自建的数据库是常见的数据获取方式，这些数据来源因其权威性、系统性和可靠性而被广泛应用于数据新闻的制作中。

（1）政府及相关机构是主要数据来源。在当前的大数据时代，政府及相关机构提供的数据库成为数据新闻的一个重要来源。许多先进信息国家已经建立了自己的官方数据库，这些政府数据库通常是该国最权威和最全面的综合信息资源。通过这些公开的数据资源，新闻媒体能够获得大量的权威、可信的信息，这些信息的获取方式通常相对简便。在中国，随着政府及相关机构数据资源的逐步完善和开放，这类数据资源同样成了国内数据新闻制作的主要来源之一。国家统计局推出的"国家数据"平台就是一个典型例子，该平台不仅提供了一个丰富的数据资源库，而且还通过网站、手机应用程序以及微博和微信账号等多种渠道进行信息的发布，极大地方便了数据的获取和应用。①

（2）非官方的独立机构建立的数据库。除政府提供的数据资源外，由个人或独立机构创建的数据库也在新闻制作中发挥了重要作用。这些由专业机构或个体长期精心编纂的数据库，因其内容的权威性和专业性，已经赢得了媒体界的广泛认可和利用。与官方数据库相比，独立数据库提供的数据往往涵盖更具体的领域，且使用起来更加便捷，因为它们通常基于明确的服务提供者与使用者之间的关系而构建。例如，ProPublica 或者芝加哥论坛报一名优秀的数据新闻记者瑞恩·墨菲所做的政府雇员薪资数据库。这个项目收集了 66 万名政府雇员的薪水情况且建立了一个数据库以便用户检索，同时帮助人们从中挖掘故事。你能按机构、姓名和工资去分类检索。它十分简单但又很有意义，把这些平时接触不到的数据公之于众。它使用简单还能自动生成许多故事。

（3）个体或机构自身建立的数据库。随着时间的推移，媒体发现仅依赖外部机构提供的数据在实际操作中存在诸多不便，尤其是当政府数据开放度不足或某些敏感话题数据难以获取时，这种依赖显得尤为突出。因此，越来越多

① 参见中国国家统计局官方网站：http://data.stats.gov.cn.

的媒体开始通过整合各种数据来源，自行建立和维护自己的数据库。这种做法不仅可以更好地满足数据新闻制作的需求，还能在一定程度上克服数据开放性不足带来的限制。

在中国，尽管媒体自建数据库的情况相对较少，但随着数据新闻影响力的增加和对数据依赖性的加深，预计将会有越来越多的媒体机构开始重视并投资于自身数据库的建设和完善。这不仅能够提升新闻报道的质量和深度，还能增强媒体在数据新闻领域的自主性和灵活性。随着技术的进步和数据文化的发展，自建数据库将成为媒体竞争力的一个重要标志。

（三）数据采集的职业道德

在数据新闻的制作过程中，数据采集技术的广泛应用带来了对隐私保护和职业道德的新挑战。为确保数据采集活动既合理又合法，新闻行业强调必须严格遵守相关法律规定和伦理准则，避免侵犯个人或机构的隐私，保护数据安全，以避免造成不必要的伤害或泄露敏感信息。

在实践中，数据新闻工作者通常向那些提供正当授权的数据来源收集信息，例如，通过向公认的数据采集平台如 Helium Scraper 支付费用，或利用向公众开放的数据源，如英国国家统计局和世界银行等。这样的做法不仅确保了数据的合法获取，也保证了新闻报道的客观性和可靠性。

加拿大广播公司的程序开发员兼新闻教授威廉·沃尔夫·维利（William Wolfe-Wylie）指出，新闻记者在进行网络信息采集时，遵循法律是区分其行为与黑客行径的重要标准。对于记者来说，深入理解并严格遵守与数据采集相关的法律规定至关重要。具体而言，这包括以下三个基本原则：

（1）避免获取或使用受法律保护的私密信息。

（2）尊重个人隐私，避免未经授权的信息获取或使用。

（3）在大多数情况下，应公开记者的身份。西方新闻实践认为，在无法通过公开渠道获取但对公众利益具有重大意义的数据时，可以在满足一定条件下采取隐秘采访手段。[①]

三、数据新闻的数据处理

尽管数据的外表可能显得冷酷且枯燥，包含的信息量庞大而难以驾驭，这常常导致许多新闻记者对其敬而远之。然而，数据实际上就像是为媒体提供真实证据的一位信息提供者，提供的信息既应被尊重也必须经过细致的分析与处理。记者应当以一种专业的态度去处理这些数据，就如同对待其他形式的事实

---

①Nael Shiab. 记者采集网络信息的职业伦理问题［EB/OL］.［2024-03-25］.https：//cn.gijn.org/2015/09/07.

证据一样。

获取数据仅仅是数据新闻制作流程的起始阶段。一位出色的新闻工作者必须认识到，虽然从海量数据中寻找并获取有价值的信息是一项挑战性工作，但正是在这一过程中发掘出了能够揭示深层真相的数据，构成了新闻工作者对数据挖掘热情的根本所在。因此，在开始处理所采集的数据之前，应该明确以下三个关键点：首先，明确报道的目标，并决定将使用哪些数据来支持这一目的；其次，认识到所采集的数据仅是原始材料，并非直接等同于事实本身，因而需要进行适当的清洗和整理；最后，理解到所获取的数据仅是众多可能数据中的一部分，总有一些重要信息尚未被发掘。这一认识能够促使新闻工作者持续追求更全面、更深入的数据探索。

（一）明确数据使用的目的

在数据新闻的制作过程中，明确数据使用的目标是至关重要的一步。这个过程很像是记者带着具体问题去现场采访一样，必须明白自己想通过数据揭示什么问题，达成什么样的报道目的。就如同对待一个信息源那样，记者需要对数据进行"提问"，并在设定了合适的记录参数和变量后，数据才能够提供针对性的回答。因此，在着手选择数据之前，记者应该先确定报道想要传达的核心论点是什么，希望通过数据证明什么，这通常要求记者以一种回溯性的思维方式来进行。具体操作是，首先列出报道通过数据想要支持的论断；接着确定为了支持这些论断需要获取和分析哪些具体的变量和数据。

以《华盛顿邮报》调查警察枪击平民事件的例子来看，记者首先提出了一个关键问题：为何会有如此多的平民被警察枪杀？这些受害者有何共同特点？基于这个问题，他们从数据库中提取了被警察枪杀者的姓名、年龄、种族和死亡方式等信息，以此为基础开始了数据的处理和分析，以寻找死亡案例之间的共性，为数据新闻打下了基础。

然而，这一过程并不能完全在数据采集阶段完成，因为目的性极强的数据获取可能会导致信息的片面性和事实的失真。为了避免为了某一观点而刻意收集数据，记者需要从多个角度、全方位地进行数据的收集。进入数据处理阶段后，可以在广泛收集的数据基础上探索数据间的关联和模式，从而发掘有价值的新闻线索，并在此基础上逆向推理，明确报道的目标和逻辑结构。

（二）清洗数据

清洗数据是处理海量数据中的一个至关重要且充满挑战的环节，它对于完成高质量的数据新闻报道至关重要。在数据收集过程中，难以避免地会遇到数据的准确性和规范性问题，而数据量的增加往往意味着需要剔除更多的无效数据。

　　数据清洗主要涉及三种类型的数据：首先是不准确的数据，这些数据的错误可能会导致最终分析结果的误差，对其进行识别和纠正是数据清洗的关键步骤。其次是格式不规范的数据，或所谓的"脏数据"，这些数据在格式上的不一致性需要通过标准化处理来解决。最后是确定不需要的数据，这类数据的清理相对简单，但前提是必须确信这些数据对分析无用，对于可能有用的数据则应保留备份。

　　为了高效地识别和纠正错误数据，数据新闻工作者所采用的一个有效方法是比较同一对象不同时间点数据的变化值，通过创建频次表来识别和纠正规律性错误。此外，使用数据清洗工具，如"谷歌 Refine"（现改名为 OpenRefine）、微软 Excel、Google 文档等，可以大幅度提升数据清理和标准化的效率，这些工具能够帮助工作人员更快捷、更准确地完成数据的整理和准备工作，为后续的数据分析和新闻报道打下坚实的基础。

（三）补充数据

　　补充数据的过程是尝试更加接近事实真相的一种方法，而非确保其完全无误的保障。以数据采集的数量增加为例，虽然采访更多的人或收集更多的数据可以提高信息的可信度，但这种数量上的增加只是一种尽可能贴近真相的努力，并不能保证完全达到真相的准确呈现。这意味着，数据新闻中使用的数据并非无懈可击，生成数据的过程中可能会不可避免地引入某些误差，需要对数据进行进一步的补充和验证。

　　《数据新闻手册》中的一个经典例子是《迈阿密先驱报》对佛罗里达州酒驾案件判决的差异性分析。该分析基于法院系统公开的定罪记录数据，并专注于分析监禁时长、拘留时长和罚款金额这三个关键变量。这项分析揭示了不同法官在判决上存在明显差异，有些法官的判决相对严厉，而有些法官的判决则相对宽容。这篇报道发表后，引发了法官界的广泛关注。背后的原因是，有 1% 至 2% 的案件判决记录中没有显示任何处罚措施，这是因为对于一些首次犯罪且处于经济困境的被告，法官可能会选择社区服务作为惩罚手段，但这种信息在数据库中未能得到充分体现，造成了数据的不完整性。为了纠正这种偏差，《迈阿密先驱报》随后发布了更正声明。这一案例强调了直接从数据中进行验证或通过传统采访手段进行实地调查的重要性。[①] 作为新闻报道的一种形式，数据新闻能够与文本报道、图片、视频等其他报道形式相结合，创建出一个多维度的新闻专题，这展示了一种典型的融合媒体新闻报道方式。

---

① 处理数据的基本步骤［EB/OL］.［2024-03-25］.http：//datajournalism handbook.org/chinese/understanding_data_2.html.

（四）数据分析

数据新闻不仅仅是抓取数据、组织文字、制作图表这么简单，很多数据新闻要求采编人员围绕海量数据进行策划分析，用详细而深入的分析来解释和阐述数据的背景、趋势、洞见等，给受众以更多的启示。数据分析方法主要包括以下三个方面：

1. 内容多维度分析

首先，通过对新闻报道的数量、主题、倾向、情感色彩等方面进行分析。其次，对大量新闻样本进行量化处理，以此来了解新闻传播中的热点话题、舆论导向和社会情绪变化。

2. 受众分析法

这是一种通过对受众进行调查、分析和研究，以此来了解受众的需求、偏好和行为特点。通过对受众数据的收集和分析，可以了解受众对新闻报道的认知、态度和行为反应。

3. 借助新闻数据分析软件

新闻传播数据分析还可以借助蚁坊软件等智能的新闻舆情分析软件，自动从大量文本数据中提取有用信息，自动对新闻报道进行主题提取、情感分析、发展脉络、传播影响力、传播层级等数据进行分析，并生成对应的可视化数据图表，如新闻报道的数量、趋势、地域分布等信息。另外，还可根据分析数据结果自动生成分析报告。

在清洗脏数据的基础上，对数据进行描述性分析、探索性分析和验证性分析。在此过程中通常会运用到 CSV、Google Sheets、Microsoft Excel、D3.js 等数据分析技术。此外，Python、R、Adobe Creative Suite、AI/Machine learning 和 Node.js 也是常用的编程语言和数据分析工具。通过分析验证已有假设的真伪，在数据中发现新的特征，以及对未来进行预测。

四、数据新闻的可视化呈现

要想让数据传达效果超越纯文字，就需要抛弃单调的数字表示法，转而采用更为生动和吸引人的展现形式。这就引入了数据新闻中的一种特别表达技巧——数据可视化。数据可视化不仅仅是一个广泛的概念，它也代表着一种视觉传达手段，并且是一个持续进化的领域。随着展示技术的不断革新，数据可视化的方法也在不断丰富和发展。在数据新闻领域，可视化主要是指通过图形化方式，以清晰和有效的方法来传递和交流信息。

（一）数据可视化呈现的方式

数据可视化是将信息以图形或图表的形式展现出来，使复杂的数据集更易于理解和分析。图形和表格的设计旨在帮助更清晰地阐释和理解密集型数据，为抽象数据提供了一个直观的"家"。从历史上看，人们很早就开始利用图形来展示数据。一个著名例子是 1854 年英国医生约翰·斯诺（John Snow）博士创作的《伦敦霍乱图》，这是一项具有里程碑意义的工作。在伦敦霍乱流行期间，斯诺博士通过在包含街道、住宅和公共水井的地图上标记霍乱死者的家庭位置，绘制了霍乱死者分布图，最终锁定了霍乱源头为布劳街的一个公共抽水机。这不仅帮助人们发现了疾病的源头，也是数据可视化史上的一个重要里程碑。[①]

随着时间的推移，数据表示的方式不断创新，尤其是在数据科学领域，基于图表的可视化技术迅速发展，并被有效地应用于新闻报道中。观察国内外数据新闻作品，我们可以看到，数据新闻的主要展示形式包括各种经典的图形和图表，如几何图形图示、数据地图、时间线图、气泡图和词云图等，这些都是当前数据新闻中常见的可视化表现手段。

1. 几何图形图示

在 17 世纪末至 18 世纪初，苏格兰的威廉·普雷菲尔（William Playfair）通过在自己的出版物中引入条形图和饼图，以一种创新且直观的方式展示了苏格兰的进出口数据。这些初步的几何形状图示随后衍生出了更多的变体，如扇形图、环形图和曲线图，它们直到今天仍是数据展示中的基本工具。尽管几何图形图示因其基础性而广泛应用于多种软件中，它们在展示数据时可能因单一性而显得较为简约。因此，为了增强其视觉吸引力和艺术美感，添加颜色、符号和背景等元素变得十分重要。例如，在展示某年度国内高考考生人数的数据时，主要采用柱状图进行展示，但通过加入圆圈、刻度线等图形元素，以及包含时间维度、绝对数值、年度增长率等多重数据点，可以大幅增强图示的表现力和信息丰度。对于饼图或扇形图这样的简单几何图示，通过强调颜色变化、添加数字标注、创建时间动态轴，并引入多层次的比较维度，可以使这些基础图形展现出更多的信息，提升其视觉效果和数据传达的有效性。

2. 数据地图

数据地图，或英文中的"Data Map"，是一种将数据以地图形式呈现的方法，其历史可以追溯到约翰·斯诺的《伦敦霍乱图》以及安德·麦克·古瑞（André–Michel Guerry）在 1829 年制作的第一张定量专题地图。古瑞通过在

---

① 斯蒂芬·约翰逊.死亡地图：伦敦瘟疫如何重塑今天的城市和世界［M］.熊亭玉，译.北京：电子工业出版社，2017：211.

地图上为法国不同地区上色以表示犯罪率的高低，引入了使用地图结合数据进行分析的新方法。数据地图以实地地图为底图，通过颜色、符号和各种几何形状（如点、圈、线、方框）的变化来展示与地理位置相关的数据。

在现代，数据地图的应用范围极为广泛，从全球尺度到校园地图，用于展示空气质量、选举结果、经济增长、财富分布等多种与地理相关的信息。例如，制作一份关于特定时期中国房价变动的数据新闻，可以使用中国地图为底，利用不同颜色、形状和亮度的标记来展示房价的变动情况（如上涨、持平、下降）和具体数值，并将这些信息嵌入相应的地理区域中，从而提供直观的视觉效果。此外，地图上还可以添加互动元素，如超链接，允许受众点击特定城市名称查看详细的房价信息，增强了数据呈现的互动性和信息的可访问性。通过这种方式，受众可以清晰地看到不同区域内城市房价的变化，进而提高了数据新闻的沟通效率和受众的参与度。

3. 时间线图

时间线图是一种以时间为主轴来呈现新闻数据的可视化手段，它利用轴线、弧线、纵线、曲线、箭头等多种线型图示，辅以圈、点、框等几何符号，清晰地传递信息，实现"一图胜千言"的效果，同时满足视觉传播时代用户的偏好。时间线的构建通常基于两个主要维度：一是时间本身，覆盖从世纪、年、月、日到时、分、秒的不同尺度；二是年龄，将数据根据年龄分组来展示和解读。这样的时间线能够揭示事件的变化过程和发展阶段，让新闻叙事变得一目了然。

对于那些跨越长时间段、包含大量信息的新闻报道，采用时间线形式可以有效地简化复杂信息，让叙事更加生动、直观，从而提升新闻作品的吸引力和影响力。例如，BBC 在 2011 年发布的获奖数据新闻项目《世界 70 亿人口：你是第几个出生的人？》通过轴线式时间线图示，展现了从 1500 年至 2011 年世界人口的增长趋势，并预测了 2050 年的人口数量。[1]该项目不仅包括了详细的时间线图示，还设有指向其他文字、图片、视频报道的内部链接，以及一个创新的互动环节，允许用户输入自己的出生日期来查看自己是全球第几个出生的人，并提供了分享到社交平台的选项。这种设计既提供了丰富的信息，又增强了用户的参与感和互动体验。

4. 气泡图

气泡图是一种通过泡泡的大小来代表数据量大小、通过颜色区分不同类别，以及通过泡泡的连接或排列来表示特定关系的可视化工具。这种图表的构

---

[1]The world at seven billion［EB/OL］.［2024-03-27］.https：//www.bbc.co.uk/news/world-15391515.

建和显示原则与散点图类似，只不过气泡图中的数据点是以相对较大的圆形
（"泡泡"）表示的。基于 XY 轴的坐标系统，气泡图将每个数据对象（气泡）
放置在图表上，其横纵坐标位置分别代表了其在 X 轴和 Y 轴上的数值，而气
泡的大小则反映了第三个维度的数据大小，因此它通常由三组数据构成。例
如，瑞典的数据可视化机构 Gapminder 发布的《2015 年世界各国健康与收入
现况》的气泡图中，X 轴代表国家的收入水平，Y 轴表示健康指数，每个气泡
代表一个国家。国家的收入和健康指数确定了气泡在图表上的具体位置，而气
泡的大小则显示了该国的人口规模，作为第三组数据维度。此外，图表通过使
用红、黄、蓝、绿四种颜色来区分亚洲/大洋洲、欧洲、非洲、美洲的国家，
旨在减少视觉上的混乱，提高信息的清晰度和可读性。[①] 这样的设计不仅提供
了关于世界各国健康与收入现状的深入分析，还通过色彩和大小的差异，增强
了数据的视觉表现力和受众的理解度。

5. 词云图

词云图，也称文字云，是一种将文本数据中频繁出现的关键词进行可视化
展示的方法。在处理大量且复杂的文本数据时，由于展示空间的限制，不可能
展现所有文字，因此词云图通过筛选，主要展示了一些高频且具有代表性的词
条，一般控制在一百个以内。词云图的形状多样，可以是云朵形状或其他常见
的几何形状，如正方形、圆形、椭圆形等，甚至可以根据内容需要设计成创意
图形。在这种图示中，词汇的大小直接表示了其出现频率的高低，使受众能够
通过快速浏览图示，迅速把握文本的核心内容。例如，人民网针对党的十九
大报告进行的分析使用了一系列词云图来展示报告中的关键词。首幅词云图
《报告全文高频词分析》，采用了中国共产党党徽的轮廓，突出显示了如"发
展""人民""中国"等报告中高频出现的词汇。接下来的七幅词云图则进行了
更深入的二级搜索分析和对报告中动词的分析，每幅词云图的形状都与其主
题紧密相连，如"人民"相关词云采用房屋形状，"关系"相关词云设计成心
形，[②] 这样的设计不仅展示了数据信息，还融入了艺术表达，使整个呈现既信
息丰富又具有视觉吸引力。

6. 其他

在数据可视化领域，呈现方式远不局限于单一的图表类型，而是常常采用
多种图示元素的综合运用，通过将不同的可视化手段相结合，如气泡图结合时
间线图、几何图与词云图的融合，或是数据地图、几何图和气泡图的三者结合

---

① 分享一个宝藏可视化工具：Gapminder［EB/OL］.［2024-03-25］.https：//zhuanlan.zhihu.com/p/378687934.
② 倪潇潇 . 十九大报告词云解析："发展""人民""建设"出现频率高［EB/OL］.（2017-10-23）.［2024-
03-25］.http：//cpc.people.com.cn/19th/n1/2017/1023/c414305-29604178.html.

等，来丰富信息的呈现和增强受众的理解。此外，随着技术的发展，数据可视化领域不断涌现出新的表示方法，如关系图、热力图、标靶图、树形图、动态数据图等，这些新兴的图示方式不仅增加了展示的多样性，还不断引入新的艺术和创意元素。

在数据新闻的发展过程中，优秀的作品往往不是依赖单一图示类型的展现，而是将多种可视化技术与传统的文字报道、音视频内容、超链接、互动元素等多媒体内容融合在一起，形成一个综合性的融媒体新闻产品。这种做法使受众在获取新闻信息时能够从多个维度进行理解和体验，不仅增强了信息的传递效果，也提升了用户的参与感和互动体验。通过这样的多元化和创意化的表达方式，数据新闻作品能够更加生动、直观地展现复杂信息，使受众能够更加深入地理解和感知新闻背后的故事。

（二）数据可视化呈现的工具

随着数据分析在网络信息传播领域的广泛应用，使用计算机软件进行数据的可视化展示已成为一种必要。这方面的软件应用不断增加，操作也越来越简便。根据国际及国内数据可视化团队的实践经验，下面将概述几种广泛使用的数据可视化工具。

1. 电子表格图表

电子表格软件是数据可视化的基础工具之一，以其易用性和访问性广受欢迎。用户无须深入学习编程或复杂的软件操作，只需将数据输入电子表格并标记关键数据点。通过充分利用自定义设置，可以轻松调整图表的颜色、标题和尺寸。这种工具的设计趋向于中性和标准化，非常适合创建小型和基本的图表。其中，Microsoft Office Excel 是最广泛使用的电子表格软件，提供了一系列标准图表类型，包括条形图、折线图、柱状图和饼图，让数据可视化的过程变得既简单又直观。

2. Power BI

Power BI 是一款主要针对商业市场开发的商业智能服务工具，由微软公司推出。它是一款受欢迎的数据可视化软件，以其简洁的呈现方式和能够与 Excel 无缝集成而闻名。用户可以直接从 Excel 导入数据到 Power BI，在软件中通过选择和设置来轻松创建可视化图表。Power BI 提供了多种图形选项，使用户能够根据需求自由挑选。

3. Google Fusion Tables

Google Fusion Tables（GFT）是一种广受国际媒体欢迎的工具，尤其擅长快速创建详细且可缩放的地图。它允许用户访问 Google 的高分辨率地图，并支持打开高达 100MB 的 CSV 文件，使处理大型数据集成为可能。Google

Fusion Tables 虽然需要一些专业技术知识，主要适合软件开发人员使用，但它生成的地图在专业性和美观度上都具有很高的水平。

4. Tableau Public

Tableau Public 是一款由 Tableau Software 开发的流行数据可视化软件。它设计用户友好，既适合没有深入软件操作经验的用户，也能满足专业人士的需求，具备强大的功能和实用性。使用 Tableau Public 的基本步骤包括连接数据源、创建仪表板、通过拖拽操作生成图表或表格，以及发布最终产品。即使是初学者也能快速上手，制作出复杂的可视化作品，处理的数据量可高达数十万条。相较于 Excel，Tableau Public 提供了更丰富的图形样式和配色方案。

5. 其他

随着数据可视化技术的进步，市场上出现了许多针对特定类型图表的专用软件工具。这些专用工具与一般的通用型数据可视化软件不同，它们为特定类型的数据表示提供了更专业和便利的支持。例如，"亿图（E Draw）"专注于生成关系图和气泡图；"Power Map"擅长于数据地图的创建；而"Wordler"则专门用于制作词云图，并在常规词云图的基础上融入多样的艺术设计元素，让最终的可视化作品不仅信息量丰富，还具有较高的美学价值和创新性。

（三）数据新闻可视化呈现的注意事项

在制作数据新闻时，由于过度依赖数据和计算机技术，有时可能会受到关于缺少活力和人文魅力的批评。因此，从事数据新闻的记者并非仅仅是计算机编程的技术人员，他们应当是集人文关怀、技术能力、社会责任感及深刻思考于一身的新时代新闻工作者。在完成数据新闻的可视化展示时，记者应保持客观和公正，进行全面深入的考量。

1. 可视化设计既要一目了然又要形式多样

在设计可视化内容时，既要追求直观明了，又需保持多样性和吸引力。这个过程类似于从"简化"到"丰富化"的转变。简化意味着将复杂数据精练，去除不必要的装饰如阴影、渐变等，以达到简洁明了的表达目的，避免解读时的干扰。而丰富化则指在简化的基础上，通过多样化的设计手法增加作品的吸引力。设计作品时应注重现代美观和趣味性，避免单一图示的长期使用而导致的视觉疲劳。结合不同的视觉元素，如颜色对比、形状变化、图形（例如LOGO、表情符号、人物肖像、卡通形象等）的创新设计，可以使信息更加生动。此外，利用联想等方法在可视化中添加互动和链接，为受众提供更加愉悦和丰富的阅读体验。

2. 数据新闻不是什么时候都适合

数据新闻并非适用于所有情况。它在某些场合下可以发挥重大作用，而在其他情况下可能只是传统报道的补充，甚至不适宜使用。例如，当一个故事能通过文本和多媒体手段更有效地传达时，孤立的数据和简单图表就显得力不从心；如果手头的数据量不足或数据变化无法清晰解释某个现象时，就难以挖掘出有价值的报道主题。

3. 故事的清楚讲述比绚丽的图示更重要

在数据新闻制作过程中，有些记者可能过分专注于可视化的外观设计，错误地认为图表越华丽、越独特、越美观，其吸引力就越大。然而，数据新闻的核心价值在于清晰地讲述故事和准确呈现事实。正如某位海外记者所强调的，"数据新闻的根本目的是服务于故事的叙述，这是其形成新闻价值的关键所在。"这表明，在评价数据新闻的可视化表现时，其新闻价值的重要性远胜过个人的艺术创作成就。

第七章

融媒环境下新闻的编辑、审稿与发布

第一节　融媒环境下新闻编辑

在融媒体的推动下，新闻产品正经历着一场技术革新，通过大数据、云计算、人工智能（AI）、增强现实（AR）和虚拟现实（VR）等先进技术的综合应用，实现从文字到图像、从静态展示到动态交互，以及从单一维度到多元维度的转变。新闻的编辑和发布过程也趋向专业化，遵循严格的编辑校对流程，实现线上线下的无缝连接，通过大屏和小屏的互动，实现对受众的全覆盖，从而有效提升新闻的传播效果和舆论引导能力。

融合媒体平台整合了大数据、云计算、AI、AR、VR 等最新技术资源，融合了广播电视、报刊、互联网、移动网络、客户端以及多种应用程序，形成了一个具有信息采集、内容编辑、资讯发布及效果分析等全方位功能的媒介综合体，俨然成为现代媒介生产的中心。这样的平台不仅拓展了新闻信息产品的工作流程（见表7-1），也为新闻传播和舆论监控提供了更加丰富和高效的手段。[①]

表 7-1　融合媒体平台新闻信息产品工作流程

	工作流程	能力需求	岗位需求
采集	信息采集	信息采集、信息收录	记者
编审	策划指挥	技术应用	总编、策划、主编
	内容生产	信息分析、信息处理、策划创新	编辑、制作人
	内容审核	编审判断	责编、总编

---

① 反思与超越·川传精品课程展 l 融媒体实战，玩真的！［EB/OL］.［2024-03-25］.https：//mp.weixin.qq.com/s/u827LdMk7U815LDz6dC2ag.

续表

	工作流程	能力需求	岗位需求
发布	融合发布	数据分析、计划制订	数据分析师、播控、主持
分析	传播分析	数据分析、报告撰写	数据分析师、行业研究员

一、融媒体新闻编辑的基本原则

（一）舆情控制原则

在处理网络舆论时，必须在制定策略、采集、编辑及发布等各个步骤中，持续融合舆论意识。对舆论的关注和自我监控是基于网络评价的复杂性，目的是使新闻内容更加贴近真实，贴合公众的期望，从而在引导公共舆论和执行监督职能中发挥关键作用。

随着媒体融合的不断发展，对内容创作的要求日趋一致。对于传统媒体的编辑人员来说，掌握网络法律法规已变得尤为重要。自 2020 年 3 月 1 日实施《网络信息内容生态治理规定》起，针对夸大其词的标题、不适当描述灾难等问题，定义了不良信息的范畴，并要求内容创作者采取相应措施，以预防和避免不良信息对网络和社会环境的污染。

（二）内容为王原则

在新闻发布领域，高质量的内容是构成其根本支柱和主要竞争力的关键所在。坚持内容的正直性是巩固根基的前提，而通过积极创新，媒体可以实现长远发展。对于新闻内容来说，保持其准确性和创新性是同等重要的，融媒体平台需要生产、编辑和发布新颖且有价值的内容，以满足受众的需求并提高用户的忠诚度。正如白岩松在《白说》中所言："在进入互联网时代，每个人都在讨论转型，讨论新媒体是否会取代旧媒体。但有一个不变的规则——内容永远是王道。"①

通过进一步整合和优化新闻内容资源，并利用融媒体的各种新平台根据受众需求进行有针对性的推送，可以吸引更多的受众。例如，《人民日报》在其融媒体平台的数字化升级中，根据突发、经济、政治、军事等不同类型的新闻进行分类和索引，满足了不同受众群体的阅读偏好。

在当今融媒体的背景下，创新新闻内容以增强其吸引力变得尤为关键。随着新媒体技术的快速进步，大量年轻用户已经从传统的新闻获取渠道转向依靠智能手机和其他移动设备上的网络平台，以实时获取最新新闻信息。因

---

① 白岩松. 白说［M］. 武汉：长江文艺出版社，2020：183.

此，为了满足广大受众对新闻内容的不断变化的需求，新闻制作人员需探索多元化的视角和创新的内容表达方式。清华大学王君超教授指出，在历经了传统媒体时代的"渠道为王"、网络媒体时代的"技术为王"以及自媒体时代的"关系为王"之后，融媒体环境的兴起再次强调了内容的至关重要性。[①]

在媒体融合的时代再次强调"内容为王"，意味着在深刻理解媒体融合的政治意义基础上，加强主流舆论阵地，提升主流媒体的舆论引导力。它还意味着，在全球化和社交媒体时代，通过融媒体和融合报道，实现全媒体覆盖，连接全球受众，在国际传播领域争夺话语权；并通过更受国内外欢迎的话语和表现方式，有效讲述中国故事，传播中国声音。例如，《纽约时报》每年投入巨资创作独家新闻内容，显示出高质量内容的重要性。对于那些不愿意或无法适应转型的媒体来说，如果仅仅是重复包装旧的新闻信息，最终只会被时代所淘汰。在这个过程中，融合性的内容创作变得尤为关键，它要求新闻工作者不仅要关注内容的质量和创新，还要充分利用融媒体平台的特性，通过多样化的内容形式和分发策略，来满足不同受众的需求，从而确保新闻内容的广泛传播和深远影响。

（三）台、报、网、端、微联动原则

在执行新闻编辑、风格塑造和布局规划等任务时，必须与新兴传播渠道保持一致，确保各种媒介形式保持其独特性，既相对独立完善，又能相互补充。通过创新性和更符合受众偏好的新闻产品，获得受众的认可和好评。

融合媒体的核心在于充分利用各种媒介资源，在平台整合、技术运用、内容创新、渠道拓展、传播效能、管理调度、用户互动、运营管理及智能化应用等多个方面，对传统与新兴媒体进行全面融合，构建起一种新型的传播体系。融合媒体应密切关注时下新闻焦点，通过结合文字、图片、图表、视频、直播等多种形式，为公众提供服务，解答疑惑，满足信息需求。[②]

二、融媒体新闻编辑创新途径

在融媒体环境下，新闻编辑面对的是快速变化的媒体生态和多样化的受众需求。为了更有效地吸引和服务广大人民群众，新闻编辑可以通过以下三个途径进行创新。

（一）转变传播方式

在融媒体时代，新闻机构面临着前所未有的变革压力，必须从传统的单一

①②王君超．从"中央厨房"看媒体深度融合［J］．理论导报，2017（1）：35，37．

传播方式转变为多渠道、多平台的传播策略。这种变革涉及将新闻内容通过视频、音频、图文和动态数据图表等多种媒介形式进行呈现，以及通过社交媒体和移动应用等现代技术手段进行广泛传播。通过这种方式，新闻机构能够有效地触及并吸引更广泛的受众群体。例如，通过平台如 YouTube、TikTok 进行的视频直播提供了生动的现场体验，而播客则允许受众在多任务处理时保持信息更新。同时，社交媒体平台如推特和微博成为实时互动和新闻传播的重要渠道，新闻机构不仅可以快速发布更新，还可以直接与受众互动，增加新闻的参与度和影响力。此外，通过官方网站和 APP 提供的深度分析文章和个性化内容，新闻机构能够满足那些寻求更深入理解新闻背后复杂性的受众的需求。利用大数据和用户行为分析，新闻机构可以提供定制化的内容，提高用户黏性和品牌忠诚度。这种个性化的内容策略不仅提高了受众的收视率和阅读量，还加强了新闻内容的吸引力和参与度。

（二）提升信息素养

在融媒体时代，随着信息的无限扩散和访问渠道的多样化，公众的信息素养尤显重要。新闻编辑需要承担起提升公众信息素养的责任，这不仅涉及传递事实，更重要的是教育公众如何理解、评估和利用这些信息。

首先，新闻机构可以通过创作教育性内容来增强公众对假新闻和误导信息的识别能力。这包括发布关于信息验证的指南、分析假新闻的产生机理及其后果的特辑报道，以及提供实例教学视频，讲解如何检查来源、验证事实。通过这些内容，公众可以学习到辨别信息真伪的实用技巧，增强其在面对大量未经验证信息时的判断能力。

其次，新闻机构应利用数据可视化工具和交互式内容来帮助公众理解复杂的新闻事件和背后的数据信息。例如，在报道关于政策变动的新闻时，可以结合交互图表展示政策前后的变化及其可能对社会各层面的影响。同样，在科技进展报道中，通过增强现实（AR）或虚拟现实（VR）技术，受众可以更直观地了解新技术的工作原理和应用场景，这种沉浸式的学习体验能够极大地提升公众的理解深度。

最后，新闻机构可以通过设置在线问答和研讨会等互动环节，直接与受众沟通交流。在这些活动中，受众可以向新闻工作者或专家提出疑问，新闻工作者和专家则可以实时回应，解答公众疑惑。这种双向的信息交流不仅能够解决公众的即时疑问，还能促进新闻内容的深度探讨，提升公众的批判性思维能力。进一步地，新闻机构应倡导透明的报道原则，公开报道的来源、方法和可能的偏见。这种透明度不仅能增强新闻的可信度，也能教育公众识别新闻报道中的客观性和公正性，培养他们从多个角度评估信息的习惯。

（三）培养复合型人才

在融媒体时代，新闻机构面临着从传统到现代媒体环境的适应挑战，其中最关键的任务之一是培养能够应对这些挑战的复合型人才。这类人才不仅需要掌握传统的新闻采写技能，还需要精通使用最新数字工具和媒体技术，如数据分析、视频编辑和社交媒体管理。随着技术的快速进步，对新闻工作者的要求已经远远超出了基本的报道和写作技能，他们还需要具备处理和分析大数据的能力，以及利用 AI 和 VR 等先进技术来增强报道的深度和互动性。

为了培养和维持这种复合型人才队伍，新闻机构必须持续地投资于职业培训和发展计划。这包括通过内部培训提高员工对新工具的熟悉度，举办工作坊和研讨会来探讨最新的媒体技术和行业动态，以及与高等教育机构合作，确保团队能够接触到最前沿的教育资源和创新思想。

此外，鼓励跨界合作也成为新闻机构适应融媒体环境的一种重要方式。通过与技术公司、创意设计团队和市场分析师的合作，新闻人员不仅可以获得新的视角和技能，还能引入创新的报道方法和内容形式。这种跨领域的协作有助于新闻内容的丰富性和多样性，同时也提高了报道的精准度和参与感。

培养这样的复合型人才是新闻机构在激烈的市场竞争中立于不败之地的关键。只有拥有能够灵活运用多种技能和工具的新闻工作者，新闻机构才能有效地满足现代受众的多样化需求，提供深度、精准且引人入胜的新闻报道。通过这种方式，新闻机构不仅能够适应媒体环境的变化，还能在竞争激烈的市场中保持领先，有效地引领公众舆论和社会观点。

三、融媒体新闻编辑素养提升策略

在融媒体环境下，新闻编辑的角色需要转变，不仅是新闻的制作人，更应成为新闻内容的策划者和引领者，积极将静态与动态的传播方式相结合，致力于推广高质量的新闻作品。

（一）注重专业素养提升

为确保不传播虚假信息，误导公众，广播和电视新闻编辑在发布新闻之前，必须验证新闻的准确性和真实性。除此之外，编辑还需深入探索新闻深层价值，具有独到的洞察力，能够挖掘新闻背后的深刻故事，增强新闻的社会价值。新闻编辑需具备深度分析和评论新闻的技能，熟练掌握文本编辑、图像处理软件以及音视频剪辑工具，以缩短新闻制作和后期处理的周期，确保新闻的及时发布。

在融媒体时代背景下，随着大数据、场景技术、人工智能等前沿技术的应用，新闻的形态和传播途径不断演变。面对这些变化，融媒体新闻编辑应坚持新闻行业的职业伦理，向公众提供真实、公平的新闻报道。互联网技术的进步促进了我国媒介环境的整合与提升，大数据、场景技术和人工智能等技术在当前阶段被广泛应用，标志着媒介融合的时代已经到来。在任何情况下，作为主流媒体的新闻工作者，坚守服务公众的宗旨和追求新闻真实性的核心价值是永恒不变的。

（二）立足用户需求

在融媒体时代，主流媒体的新闻编辑应重新审视并强化"面向公众"的理念，积极担负起揭示真相、遏制错误信息传播、捍卫社会正义的重要使命。编辑应当结合来自"基层"的声音和"精英"的视角，探寻并展示属于广大民众的信息。对于民生新闻，新闻编辑需重点关注医疗、教育、住房、交通等广泛关注的主题，深入挖掘民生新闻的内涵，发布关于生活知识、创业与就业指导的报道，确保关系民众福祉的新闻能够广泛传达、深入人心。

进入 5G 时代，视频内容已经成为主流的传播媒介。因此，新闻从业者不仅需要具备出色的文字编辑和图片处理能力，还应精通视频新闻和直播节目的制作。例如，人民网的"融媒工作室"专栏就包含了"人民发布""人民日报评论短视频""谈图不凡""金台点兵""正青春""警观""及时雨""人民 da 卡""丝路融媒""美丽中国""小康融媒""税务融媒"等多个板块，通过文字、图片、视频等多种形式展现，覆盖了政治、军事、经济、历史、文化、教育、旅游、观点、产业交流等多个领域的内容。这种多元化、跨媒介的内容生产方式，不仅能满足公众的多样化信息需求，也展现了新闻编辑在融媒体时代下的广泛服务职责和能力。

（三）立足市场需求，丰富编辑方式

在融媒体时代，新闻传播方式正在经历重大变革，要求新闻编辑不仅要快速适应市场需求，还需要丰富编辑方式来增强与受众的互动和参与。新闻编辑现可利用现场直播、虚拟现实（VR）技术、数据可视化技术和大数据分析等前沿技术，以创新的方式呈现新闻内容，同时通过分析受众的行为数据，包括他们常浏览的新闻栏目、使用的设备、地理位置、年龄与性别分布以及互动反馈如评论、点赞、分享或弹幕，来深入了解受众偏好。这种对技术和市场需求的快速响应不仅是新闻工作者面对的机遇，也是挑战。在这个环境中，传统媒体的影响力正在逐渐向新媒体转移，要求新闻编辑在保持新闻专业性和质量的同时，也必须创新内容形式和传播策略。为了保持和增强在融媒体时代的话语权，新闻编辑需要树立正确的新闻传播和舆论导向观念，持续深化对新媒体新闻传播技能的理解和应用。

编辑应专注于新闻内容的采集、编辑和质量把关，确保新闻内容贴近实际、贴近生活、贴近大众。通过这种方式，主流媒体不仅能保持其影响力，还能促进健康和正面的新闻传播环境。这要求新闻编辑不仅要精通传统新闻制作技能，还必须掌握新媒体技术，以适应不断变化的传播环境，并确保主流媒体在融媒体时代依然能够有效地引领公众舆论和社会观点。

第二节　融媒环境下新闻审稿

在融媒体环境下，发布新闻之前的审核流程是既严格又详尽的，实施了一套"三审制"程序：首先由责任编辑或制片人进行初审，随后部门领导对内容进行复审，最终由总编辑作为最后的审核关卡。对于一些关键的媒体平台，例如人民网和新华网，他们在坚持正确的舆论导向的同时，还严格遵循传统与新媒体的统一管理要求，实行"三审三校"制度，规范新闻标题的制定和正文的审阅校对，强化网络活动的管理，并完善问责制度。

一、融媒体新闻报道的审查

（一）做好新闻把关人

在融媒体时代，新闻审核工作变得更加多维和复杂，主要分为以下几个方面：编辑的动态审核和关键节点审核、系统性审核与互动反馈审核，以及创新内容审核与媒体融合审核等。利用智能化技术进行新闻生产，可以高效处理大量的图文等信息，这不仅大幅度提高了编辑工作的效率，而且有效满足了移动互联网用户对于信息量大、类型多样的需求。

进行定期的大规模审核，旨在全方位检查采编各环节的正确导向和责任履行情况，全面审查从采集、编辑到校对的整个流程，识别和解决关键环节中可能出现的问题。在编委会的统一指导下，对采编工作的正确导向、责任履行情况进行全面检查，包括但不限于采集、编辑、校对流程的执行，印刷过程的规章制度执行情况，以及编辑部门与印刷厂之间的衔接工作。此外，还将对策划、采集、编辑、校对、审核、排版、印刷、发行等全流程中关键环节的问题进行逐项排查，实施链条式的审核工作。

（二）新闻把关新变化

在媒体融合的背景下，对于传统媒体而言，其挑战不仅是技术的渗透和资源的整合，更关键的是新闻编辑在审核过程中的选择和取舍。面对当前新闻审核转型所面临的困惑，深入分析和研究融媒体环境下新闻审核的新路径，对于引导新闻内容的价值导向具有重要意义。

1. 搜索引擎 + 人工编辑聚合

在媒体多元化的价值观冲击下，传统媒体的新闻审核面临着前所未有的挑战。为了适应媒体市场化的需求，编辑需要不断提升对市场的敏感性。这种市场竞争和多元价值观的双重影响，导致编辑在新闻审核时可能会有所摇摆不定。例如，在 2021 年经历延期后举办的东京奥运会期间，搜索引擎如百度在用户搜索"奥运""奥运会""奥运金牌榜"等关键词时，会自动在搜索结果上方展示专题网页，这种结合搜索引擎技术与人工编辑内容的方式，为用户提供了丰富而精准的信息聚合服务。这不仅展示了技术在新闻审核和内容聚合中的应用，也反映了新闻编辑在融媒体时代需要采取的灵活多变的审核策略。

2. 技术渗透与人本观念结合

在新闻编辑和审核的过程中，传统的做法很大程度上依赖于编辑的实践经验和个人价值观对信息的筛选。将人本主义理念和对新闻职业理想的追求融入新闻信息的筛选过程，反映了编辑对社会责任的重视。同时，尽管算法分发和人工智能技术能够加强新闻的审核和引导价值观的传播，其适用性仍有限制。AI 合成的主播和机器人写作虽能在一定程度上客观呈现事实，但目前这些技术更多的是作为编辑工作的辅助，人工智能的运用还需依赖于人的判断和指导。无论是节目的策划还是信息内容的创作，都需要在人工智能的帮助下，以以人为本的理念为指导来进行。

媒体通过利用大数据和人工智能技术，可以建立和完善社会舆情数据库和案例库，提高自动化信息抓取和语义分析的能力，实现对社会舆情的实时监控和提醒。例如，在 2021 年 7 月河南省遭遇严重洪涝灾害期间，极端降水导致多地灾情紧急。当腾讯在线文档中的"救命文档"受到广泛关注并获得网友点赞时，腾讯文档迅速开发了"河南救灾专题"的在线文档，提供了包括《河南洪灾紧急求助信息登记》《河南籍学生受灾情况调查》《河南籍员工家庭受灾情况统计》在内的 55 个模板，使求助变得更加方便，并通过科技手段服务于公众。此外，腾讯文档还及时推出新的模板，使网友使用更为便捷。①

（三）新闻把关新路径

在融合媒体环境中，平台可以利用大数据和人工智能技术来构建和完善对社会舆情的数据库和案例库，增强信息自动捕获和语义分析的能力。这样，就

---

① 郭玲. 突发事件中信息聚合与社会动员研究——以河南省郑州市雨灾期间在线文档《待救援人员信息》为例［J］. 新闻研究导刊，2021，12（16）：142–144.

能在微博、微信、移动客户端以及传统采编等多个平台上发布舆情预警，实现多角度的展示，以便进行实时的监控和提醒。

1. 动态把关与节点把关

为了有效地进行价值引导，新闻编辑需要扩展审核的范围，将审核贯穿于信息生产的整个流程，从而建立起对系统规划的意识，实现与信息共生产、与舆论同步变动。通过动态审核和关键节点审核的相互配合，编辑不仅能深入探寻信息变动背后的深层含义，还能促进内部资源的流通，触及信息传播和舆论变化的核心环节，从而创造更大的价值。以自媒体平台为例，如企鹅号、今日头条、网易号、搜狐号和百家号等，它们在后台编辑功能中加入了语法自动检测、修改建议等工具，这些工具不仅提高了内容发布的效率，也保证了发布内容的质量。这种技术的应用，是新闻审核在融合媒体时代新路径的一个体现，使新闻编辑能够更加灵活和有效地对内容进行审核和优化（见表7-2）。

表7-2　自媒体平台的语法自动检测、修改建议功能

自媒体平台	AI文章检测	备注
腾讯内容开放平台	诊断助手	目前，诊断助手能够识别和支持解决如下一系列内容质量问题：包括标题党现象、拼写错误、图片质量问题（如二维码存在、图片模糊、带有水印、人脸裁剪不当等），以及内容或图片量不足等问题。当创作者使用诊断助手后，可以直接点击助手提供的优化建议，进而跳转到相应的建议区域进行详细查看；如果选择"采纳"，平台将自动根据给出的优化建议对内容进行调整。对于没有"采纳"选项的建议，则需要创作者依据提供的优化建议手动进行修改。此外，创作者还有选择"忽略建议"的权利，这将使该建议消失
头条号	发文助手	（1）标题规范检测。如果您的标题不符合《标题创作规范》，发文助手将立即提供提醒，帮助您避免因标题问题导致的审核不通过或内容下架。 （2）拼写错误修正。当内容中存在拼写错误，发文助手将自动匹配正确的词语。您可以选择点击进行单个修改，或者利用一键修正功能，轻松纠正所有拼写错误。 （3）内容配图建议。当内容文字较多且缺少配图时，发文助手能够根据文章的主题智能推荐适合的图片。只需选择喜欢的图片点击即可快速插入文章中，并可通过向右滑动查看更多图片选项

续表

自媒体平台	AI 文章检测	备注
百家号	创作大脑	关键词指数 热点中心 热点日历 以文推图 近似图搜索 版权图片识别 错别字纠错 图片质量检测 图片清晰度提升 AI 生成标题 图文转视频
人民智作	内容检测	检测标题是否存在违规风险 检测标题是否存在敏感信息 检测文章内容是否包含广告垃圾信息 检测文章内容是否包含色情垃圾信息 检测文章内容是否包含违禁涉政信息 检测文章内容是否存在谩骂、灌水等垃圾信息
网易头条	发文助手小易	检查以下项目：标题在 5～30 字内，有正文内容且设置了封面图
搜狐号	无	完全依靠人工审阅，通过速度稍慢
新浪看点	文章检测	文章检测仅帮助优化写作内容，不代表最终审核结果

例如，在人民智作这样的平台上，发布的内容首先需经过人工智能的初步审查。如果内容通过初审，它可以被发布到平台上，但不会立即对外展示，必须接受人工的二次审核。只有当内容通过二次审核后，才会被正式发布，然而这时内容仍旧不提供在线阅读。在第一次和第二次审核阶段，内容的检查仅限于后台进行，外界无法在线访问或浏览。仅有那些通过了第三轮审核，并被标记为"精选"的作品，才会被公开发布供大众阅读。这一系列审核流程，确保了发布内容的质量和合规性，同时也体现了融合媒体时代对信息审核严谨性的要求。

2. 创新把关与融合把关

在融媒体时代，受众个性化的表达形式对编辑的审核权威提出了挑战，情绪化的编辑决策可能引发对后真相事件的关注，而多元化的编辑平台也给审核工作带来了更多技术挑战。例如，一篇关于我国乡村教师现状与困境的新闻报道《用爱心阻断贫困　数说我国乡村教师现状与困境》，通过图文并茂、数据可视化的方式展示，增强了文章的吸引力和易理解性。[①] 这种报道不仅依赖于新闻生产者对数据的视觉表现力，而且还体现了他们将复杂数据转换为易于理解视觉信息的能力。

数据新闻的可视化是一种将颜色、形状、尺寸和位置等视觉元素融入报道中，以此重塑数据关系、设定现实认知的视觉框架，并为受众提供明确的解读路径的过程。这不仅需要新闻生产者具备丰富的知识储备和想象力，还要求他们能够精准地引导受众理解和接受报道中的事实。

面对融媒体的挑战，需要创新并实施线上线下结合的"三审三校"制度，通过融合媒体平台对电视台、报社、广播电台以及新媒体等各种新闻内容进行严格的审核，以确保新闻内容的真实性、及时性和舆论导向的正确性。这样的做法有助于新闻机构在多元化的媒体环境中保持其新闻传播的权威性和话语权，同时确保公众接收到的信息是准确和可靠的。

3. 网络舆情与新闻编辑

网络舆情的出现往往是不可预测的。在处理与网络舆情相关的新闻内容时，编辑必须遵循新闻传播的法律法规，积极地进行舆情引导。面对网络舆情，编辑的任务包括进行及时的动态审核和关键节点的精确审核。

在传统新闻编辑流程中，"三校"即初校、复校、终校的基本步骤如下：首先，当新闻稿件排版后，由排版人员进行初步校对，接着制作初稿样本，送至校对部门进行详细校对。校对工作通常由两位不同的校对员负责，进行一次校对和二次校对。经过这两次校对后的稿件成为"一次校对样本"。然后，排版人员根据校对意见修改后再次出样，送校对室进行最终的责任校对，这一阶段的校对员负责对稿件的文字和技术细节进行最后整理，确保稿件的质量，并负责最终审核之前的全文通读。最终，经过校对员"消除错误并校正"的稿件即成为最后的清样。

在融媒体时代，对网络舆情的编辑处理也需引入类似精细化的审核流程，结合现代技术如人工智能辅助的舆情分析工具，来加强对网络舆情的动态监控和即时响应，确保新闻内容既符合法律法规，又能有效引导公众舆论，维护社会和谐。这不仅要求编辑在技术上保持更新，也要求他们在处理舆情时保持敏

---

① 马璐璐.用爱心阻断贫困　数说我国乡村教师现状与困境［EB/OL］.［2024-03-25］.http：//www.xinhuanet.com/video/sjxw/2021-03/31/c_1211092126.htm.

感性和责任心，以确保新闻内容的准确性和公正性。

二、新闻稿件的审校与把关

在融媒体环境下，创新的"三审三校"制度的在线和线下执行方法通过对各类媒介如电视台、报社、广播电台和新媒体等的新闻内容进行细致的审核，确保新闻内容的真实性、客观性和正确的舆论导向。

（一）坚持三审三校

在当前的媒体环境中，从电视台到报社、广播电台，以及新媒体等，发布前的内容审核制度是必不可少的。在我国实施的"三审三校"制度中，从初审、复审到终审以及三次校对的每一个环节都是必须严格执行的，尤其是在电视台，新闻节目的审核过程尤为重要。

1. 严格履行"三审"

在融媒体中心，不同类型的媒介内容通过集中审核的方式进行管理。这样的中心不仅具备全面而强大的内容审核能力，还包括对多级生产和发布过程的审核，管理发布渠道，支持版权保护，实现对第三方发布渠道的内容控制与一键撤稿能力，以及更新内容分发网络平台的内容缓存，并满足宣传管理部门的其他控制要求。

人民号采用机器审核与人工复审的模式，日常需审核大约 2 万篇文章，这要求审核人员不仅要有专业的判断能力，还需要持续的培训。人民号通过注意报道中的 5W 要素缺失、逻辑错误以及过于离奇的情节，并运用传统媒体的信息核实手段，如核实原始链接、多信源验证和与新闻相关人士或现场记者的沟通核实等，对相关内容进行审核。具体到实际操作中，对于娱乐领域的账号，将会对恶意炒作、不实报道、低俗内容和明星八卦进行严格的审核；对于汽车、科技、财经、房产、母婴健康等领域，如果发布的稿件包含大量无实质内容的广告软文将不予通过；涉及色情、暴力内容的账号同样被禁止；对于重大事件、名人逝世、奇闻逸事等敏感话题，都将成为重点审核对象，需要经过多次核实。

2. 认真执行"三校"

所有稿件都必须经过专业校对人员的仔细校对，这些校对人员负责整理稿件的文字和技术内容，监督和检查每一次校对的质量，并对最终的打印样稿进行全面审读，确保校对的准确性。专业校对通常不少于三次，对于关键的出版物如重要图书、工具书或大型项目，校对次数应适当增加，以达到更高的标准和要求，确保内容的准确无误。

在融媒体平台的环境中，校对工作涵盖了稿件的撰写、编辑及发布前的整个流程，主要采用人工智能与人工校对相结合的方式。在机器人新闻写作中，自动收集的数据可能存在错误或虚假信息，从而导致产生的新闻内容不准确，编辑需对生成的内容进行实际核查，确保内容的真实性。虽然网络上发布的内容可以在事后进行修改，但考虑到网络信息的快速传播性和广泛影响力，仅依靠机器校对可能带来严重的负面后果，因此机器校对不能完全替代人工校对。人民网等平台通过严格执行"三审三校"制度，为融媒体的专业发展树立了典范。

（二）实时舆情监测

融合媒体平台通过整合大数据技术、人工智能以及人工监测方法，能够有效地实时监控舆论变化，及时准确地进行舆论引导和处理，促进社会主义核心价值观的传播，努力营造一个清朗和谐的社会氛围。

1. 实时识别并有效处理舆论变化

通过融媒体中心提供的大数据处理、分析、统计推荐、舆情分析及大数据风险控制和营销服务，新闻媒体能够在获取信息时自动识别和评估新闻价值和相关要素，从而筛选出符合新闻生产标准的数据。同时，这些技术还能辨识不适当的内容，如低俗和暴力内容。现在，一些新媒体平台已经具备了初步识别音频、图像以及视频上叠加文字和水印中不当内容的能力。例如，有报道提到一名网民因在河南郑州市遭遇暴雨灾难时，在微信群内公开侮辱河南人民，而被行政拘留十天。这起事件发生在河南郑州市遭受暴雨灾害期间，辽宁省鞍山市公安局高新分局在接到群众举报后，迅速行动，将违法嫌疑人王某某抓获。经过调查，王某某对其违法行为供认不讳，因寻衅滋事行为被行政拘留十日。[①]这一案例表明，实时舆论监控对于及时识别和处理不良信息，维护良好的社会秩序具有重要作用。

2. 将舆情监测贯穿于采编发流程

在融媒体平台中，利用"舆情大数据监测系统"这类大数据分析工具，可以对特定主题进行全面的舆情分析。这包括对全网的舆论态势、特定地区的舆论动向、热点事件的跟踪追踪、用户终端数据以及针对特定信息的定向追踪等的深入分析。通过这样的系统分析，可以有效地对大数据资源池中的舆情信息进行挖掘和处理，及时识别并上报舆情问题，进而形成详细的舆情分析报告。例如，"川传云"融媒体的采编发流程就是通过这样的系统来优化和指导新闻生产的，以确保新闻内容的准确性和及时性，有效应对和管理舆论风险（见图

---

① 张月朦. 河南暴雨后一网民辱骂河南人民被拘留 10 日［EB/OL］.［2024–03–25］.https：//news.china.com/socialgd/10000169/20210722/39784503.html..

7–1）。① 这种方法不仅提高了新闻报道的效率和质量，也增强了媒体对舆论的引导能力和社会责任感。

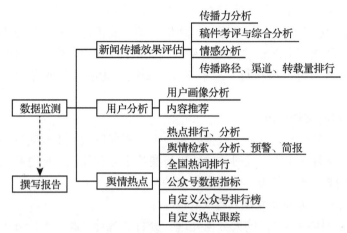

图 7–1　"川传云"融合媒体采编发流程

3. 重视受众反馈及舆论传播走向

随着人工智能技术的不断进步，其在新闻的采集、制作、发布、接收和反馈环节中扮演着越来越重要的角色。技术既是机遇也是挑战，融合媒体平台的运营者、记者和编辑需灵活应对，紧紧掌握新闻及舆论的传播趋势。他们应该以主流的价值观为导向，合理利用"算法"，全面增强舆论引导的能力。2019年 1 月 25 日，习近平在十九届中央政治局第十二次集体学习时强调："没有规矩不成方圆。无论什么形式的媒体，无论网上还是网下，无论大屏还是小屏，都没有法外之地、舆论飞地。主管部门要履行好监管责任，依法加强新兴媒体管理，使我们的网络空间更加清朗。"② 这表明了在新时代媒体环境中，坚持法律法规和正确舆论导向的重要性，强调了在全面信息化时代中，保持网络环境清洁和正面的重要性。

（三）提升审校人员专业标准

随着融媒体与传统媒体的日渐融合，审校人员的选拔和培养标准变得更加严格。尽管审校渠道可能发生变化，但对人员的基本要求与传统媒体保持一致，不会降低标准。融合媒体的目的是在维持传统媒体与新媒体（包括电视、报纸、网络、移动端和微媒体）同等的管理标准下，利用新技术支持，坚持内

---

① 反思与超越·川传精品课程展 l 融媒体实战，玩真的！［EB/OL］.［2024–03–25］.https：//mp.weixin. qq.com/s/u827LdMk7U815LDz6dC2ag.

② 习近平主持中共中央政治局第十二次集体学习并发表重要讲话［EB/OL］.［2024–03–25］.http：// www.xinhuanet.com/politics/leaders/2019–01/25/c_1124044810_4.htm.

容优先的原则，以达到更优的传播效果。面对未来融合媒体的激烈竞争，新闻机构对从业人员的专业素养和职业能力提出了更高的要求。因此，融媒体平台在选拔和培养新闻编辑人员时，应重视加强基础知识和技能的训练，提高他们的专业能力和整体素质，以适应不同新闻材料编辑和创作的需求，为编写高质量的新闻内容打下坚实的基础。鉴于融媒体的快速发展，新闻编辑需持续学习和更新知识技能，优化知识结构，提高自身业务能力，以满足社会发展的要求，培育出具备坚实基础和高超能力的新闻编辑人才。

三、融媒体新闻编辑面临的挑战

融媒体环境的独特性为新闻编辑的语言表达、策划组织以及新技术应用提出了更高的要求。有条件的高等教育机构正通过融媒体平台实施融合媒体的采编发流程训练，目的在于提升学生在新闻语言表达、新闻内容策划以及新技术在新闻工作中的应用能力，同时强化他们在舆情监控、引导及处理方面的综合能力。

针对新闻编辑工作，以下三个方面值得特别关注：

（一）强化资源整合和策划实力

融媒体的发布机制增强了信息传播的效果和影响力，实现了传统媒体与新媒体的高效结合。通过运用融媒体资源管理系统，融媒体平台能够实现资源的多渠道整合和统一管理，利用技术支持对各种信息来源和编辑方式进行统一的管理和共享，以及融合发布。这样，相同的信息可以在同一时间段内通过电视台、报纸和新媒体等多个渠道以不同的形式被发布。

新闻编辑需要具有敏锐的职业意识，能够根据当前的热点事件进行有效的新闻策划。例如，在2021年7月发布的《关于进一步减轻义务教育阶段学生作业负担和校外培训负担的意见》之后，众多媒体机构迅速抓住了这一关注焦点，从政府、学校、社会培训机构、家长和学生多个角度进行新闻策划与报道，有效地缓解了社会各界的担忧，并帮助公众更好地理解与支持该政策的执行。如《中国青年报》在2021年8月19日发表的《"双减"下的"关键"暑期，上海中小学生去哪儿》一文，及时地向学生和家长提供了相关信息和解答，体现了新闻编辑在资源整合和策划方面的能力。[①]

（二）提高新技术的使用能力

融媒体编辑在新闻制作中必须采纳创新的工作理念和手段，利用AI、AR、

---

① 王烨捷."双减"下的"关键暑期"，上海中小学生去哪儿了［EB/OL］.［2024–03–25］.http：//news. youth.cn/sh/202108/t20210818_13175227.htm.

VR 等前沿技术，以实现新闻的直播、多轮次传播和深度再现。以新华社卫星新闻实验室制作的《"神十二"任务全程记录》为例，该作品运用虚拟主播"小净"、合成语音技术和三维虚拟图像，使复杂难懂、遥远的新闻内容变得直观生动。通过动画、VR 和 AR 等技术，融媒体新闻不仅忠实地重现新闻现场，还在模拟环境中添加互动和趣味元素，增强了新闻产品的娱乐性和用户体验。这种创新响应了新媒体时代用户的心理需求和对娱乐的追求，使新闻场景的数字化重现成为受众喜爱的视觉表现形式。然而，随之而来的是，这些新兴重现手段也带来了一系列新的伦理挑战。

（三）正确对待网络语言的使用

各项法律和规划，如《中华人民共和国国家通用语言文字法》《广播电视管理条例》《国家语言文字事业"十三五"发展规划》，均对网络语言的使用在传统媒体领域设定了标准。2015 年底，中国的中宣部、中央文明办和中国记者协会共同发布倡议书《抵制网络低俗语言、倡导文明用语倡议书》，旨在抵制网络低俗语言和倡导文明用语，呼吁新闻媒体和网络平台承担起净化传播环境的主要责任。通过结合 AI 技术的自动识别和编辑人员的人工审核，融媒体平台能够实时跟踪网络新语的演变和发展。这不仅促进了相关法规的进一步完善和智能化支持系统的建立，也加强了对不适当网络语言的及时发现、警告和纠正措施的重视。这一过程强调了在维护网络语言文明使用方面，法规更新与技术应用的重要性。

第三节　融媒环境下新闻发布

在广泛意义上，"新闻发布"涵盖了利用新闻发言人或其他官方渠道，通过新闻发布会、传统与新兴媒体、政府官方网站、社交媒体平台如微博和微信、移动应用等多种方式，向公众传递信息、表达官方观点、回应社会焦点问题、解答公众疑惑和进行公众互动的系列活动。而在狭义上，"新闻发布"指的是在融媒体中心平台上，通过整合包括社交媒体账号（两微一端）、互联网平台、广播、电视和印刷媒体等多个渠道与模块，发布多种形式的信息。

随着新兴媒体的快速崛起，互联网已成为反映民意、畅通民情和集聚民智的关键途径。通过融合发布机制，提升了信息传播的力度和影响范围，实现了传统与新媒体的整合传播。融媒体平台通过引入融媒体资源管理系统，促进了多渠道的资源整合和统一管理，通过技术平台的支持，对各种信息来源和编辑处理方式进行了有效的管理和共享。这种做法最终促成了在同一时间段

内，通过电视、报纸和新媒体等不同媒介以不同的形式对同一信息进行发布和
传播。[①]

一、融媒体新闻的发布

发布融媒体新闻应遵循一系列基本原则：法律合规、及时主动发布，以
及保持公开和透明。以 2023 年欧洲热浪应对措施的融媒体新闻发布为例，各
国政府和新闻机构采取了以人为本的全媒体传播策略，有效地响应了公众的
需求和关切。在面对极端高温和干旱的挑战时，相关部门及时通过新闻发布
会，以及利用网站、社交媒体平台和移动应用等全媒体渠道广泛宣传，提供
了防暑降温的实用信息、公共卫生建议、紧急避难所位置，以及节水措施等
关键信息。这些信息的发布不仅帮助了公众采取有效的自我保护措施，也促
进了社区的互助与合作。此外，这一策略还包括对老年人、儿童和其他易受
影响群体的特别关照，确保这些信息能够及时地传达给每一个需要帮助的人。
这种全面而细致的信息发布策略有效地缓解了热浪对人们生活的影响，增强
了公众的安全意识，同时也增强了政府和媒体在紧急情况下保护公众福祉的
能力。

（一）新闻发布原则及内容

在融媒体时代，新闻发布遵循着依法依规、及时主动、公开透明的核心原
则，贯穿于政府和机构的所有决策与行动中。这不仅包括对《中华人民共和国
突发事件应对法》等关键法律法规的严格遵守，确保信息的真实性、准确性，
不泄露国家机密，还涉及主动回应社会的疑虑，及时澄清不实之言，维护社会
稳定。为了实现这一目的，新闻发布采取多种形式，从新闻发布会到情况通报
会，以及记者见面会等，旨在通过直接的沟通方式，确保信息的透明度和公众
的广泛参与。在这个过程中，新媒体平台如网站、社交媒体和电子邮件等，提
供了一个多元化的渠道，让公众可以更便捷地获取信息并参与公共讨论。通过
这样的融合性策略，不仅增强了新闻信息的及时性和可达性，也促进了政府决
策的公开性和透明度，进一步加强了公众信任，维护了社会和谐与稳定。

（二）新闻发布的协调管理

在融媒体环境下，严格遵守新闻发布纪律和管理规范至关重要，以确保新
闻媒体与政府之间的有效协作，及时且准确地传达新闻发布活动的内容，并发
挥其在正面宣传及舆论导向中的积极作用。对于报道重大突发事件或敏感议题
的新闻发布活动，媒体必须与政府新闻办或相关发布部门紧密合作，确保所有

---

① 王宏.融媒体实务［M］.北京：中国传媒大学出版社，2020：228.

信息都经过适当的审查和批准，避免未经授权的先行报道。

1. 规范新闻内容的审核把关

为规范新闻内容的审核与把关，凡是关于政府的重要工作安排和关键政策决策，都需得到政府的正式批准；与公众日常生活紧密相关的重大改革计划或可能触发社会敏感反应的议题，应提交给政府办公室进行审批；面对突发事件和重大案件报道时，要积极征求政府新闻办和网络信息办的意见，并严格遵循相关的宣传报道管理规定，未获批准或未被授权时，不应自行发布信息。这样的协调管理机制旨在保证新闻发布的质量和准确性，同时维护公众利益和社会稳定。

2. 严格突发事件新闻发布的管理

在处理突发敏感事件的新闻发布时，各相关部门需在政府新闻办的协调和指导下，迅速、准确地准备统一的发布信息，并通过授权的新闻发言人采用多种媒介进行发布，以确保信息的一致性，并防止信息缺失导致的误报。融媒体平台应随着事件的发展持续更新并发布权威的最新信息。以 2021 年 7 月河南特大暴雨及洪灾事件为例，河南省人民政府的官方网站以及其下属的电视台、报纸、网站、移动应用和社交媒体频道，及时发布了相关新闻，有效地动员了社会各界共同参与抗洪救灾工作。这种及时且协调一致的新闻发布方式，不仅提供了准确的信息，还鼓励和引导了全社会力量的汇聚，展现了有效应对和管理突发事件新闻发布的重要性。

（三）新闻发布的基本流程

在融媒体环境中，新闻发布遵循一个集成和多渠道的基本流程，将不同来源的新闻内容和信息通过一个统一的发布流程集中到一个播出平台。这允许信息在同一时间通过多种媒介进行发布，包括但不限于选择单一媒介进行专门发布或者同时将信息推广至互联网和传统媒体平台（如电视台、广播电台和报刊），实现跨平台、多渠道的信息传播。

融媒体平台的一个关键特性是其视频审核功能，该功能能够提供视频、图文等内容的审核结果概览。每个视频文件都附有"初审、复审、终审"等标签，显示审核人员的名称和当前的审核状态，用户通过鼠标悬停在这些标签上即可查看详细的审核情况。媒体播出的权限管理因平台而异；在传统媒体中，权限通常在播出系统内设置，由总编审批后交由播出管理部门执行。相比之下，融媒体平台设有播出管理权限，由管理员指定的播出部门负责人进行最终审核，审核通过后，系统将自动进行播出。这一流程不仅优化了新闻发布的效率，还增强了信息管理的精准度和安全性。

二、融媒体发布要坚持创新

在融媒体时代，新闻创新成为推动新闻业发展的关键力量，涉及内容、形式与技术的全面革新。下面我们探讨如何在这三个维度上实现新闻写作的创新。

（一）新闻传播内容创新

内容方面的创新不仅要求新闻报道能够合理安排和优化传播形式，而且鼓励和传统的文字和图片相结合，拓展到融合视频、音频等多媒体元素，推动新闻媒体事业向现代化迈进。以四川新闻网关于四川峨眉山景区推出特色"灵猴雪糕"的报道为例，通过生动活泼的文字和配图，介绍了这一具有地域特色的文创产品。报道不仅以饶有趣味的方式介绍了雪糕，同时也有效地宣传了四川的文化旅游。这种报道，通过融合传统与创新的形式，成功地捕捉了受众的注意力，并提升了地方旅游的吸引力。此外，随着夏季的到来，多个景区通过推出特色雪糕进行宣传，如四川三星堆文物雪糕、桂林象山景区的山水雪糕、北京玉渊潭的樱花雪糕等，吸引了广大游客的注意力。特别是峨眉山景区推出的"峨眉灵猴"文创雪糕，不仅设计独特，融入了峨眉山的自然美景和灵猴形象，而且提供了多种口味，成了一种独特的文化体验。[1]

（二）新闻传播形式革新

在现代快节奏的社会中，新闻传播形式正经历着一场深刻的变革，以适应人们对于快速获取信息的需求。新闻制作团队正在不断探索形式与内容的创新，通过将新闻信息以简洁明了的形式先行展示，如使用图文、视频快讯等方式，紧接着再深入展开新闻的详细内容，这种方法既能迎合快速浏览的习惯，又能保证新闻内容的深度和广度，提升新闻传播的效率和影响力。例如2021年中国河南省遭遇的罕见大洪水。在这次自然灾害中，河南省的救援工作者、志愿者、受灾居民等普通人物成了新闻报道的主角。各级新闻发布会邀请了这些一线的参与者，分享他们在抗洪救灾过程中的真实故事和经历。这些亲身参与抗洪救灾的人们通过直接讲述他们的故事，不仅让公众了解到了救援行动的最前线情况，也展现了中国人民在面对自然灾害时的团结和勇气。

（三）新闻传播技术迭新

在新闻传播技术的不断进步中，传统与新媒体的结合使用展现出了无限的可能性，使新闻编辑得以充分利用各种技术手段，以丰富多样的形式呈现新闻内容，增强了新闻的真实感、吸引力和传播效率。在庆祝新中国成立70周年

①顾爱刚.四川峨眉山景区推出"灵猴雪糕"你舍得下口吗？［EB/OL］.［2024-03-25］.http://zq/mewssc/org/system/20210608/001180824.html.

的宣传报道中，网络视听平台充分利用了技术的力量，采用了 4K 超高清、人工智能 AI、增强现实 AR、虚拟现实 VR、计算机动画 CG、三维立体 3D、航拍等高新技术手段，为受众呈现了内容丰富、形式多样的献礼作品，使报道更加生动和具有吸引力。这种技术迭新不限于视觉效果的提升，更扩展到了提供身临其境的交互式体验。利用 5G、AR、VR 等技术，受众可以得到前所未有的沉浸式观看体验，从而将受众从传统的"观看者"角色转变为"参与者"角色。例如，通过卫星新闻的方式，利用遥感卫星技术呈现地理变迁、追踪热点事件、城市演变等内容，为受众提供了全新的视角和深度的信息内容。同时，将复杂的数据通过数据可视化技术转换成图形符号，使复杂的信息和数据分析以直观、易于理解的形式呈现给公众，极大地提升了新闻报道的信息价值和用户体验。[①]

三、融媒体新闻发布全覆盖

2020 年 11 月，中共中央办公厅与国务院办公厅共同发布了《关于加快推进媒体深度融合发展的意见》，该文件强调了媒体融合发展战略的重要性。它提出了"移动优先、一体化发展"的原则，强调了在不同屏幕间实现互动以及构建传播矩阵的必要性，并指出了平台与网络的共用、内容与服务的并重之策。文件的目标是加速广播电视媒体的深度融合，旨在创建一系列具有显著影响力和竞争力的新型广播电视主流媒体，确保这些媒体在舆论引导、思想引领、文化传承、服务人民等方面占据传播的制高点。[②]

（一）台、报、网、端、微协同联动，形成融媒体传播矩阵

在融媒体新闻发布领域的创新实践中，突破了传统的线下会议形式，利用 5G、人工智能（AI）、虚拟现实（VR）等前沿技术，实现了线上与线下的无缝结合。这种做法使各级主流媒体以及一部分境外媒体能够通过其网站、社交媒体平台和移动客户端等多种渠道对官方权威新闻发布会进行实时直播，特别是在信息复杂的新冠疫情期间，这种方法能有效放大并频繁强调官方权威信息。

在新闻发布会举行前，通过"多平台多终端"的策略进行议题的预先布局发布，旨在科普和提前消除谣言，为新闻发布会的顺利进行扫除公众情绪和认知上的障碍。新闻发布会的日常举行不仅吸引了各级和境外媒体的参与报道，

---

① 国家广播电视总局网络视听节目管理司，国家广播电视总局发展研究中心.中国视听新媒体发展报告 2023［M］.北京：中国广播影视出版社，2023：82.
② 广电总局印发《关于加快推进广播电视媒体深度融合发展的意见》的通知（广电发〔2020〕79 号），
［EB/OL］.〔2024-07-11〕.http：//www.gov.cn/gongbao/content/2021/content_5582647.htm.

还通过全程直播让信息传播得更加广泛。发布会结束后，各大主流权威媒体通过短视频、图文、动漫和互动游戏等多种形式在移动终端进行全面传播，确保发布内容能够频繁出现在各大社交媒体的热搜和话题榜上。

成都广电通过其云上新视听平台，成功创建了一个国内领先的新型视听IP孵化与内容生产平台。采用广电MCN（多渠道网络）模式，该平台专注于为多种网络平台生产跨多个领域、多账号的内容IP，旨在通过矩阵化的发展策略吸引更广泛的用户群，构建一个有影响力的传播生态。云上新视听已与今日头条、西瓜视频、抖音、快手、腾讯企鹅号、爱奇艺号、百度百家号、微博、搜狐、网易、哔哩哔哩等十余个国内顶级内容平台建立了稳定的战略合作伙伴关系。

此外，该模式促进了"大屏"与"小屏"的互动与相互支持。随着传统媒体受众年龄的增长，手机、平板电脑等移动互联网设备成为连接不同年龄受众的关键载体，特别是在5G时代。因此，移动互联网这一新媒体成为新闻发布的关键阵地。上海广播电视台的融媒体中心推出的"看看新闻Knews"作为其核心融媒体产品，依托于中心拥有的丰富且高质量的电视媒体资源，不仅巩固了大屏幕传播的优势，同时也积极探索，力求快速构建一个大屏幕和小屏幕受众之间的互动、内容共享和影响力互补的传播模式。

以新华社为例，该机构成功建立了一个包括微博、微信公众号、移动客户端（覆盖安卓和苹果系统）、抖音和快手、新华号等多渠道的新媒体矩阵，[①] 形成了一个全面的媒体生态，被誉为"四全媒体"。这一概念包括全程媒体、全息媒体、全员媒体和全效媒体四个维度，意味着新华社的传播活动能够突破时间和空间的限制，实现零时差、全天候的信息传播；能够将所有信息数字化，让用户仅凭一部手机就能接触到所需信息；通过多对多的互动传播模式，增强了媒体的互动性；并且整合了内容、信息、社交和服务等功能，成为一个综合型的信息服务平台。新华报业传媒集团也已经孵化了"昆虫记""钱眼""新智库""江苏有戏"等不少亮眼的"网红阵容"。[②]

（二）全链条内容传播智能体

无论是国家级媒体还是地方媒体，它们都在积极运用5G、人工智能（AI）、增强现实（AR）、虚拟现实（VR）等尖端技术，开创了新闻报道的场景化新模式。例如，中央广播电视总台推出的5G新媒体平台"央视频"，依托"5G+4K"和"AI+8K"技术，极大地提升了平台的信息服务集成及精确分

---

① 新华社 新媒体矩阵［EB/OL］.［2024–03–25］.http://www.news.cn/xmtjz/index.htm.
② 快，点"新"的！四款新闻客户端全新上线，新华报业新媒体矩阵升级扩容［EB/OL］.［2024–03–25］.https://www.sohu.com/a/194461612_356005.

发能力。该平台旨在提供更加专业、针对性强和用户友好的媒体服务，同时拓宽广电与政府、民用及商业服务的融合，从而增加平台价值和提升用户活跃度。2019 年 11 月，人民网启动了传播内容认知的国家重点实验室建设，这一举措顺应了"四全媒体"发展趋势，进一步推动了媒体融合的深入发展。

在未来，融媒体传播的发展将主要聚焦于围绕主流价值观的精准传播、传播理论与计算科学、内容的智能审核与风险控制评级，以及基于内容传播的国家网络空间治理等方面的应用基础研究。通过探索智能计算设施在内容传播领域的应用，并研究信息认知、创作、传播及交互的智能化，旨在构建一个能够涵盖内容传播全链条的智能体系。这不仅将推动媒体融合向纵深发展，还将引领网络内容生态的健康有序发展，营造一个清朗且符合人民利益的网络空间。

第八章
融媒环境下新闻传播的创新求变

第一节　融媒环境下新闻传播创新的理念更新

一、融媒体时代新闻发展理念的转变

为了适应新时代的发展需求，新闻传播机构应当更新其发展理念，将新闻视为一种产品，并围绕这一概念展开全面的"运营""开发""生产""维护"活动。在传统的新闻传播模式中，媒体主要承担信息传播的角色，而对于受众的反馈机制相对薄弱。这种单向传播的局限性，尤其是在受众无法有效提出意见或投诉时，可能会导致对传统新闻的逐渐失望，成为传统新闻传播面临挑战的一个主要原因。为此，新闻传播机构应积极拥抱融媒体技术，提升传播技术水平，重视受众反馈，通过引入新型传播技术并保障充足的资金投入，解决新闻质量、受众反馈和投诉处理等方面的问题。这不仅可以提高新闻内容的质量和受众满意度，还能促进新闻传播机构的可持续发展，使其更好地适应新时代的发展潮流。

在当前信息技术快速发展的时代背景下，新闻传播行业的发展理念亦需随之转变，强调以技术创新为驱动力来推动传播形态的革新。随着我国科技水平的不断成熟和在各个领域的广泛应用，显著的资金投入已促进了向信息化和技术化的发展跨步。[1] 这一趋势反映出在新时代背景下，技术创新是推动各行各业发展的核心动力。针对新闻传播行业，这一认识尤为关键。首先，随着互联网和移动通信技术的飞速发展，新闻传播的渠道已经由传统的报纸、收音机和电视，拓展到了网络、移动应用等多元化平台。因此，新闻机构需要拥抱这种多元化传播途径，通过建立自身的网站和应用程序，为公众提供

---

[1] 郑存良.融媒体时代电视新闻创新与发展探究［J］.西部广播电视，2019（4）：70，72.

多样化的新闻阅读选项，以适应不同用户的阅读习惯和偏好。其次，新闻传播的功能也应向多维度拓展。除提供新闻信息，还应融合娱乐性和社交性元素，例如，在新闻内容下方开设评论和讨论区域，允许用户就新闻话题发表意见和进行交流。这种互动性的增强不仅能够提升用户的参与度和满意度，还能够促进新闻内容的深度解读和社会讨论，进一步丰富新闻传播的社会价值和影响力。

二、记者采编独家新闻的创新理念

（一）拓宽记者专业角度

在现代新闻报道领域，记者的专业视角宽广与否直接影响到新闻作品的深度、广度和影响力。随着媒体形态的多样化，公众对新闻内容的需求变得更加复杂和多元，这要求记者不仅要具备扎实的新闻采编能力，还需要不断拓展自己的专业视角，以适应不断变化的新闻环境和受众需求。拓宽专业视角意味着记者需要超越传统的新闻报道范畴，融合多学科知识和技能，以及对社会、文化、经济等领域有着更深入的理解和洞察。这种跨界的知识结构不仅能够帮助记者在采访和报道过程中更准确地把握信息，分析问题，还能够使他们从不同的角度和层面审视和呈现新闻事件，为公众提供更为丰富和立体的信息视角。例如，《法制文艺会演咋出现感人一幕：杨飞飞隔铁窗与儿子同台唱戏》这条新闻在当年成功引起了广泛的关注，是因为新民晚报记者俞亮鑫发现了背后独特的故事：著名沪剧演员杨飞飞与上海监狱新岸艺术团的联合演出，背后隐藏着一个感人至深的母子重聚故事。儿子因犯罪入狱后加入艺术团，这次合作演出不仅是艺术上的合作，更是一次家庭的深情重聚。

（二）获取新媒体之优势

随着网络技术的不断进步和信息传播方式的日益多元化，新媒体已经成为信息交流的重要渠道。相较于传统媒体，新媒体展现了其在反馈机制、时效性和互动性等方面的显著优势。在这一背景下，传统媒体的局限性（如信息单向流动、互动性低等）变得尤为突出，亟须通过新技术进行改进和补充。

新媒体技术的发展不仅极大地加快了新闻信息的传播速度，还拓展了传播渠道，从而丰富了用户的接收体验。这一变革为新闻传播提供了前所未有的机遇，尤其是在加强与受众之间的互动和反馈能力方面。借助新媒体的工具和平台，记者可以对新闻内容进行更加精细的编辑和包装，将专业知识和个人特色融入其中，以满足不同层次用户的需求，提供多样化的新闻产品。

特别是在独家新闻的报道上，新媒体的优势更为凸显。新技术的应用不仅可以使独家新闻迅速传播，还能实现广泛的网络共享，使更多人得以接触到新颖的信息，了解他们以前不知晓的事件和世界的多面性。这种信息的广泛传播和共享，不仅可以丰富公众的知识视野，还有助于还原事件的真实面貌，引导公众形成正确的舆论观点。

因此，为了更好地适应信息时代的发展趋势，传统媒体行业应积极拥抱新媒体技术，利用其在信息传播速度、渠道丰富性及互动性等方面的优势，不断创新报道手段和内容，以提升新闻传播的效率和影响力。通过这种方式，新闻工作者不仅能够更有效地传递信息，还能促进媒体与受众之间的沟通与交流，共同推动新闻传播事业的进步和发展。

（三）创新新闻报道的呈现方式

尽管科技日新月异，传统媒体却依旧占据着不可替代的地位，我们需要不断进行创新改革，通过选用生动的文字、精美的图片以及对时代具有敏感洞察力的评论，为公众提供丰富多样的新闻内容。

传统新闻的形式多样，其成功的关键在于内容的匹配性和整体的协调性。新闻内容与形式之间应存在相互衬托、相辅相成的关系，确保创新的新闻内容不仅丰富而且能够支撑起整篇报道的主题。这种方式要求独家新闻报道不仅要展示新闻记者的综合水平和高标准，还要体现出记者的新视角和专业素养。通过巧妙运用文本和图像素材，记者应能深挖新闻事件背后的深层次价值，展现其独到的见解和专业素质。

随着融媒体时代的到来，传统新闻传播方式面临着前所未有的挑战。在这个新时代，人们获取新闻的途径变得更加多样化，融媒体的传播手段也越发丰富。为了应对这一变革，新闻传播行业必须顺应时代发展的趋势，通过创新报道的方式、更新传播内容、拓展资源获取渠道以及提升技术水平来促进自身的持续发展。[①] 此外，加强与新媒体平台的合作，也是推动新闻传播多元化发展的关键策略之一。

总之，为了适应信息时代的需求，新闻传播行业需要不断创新和进化。通过更新传播手段、丰富报道内容、利用先进技术和加强跨平台合作，新闻行业可以更好地满足公众的信息需求，并提升自身的竞争力和影响力。在这个过程中，坚持高质量的新闻生产标准和不断探索新闻报道的深度和广度将是实现成功的关键。

---

① 高亚峰．试析互联网时代深度报道呈现方式创新——基于国内数据新闻的观察与思考［J］.中国报业，
　2018（16）：67-68.

第二节　融媒环境下新闻传播路径的创新

在中国古代，信息的传递依赖于相对原始的手段（如飞鸽传书和快马递送）这些方法虽然在当时是有效的通信方式，但其速度缓慢且易于在传递过程中丢失信息，从而导致对外界消息的了解滞后，有时甚至会带来不可预测的后果。随着现代科技的飞速发展，特别是在国家支持下，信息通信技术领域的企业不断取得突破，为社会带来了新的技术成就。这些技术的进步催生了融媒体时代的到来，标志着新闻传播方式的一大飞跃。在融媒体环境下，新闻传播路径的创新已成为推动信息传递效率和有效性的关键。这种环境不仅提供了多样化的技术手段，还引入了全新的传播模式，使新闻与信息的传递更加立体和互动。

一、多平台融合传播

在融媒体环境中，传统媒体与新兴媒体的界限日益模糊。新闻机构不再单一地依赖报纸、电视或广播等传统媒介，而是通过网站、社交媒体、移动应用程序等多个平台同步推送内容。例如，一则新闻报道可能同时在电视频道播出，在社交媒体上以视频或图文形式呈现，在新闻网站上被深度解析，并通过推送通知快速达到用户手机。这种多平台融合传播有效地拓宽了信息覆盖范围，增强了信息的接触点和影响力。

第一，网络论坛，起源于20世纪70年代，最初依托于BBS（Bulletin Board System，电子布告栏系统）技术，逐步成为网络交流的核心平台。这一平台的兴起标志着用户交流模式的重大转变，使信息的分享和讨论不再受到地理、职业、年龄或性别的限制。网络论坛的用户基数随着技术的成熟而迅速增长，形成了内容多样化的交流空间，不仅促进了个人观点的自由表达，还成为当时网络交流的重要工具，为互联网的普及和发展做出了重大贡献。随着时间的推移，BBS平台经历了技术的更新和功能的拓展，不仅限于讨论和交流，还包括求职、求助和招聘信息的发布，极大地丰富了网络内容，并为用户提供了便捷的信息服务。融媒体时代进一步推动了信息传播方式的创新，网络媒体成为信息传递的重要渠道。各类热点内容能够通过互联网迅速传播至用户，显著提高了新闻信息的时效性和可达性。这一时代的网络媒体不仅拓宽了信息传播的渠道，也加强了信息互动性，为受众提供了一个更加开放、互动的信息交流平台。①

第二，微博作为融媒体时代的一种关键传播手段，自2009年问世以来，已经成为现代社会中不可或缺的社交网络平台。作为微型博客的一种形式，微博以其简洁和实时性的特点，成为信息分享和传播的重要途径。用户通过一个经过实名验证的手机号码便能轻松注册微博账户，进而进入这个简便操作、用户界面友好的社交网络空间。微博的出现极大地缩短了信息传播者和接受者之间的距离，使任何人都能够在平台上发布关于日常生活的观察、感受以及即时新闻信息。这种信息的快速发布和广泛传播，能够迅速吸引网友的注意力并引发公共讨论，从而实现信息的快速扩散。微博平台的转发和评论功能进一步促进了信息的互动性和参与性，满足了现代年轻人对于快速、实时信息交流的需求。此外，微博在提升新闻传播的及时性、反馈性方面发挥了重要作用，有效地弥补了传统媒体在这些方面的不足。通过转发和评论，微博还加强了信息传播者与接受者之间的情感联系，为公众提供了一个情感表达和意见交流的平台，从而丰富了融媒体时代新闻传播的形式和内容。

第三，在数字化和信息化技术日益进步的当代，社交网站已经崛起为人们日常社交互动的关键平台。这些网站通过促进人际网络的扩展，帮助用户扩大其社交圈，聚集了具有相似兴趣和目标的个体，为人们提供了一个新颖且便捷的社交渠道。这不仅使人们能够在现实社交生活之外探索并建立新的社交模式，还为维持和深化现有的人脉关系提供了有效途径，显著降低了人际交往的成本。通过这种创新的社交方式，个人可以在全球范围内轻松连接，无论是巩固旧有的友谊，还是探索和培养新的关系。社交网站的发展不仅改变了人们的交往方式，也为现代社会的社交活动增添了新的维度和深度。

二、应用网络搜索引擎，增强互动性与参与性

在融媒体时代，新闻传播途径的创新显著体现在网络搜索引擎的广泛运用上。随着社会经济水平的提升和文化素质的普遍增长，以及科技尤其是移动互联网技术的飞速发展，网络搜索引擎如百度成为人们获取信息的重要工具，深入日常生活的各个方面。②用户仅需在搜索引擎中输入特定关键词，便能迅速获得相关信息，这种信息获取的便捷性大大提高了人们获取、处理和利用信息的效率。这种信息检索方式使个人能够根据自己的需求，快速地从海量数据中筛选出所需的新闻资讯，进一步促进了信息的个性化和定制化。用户不仅可以

---

① 王醒.新闻传播论文集［M］.太原：山西人民出版社，2009：25.
② 黄哲.全媒体时代新闻传播路径优化措施［J］.中国报业，2023（15）：42-43.

轻松接触到广泛的新闻内容，还能通过二次整理和深入分析，深化对信息的理解和应用，从而更全面地掌握信息时代的发展脉络。这一变化不仅展示了融媒体技术在新闻传播中的应用，也标志着新闻传播方式正向更加开放、互动和个性化的方向发展。

为了增强新闻的互动性，新闻机构纷纷利用技术手段创新传播方式。在线投票允许受众对新闻话题表达自己的意见，这种方式可以即时反映公众的思想态度，同时也使受众感受到自己的声音被听见。评论互动则为新闻添加了社交维度，受众不仅可以发表自己的观点，还可以看到其他人的反馈，这种多方参与形成了丰富的视角和讨论，增加了信息的深度和广度。

实时问答回合则是另一种直接的互动方式，通过这种模式，受众可以直接向新闻制作者或事件相关人士提问，这种直接对话的形式使信息传递更为透明，受众可以得到更直接的信息确认或解释，从而提升了新闻内容的可信度。

用户生成的内容（UGC）如目击者的视频、图片或是社区内的讨论，已经成为新闻报道的重要组成部分。这些内容的引入，不仅增加了报道的真实性，还能从第一人称视角提供独到的见解和现场感，让其他受众能够更真实地感受到事件的发生。例如，在一起突发事件中，目击者上传的现场视频常常比官方渠道更早地揭示情况，这对于新闻机构迅速响应事件、提供准确报道至关重要。

利用UGC，新闻内容的多元性得到了极大扩展。不同背景和观点的受众通过上传自己的内容，为新闻增添了多样性。这种从基层向上的内容生产方式，提升了新闻报道的包容性，使边缘群体的声音也能被广泛传播。此外，这种方式鼓励了更多的民众关注身边的新闻事件，参与到新闻的生成和传播中来，增强了公民意识和社会责任感。

三、数据驱动的新闻生产

在当今这个数据驱动的时代，新闻产业正经历着一场由大数据和人工智能（AI）技术引领的革命。这些技术的融入不仅仅是优化现有的新闻生产流程，而是在根本上改变了新闻的采集、编辑和分发方式，使整个新闻传播路径变得更加智能化和个性化。

新闻机构通过收集和分析大量的用户数据，如浏览历史、点击率和社交媒体互动等，能够洞察用户的阅读偏好和兴趣点。这些数据被用来建立复杂的用户画像和行为模型，从而使新闻机构能够提供更加精准和个性化的新闻内容。例如，如果数据显示一位用户对科技新闻表现出高度兴趣，新闻平台可以优先向该用户推送科技领域的最新报道和深度文章。这种基于兴趣的定制推送不仅增加了用户的满意度和忠诚度，也极大地提升了新闻内容的吸引力。

AI 技术，尤其是自动化写作工具、图像识别和语音转文本等，正在重新定义新闻采集和编辑的流程。自动化写作工具能够快速生成标准化的新闻报道，如体育比赛结果和股市更新，释放了记者和编辑的时间，使他们能够专注于更复杂和深入的报道任务。图像识别技术使从大量视觉数据中快速提取信息成为可能，例如，在大型活动中快速识别和分类相关图片，而语音转文本技术则大大提高了从视频和音频资料中提取文字信息的效率。

借助 AI 技术，新闻生产的效率和准确性得到了显著提升。AI 可以帮助编辑快速校对和修正报道中的语法和事实错误，确保新闻的质量。同时，AI 的实时数据分析能力也使新闻内容能够快速更新，从而保持报道的时效性。此外，AI 在处理大规模数据时的能力，如分析社交媒体上的公共情绪或识别假新闻，为新闻机构在复杂环境中保持信息的真实性和权威性提供了强有力的技术支持。

四、实时性与即时报道

移动互联网的普及改变了新闻采集和发布的方式。记者和新闻机构现在可以在全球任何地点通过智能手机或其他移动设备即时捕捉新闻事件，实时上传报道材料。这种技术的应用极大地缩短了从事件发生到公众获取信息的时间。例如，记者可以直接在事发现场通过直播工具，如 Facebook Live 或 Instagram Live，向全球受众展示事件进展，使受众仿佛亲临现场。

云计算提供了强大的数据存储和处理能力，使新闻机构能够快速处理大量信息。在突发事件发生时，云平台可以承载从不同来源汇总的大量数据，并支持高速数据处理和分析，使新闻机构能够快速生成并更新报道。此外，云技术还支持新闻机构在全球范围内的协作，编辑和记者可以实时共享信息和资源，共同制作新闻内容。

在融媒体环境下，新闻机构不再局限于单一平台，而是能通过多种渠道发布新闻，包括社交媒体、新闻网站、电视和广播等。这种多平台策略不仅增加了新闻的覆盖范围，也满足了不同受众的消费习惯。在突发事件发生时，新闻机构可以通过这些渠道迅速传播第一手资料，确保公众从多个角度了解最新情况。

尽管即时报道提供了快速的新闻反应，但深入的后续报道和详尽的分析也同样重要。利用融媒体技术，新闻机构不仅能提供即时新闻，还能根据事件的发展进行持续跟踪，深挖背后的原因与影响。这种深度报道为公众提供了全面的视角，帮助他们更好地理解事件的复杂性和长远影响。

五、跨媒介内容的创新

在融媒体的推动下，新闻内容的制作和呈现越来越倾向于使用多种媒介工具。文字、图片、视频和音频被整合在一起，形成了一种更为丰富和动态的叙述方式。这种多媒体的结合不仅使新闻内容更加生动，也帮助受众从不同角度和层次上理解信息。例如，一则关于政策变动的新闻，可以通过视频访谈、专家评论、动态图表和互动问答等多种形式呈现，使复杂的信息更容易被公众消化和理解。更进一步地，新闻机构开始利用虚拟现实（VR）和增强现实（AR）技术来提供更为沉浸式的新闻体验。VR技术通过创建一个全方位的虚拟环境，使受众仿佛置身于新闻事件现场，从而深入感受事件的现场氛围和情绪。而AR技术则通过在现实世界中增添虚拟元素，增强新闻的可视化和互动性。例如，在报道一次自然灾害时，AR可以用来重现灾难发生的过程，或者通过叠加数据图表来展示灾害的影响范围和损失程度。数据新闻也是融媒体环境下创新的重要方面。通过数据可视化，复杂的数据集被转化为易于理解的图表和图形，使公众能够迅速抓住新闻的关键信息。这种方式在经济、科技、健康等数据密集型的报道中尤为有效，它帮助受众通过直观的视觉表现形式理解复杂的趋势和模式。

第三节　融媒环境下创新新闻传播人才的培育策略

在新媒体生态和传播格局的快速变化中，我国高等教育在传媒领域的教学面临着多重挑战，包括过时的人才培养观念、不明确的培养目标、单一的教学模式和僵化的教学范式。同时，对学生综合素养的培养也被相对忽视。此外，教育内容与社会的实际需求存在脱节，理论学习与新闻实务的连接缺乏，对学生创新能力的培养不足。基于这些现状，探讨融媒体时代新闻传播人才培养的核心价值变得尤为重要，包括建立融合创新的教育理念、培育学生的融媒体产品研发与运营能力。

在融媒体时代，新闻传播人才的培养策略需求创新，涉及理念的整合、学科的交叉融合以及能力的具体化。国际与国内的传媒行业改革创新与传媒教育的人才培养相辅相成，共同推进。媒体融合的发展和全媒体实践的构建促使传媒院校在人才培养的理念、目标、模式、机制、策略和路径等方面进行创新。因此，面对融媒体时代的挑战与机遇，高等院校的传媒教育需要深入思考和研究新闻传播人才培养的核心价值和方向选择，以更好地适应新时代的要求。

一、新闻传播人才培养的核心价值诉求

高等教育的核心使命在于培育能够满足社会需求的专业人才。随着大数据、互联网、人工智能和 5G 等信息技术的发展，新闻行业的生产和传播环境经历了根本性变革，促成了一系列新兴职能和岗位的出现，如产品创意设计师、用户运营专员、社交媒体编辑、移动产品制片人、大数据分析师以及移动和直播产品经理等。面对这些变化，新闻传播领域的教育和教学亟须适应新闻事业发展的新趋势、新要求和新挑战。在确定人才培养模式的过程中，首要任务是明确社会对新闻传播人才的具体需求和这些人才应具备的特质。这不仅关乎教育理念和观念的更新，更涉及教育内容和方法的创新。一方面，高校传媒教育应密切关注行业需求，与传媒行业保持紧密联系；另一方面，传媒教育不能完全迎合市场需求，以免仅仅培养出技术层面的操作员。高校在传媒人才培养上的过度市场化可能导致重技能轻思维的倾向，而忽略行业需求则可能使教育成果失去实际应用价值。因此，寻求行业需求与教育理念之间的平衡，是新闻传播教育面临的关键任务。

在当前的传播环境中，传统的新闻传播人才培养模式，主要侧重于采访、写作、编辑和评论，已经不能完全满足行业的新需求。随着新技术的不断涌现和新闻传播格局的深刻变化，对人才的需求也在发生质的转变。新闻学与传播学作为学科，面对新闻生产和传播的体制机制创新、融合生产模式、融媒体产品开发和全媒体传播的挑战，需要培养出能够适应这些变化的新型人才。在融媒体时代，新闻传播人才的培养应着重于建立融合与创新的教育理念，以及强化融媒体产品研发和运营的能力。这意味着，新时代的传媒人才需要具备互联网思维和融合观念，能够在新的科技背景下，如移动互联网、大数据和云计算等，拥有开放、合作、高效和共享的工作态度和思维方式。互联网不仅是一种技术手段，更是一种文化和思维模式，融合思维成为新闻传播人才不可或缺的基因。

在当前新闻传播生态和格局的深刻变革之下，传播环境的演变及用户消费习惯的转变不可避免地促使新闻传播人才必须具备融合化的特质。这意味着，他们的知识体系和能力范畴都需跨界融通，以适应多变的传播需求。过去，编辑和记者可能仅需专精于写作、摄影或剪辑中的某一技能，但融媒体时代对于新闻传播人才的要求远不止于此。业界普遍反映，目前传媒教育领域对于学生的逻辑思维和辩证思维能力培养不足，对计算机编程、新闻自动化采编、内容

推送等技能的教授更是匮乏。因此，强调计算机编程、大数据分析、人工智能应用与新闻学、传播学、哲学等学科知识的综合教育变得尤为关键。这种跨学科的融合教育不仅能够拓宽学生的知识视野，也能促进他们在新闻传播实践中的创新能力和技术应用能力。

融媒时代的新闻传播人才更应是兼具创意与创新的复合型人才。正如理查德·佛罗里达所指出的，创意型人才是那些能够创造新观念、新技术或新内容的人。创新型人才则是那些具有探索精神、独立思维和创新意识，能够突破传统知识壁垒，为未来社会捕捉新机遇的个体。厉无畏进一步阐释道，"创意人才不仅拥有高水平的知识和强大的创新能力，还能够通过创作技巧将独特的信息转化为文化创意产品或服务，并推动其生产和流通"。创意与创新是相辅相成的两个方面，创意主要涉及设计、构想和规划，而创新则聚焦于实际开拓和创造。创意的实现依赖于创新的转化，创新的实施离不开创意的支持。因此，培养具有创意创新能力的新闻传播人才，意味着要塑造那些在理论探索和创作实践中具有丰富想象力、敏锐洞察力、前瞻性和开创性的个体，他们敢于冒险，热情高涨，并能够将理论与实践有效结合。

媒体融合的核心目标在于推动行业的发展，而实现这一目标的基础在于对媒体组织的生态和运营机制进行全面重构，并集中优秀人才。这一过程的关键是以新闻产品的生产、传播和营销的流程优化为核心，汇聚各方新闻资源及多技能人才，共同在一体化的平台上进行创新性实践。在此过程中，至关重要的是吸纳那些具备融合思维的创意型新闻传播人才。这些创意创新型人才可能包括决策层、管理层，抑或内容创作者、程序开发者等执行层面的工作者。他们共同的工作目标是采用系统化方法解决问题，并创造性地设计和制作融媒体产品。他们的日常工作依赖于团队协作，通过集思广益、头脑风暴，共同构建创意系统，以策划和开发具有创新性和独特性的融媒体产品。

在融媒体新闻中心，创意团队需要利用算法和大数据分析用户的兴趣、心理和消费习惯，以更精准的内容筛选和互动展示，在满足用户需求的同时，也致力于探索移动产品设计，特别是满足年轻用户需求的创新解决方案。此外，团队还需深思独特的视角、内容架构、叙事策略和思想表达，确保新闻产品的差异化和价值。当前，许多媒体机构面临的一个普遍问题是产品缺乏创新和创意。在产品开发和品牌建设的激烈竞争中，创意创新型人才的缺乏成为一大挑战。因此，有必要不断地设计和实施教育方案，以提高学生的知识水平、能力和素养，特别是培养学生的融合思维以及融媒体产品的研发和运营能力，以应对媒体融合时代的挑战。

二、融媒时代新闻传播人才培养策略

在融媒体时代，新闻传播人才的培养策略须根据实际需求进行创新和适应性调整。观察国际上的传媒教育模式，美国采用了多样化的教学方法，包括以新闻实务为核心的"密苏里模式"，注重通识教育的"威斯康星模式"，以及其他专注于特定教育目标的模式。相应地，中国的高等教育机构也形成了各具特色的传媒人才培养模式，如注重宽基础和文理交融的"清华模式"，侧重厚基础和自主性的"复旦模式"，以及强调宽口径和复合性的"华科模式"等，这些模式不仅涵盖了通识教育的基础，也尝试了与业界实践互动、依托区域优势的应用型人才培养、交叉学科培养、跨国合作培养以及学校与媒体共建的合作模式。这些多元化的培养模式体现了传媒教育领域的广泛探索和创新，旨在满足不同方向的新闻传播人才需求。①

新闻传播领域主要分为研究型、实践应用型以及创意创新型三大类人才。当前，媒体机构和公共传播领域对于能够将理论与实践相结合的创意创新型人才的需求尤为迫切。因此，高等教育机构在新闻传播人才的培养上应当采取创新策略，优化教育方案，调整教学内容结构，加强实践教学基础，同时激发学生的创新和创造潜能，以促进媒体融合向更深层次发展。这要求教育者在培养新闻传播人才时，不仅要注重知识的广度和深度，还要强化学生的创新思维和跨界能力，为媒体行业的未来发展培养出更多具备高素质的复合型人才。

（一）理念融合——适应融合媒体时代的新思维模式

在融媒体时代背景下，新闻传播人才培养面临的一个主要挑战是理念的融合化，这一挑战在传统媒体向新媒体转型，以及传统媒体与新兴媒体的融合发展过程中表现得尤为明显。传统媒体从业者往往缺乏一种以互联网为核心的融合思维，这成为阻碍其适应新闻传播生态变化的主要"瓶颈"。因此，高等教育机构在新闻传播人才培养上需要进行深入的理念融合探索，制定多维度、多元化的发展策略。

随着新闻传播领域的数字化、网络化、移动化和互动化发展，对新闻教育的要求也发生了根本变化。高校传媒专业需要增设移动新闻、数据新闻、社交新闻等课程，以及将技术与内容融合、全媒体传播、融媒体平台建设等内容纳入教学体系中。这不仅要求课程内容的更新，也需要在教学方法和思维方式上进行创新，将互联网思维和技术应用有机地融入新闻传播教育的全过程中。

融合思维的培养应当成为新闻传播教育的核心目标，贯穿于教育教学的始终。教师和学生需要共同理解和掌握新闻内容的生产、传播和运营过程中的融

① 雷雨甜. 媒体融合时代新闻传播人才培养的理念与路径［J］. 新闻研究导刊，2021，12（5）：176-177.

合要求，包括内容与技术的融合、生产与传播的融合、传播与运营的融合等。这种全方位、全程的融合理念是新闻传播人才培养的关键，也是适应融媒体时代要求的必然选择。

因此，高等教育机构的传媒专业不仅需要在课程设置和教学内容上做出相应调整，更重要的是在教育观念上实现革新，鼓励师生采用开放、协作、高效和分享的互联网思维，通过实践教学和跨学科学习，激发学生的创新能力和创意思维，培养能够在融媒体环境下创造性地工作的新闻传播人才。只有教师的教育理念得到真正的更新和升级，才能有效地引领学生思想的创新，培养出适应时代发展需求的新型新闻传播人才。

（二）学科融合——提升新闻与传播人才的综合素养

在融媒体时代的背景下，新闻传播人才的培养面临着全新的挑战与要求。随着传媒业的快速发展，对于新闻传播人才的知识体系和专业能力提出了更高的标准。现代传媒人不仅需要具备传统的新闻悟性、文化创意、新闻采编及影视创作能力，更需要在掌握文学、历史、哲学等人文社会科学知识的基础上，融合互联网、大数据等现代传播技术知识及其应用能力。为此，传媒学院的人才培养策略与课程建设必须重视学科交叉化，加强学识与素养的基础建设。[①]这意味着，在基础理论与专业知识的教育上，我们应该追求新闻学与传播学的融合，人文学科与社会科学的融合，以及计算机科学、大数据分析等自然科学与新闻传播学的融合。这种跨学科、跨文化、跨媒体的开放性和兼容性教学体系的建立，正是为了适应媒介融合发展的现实需求。

在课程设置的创新方面，课程体系建设应坚持将通识教育与专业教育并重，基于新闻学、传播学、社会学、经济学、文化产业等多学科理论与应用教育的交叉传授，全面培养学生。参考美国新闻与传媒学院的做法，积极整合跨学科资源，引入"多媒体新闻学""数据可视化""移动和社交媒体新闻学""数据新闻"等新兴课程，以增强学生的多元能力和视野。在知识结构的创新方面，应强化文学、历史、哲学等人文知识、跨文化思维及多学科专业理论的教授，以满足行业和市场对新闻传播人才的综合需求。同时，在教育手段与方法上也应坚持理论与实践相结合的原则，鼓励学生参与实际的新闻制作与传播项目，以提升其实践能力。

各高校和专业应根据自身的历史背景、条件和环境，发挥教学特色，加强办学特点。虽然保持教材、课程设置和教学方法的稳定性是必要的，但这不应成为忽视教育改革的借口。传统的教育思维和封闭的作风已成为制约学生创新

---

① 蔡馥谣.创新能力培养下的融合新闻传播人才教育改革策略探讨［J］.新闻传播，2023（15）：85-87.

研究与交叉应用能力培养的障碍。因此，重构人才培养方案和体系，共同致力于培养具备融合思维的创意创新型新闻传播人才，构建能够促进教学、研究和实践能力提升的新平台和新渠道，成为当务之急。

（三）技能实践——满足媒体与社会对新闻与传播人才的期望

在融媒体时代背景下，对新闻传播人才能力的要求越来越具体和明确。简单地将能力定义为"一专多能"或"复合型"已不足以满足当前媒体和社会的需求。能力的具象化要求学生不仅要拥有理论知识，还需具备将理论知识应用于实践的具体能力，包括创新思维、理论指导实践的能力，以及开发新产品和新应用的能力。这种理论与实践结合的能力体现了融媒时代对新闻传播人才的新期待。这类新闻传播人才需具备扎实的理论基础，能够运用融合思维指导实际工作，在实践活动中不断地进行总结、反思和理论提炼，以此推动理论的深入研究。此外，他们还需要利用理论研究成果探索具有创新性和开拓性的融媒体产品，这包括研发和运营新栏目、新节目等。这些人才成为媒体机构和社会传播领域推进融媒体产品创新的关键力量。

融媒体产品研发和运营能力涵盖多个方面，包括对市场需求的敏感度、用户行为的深入理解、数据分析和处理能力、内容创意设计和技术应用能力等。为了培养和锻造学生的这些能力，教育机构需要采取多元化的教学策略，如加强与行业的合作，提供真实的项目实践机会，鼓励学生参与融媒体产品的整个研发过程。同时，也要注重跨学科学习，使学生能够掌握从内容创意到技术实现的全链条技能。通过这样的培养模式，可以有效地提升学生的融媒体产品研发和运营能力，为其未来在新闻传播领域的职业生涯奠定坚实的基础。

1. 发展批判性思维、逻辑沟通、独立分析和精确创作技能

在融媒体时代，新闻传播人才的培养不仅能停留在传授技能层面，更应深入到思维能力和创作精准度的提升上：首先，思想力的培养是基础，这包括培养学生的洞察力、分析力、判断力及独立思考能力。这些能力使学生能够敏锐地捕捉时代脉动，具备政治敏锐性，能够挑战传统报道模式，提高新闻敏感度和创新能力。在信息泛滥的时代，避免人云亦云、随波逐流成为培养创意创新型新闻传播人才的关键。其次，设计新产品、创办新栏目或进行日常的新闻生产和传播，都要求新闻传播人才具备清晰、精准、逻辑性强和思维缜密的表达能力。这种能力的培养不仅需要通过传媒专业知识的学习，更需要在文史哲等人文社会科学知识的系统教育基础上加以强化。通过经典作品的深入分析、讨论以及实践创作，可以有效提升学生的批判性思维和创造性表达能力。此外，高校应鼓励学生参与公共讨论、辩论以及多样化的创作实践，以此来拓宽学生的思维视野，培养其对社会现象的深入理解和独到见解。在这一过程中，学生能

够学习如何在充满挑战的新闻传播环境中保持独立思考，如何将复杂的社会现象和理论知识转化为受众易于理解的新闻内容。

2. 增强识别和挖掘新闻价值的能力

在融媒体时代的新闻传播领域，记者和编辑的工作不仅仅是报道新闻，更重要的是要具备高度的新闻信息敏感性和有效的捕捉能力。他们需要培养并不断提升自己通过多种渠道和方式收集、捕获新闻线索和素材的习惯。对于新兴媒体尤其是移动端和社交媒体的新闻发布特点应当了如指掌，能够迅速地抓取社会各界关注的热点、焦点事件，并对其真实性和传播时效进行准确的判断，进而善于挖掘和提炼出其中的新闻价值。这种对新闻信息的敏感性和捕捉能力，构成了融媒时代记者编辑工作的核心技能。因此，高等教育机构在新闻传播人才培养过程中，应当明确提出要求，鼓励专业教师结合新技术、新传播模式和新生态背景，进行理论与实践相结合的教学改革。这不仅涉及教学内容的更新，也包括教学方法和手段的创新。

同时，高等院校在新闻传播专业的教育中，应有计划地引进业界精英参与到专业教学中来，以实际工作经验丰富教学内容，为学生提供更贴近实际的学习体验。通过优化传媒专业理论课与实践课的师资结构，保证教学质量和实效性，能够更好地培养学生对新闻信息的敏感性和捕捉能力，为融媒体时代培养出更多具备专业素养和实战能力的新闻传播人才。

3. 提升快速、准确、多维传播及时效性问题解决的能力

在融媒体时代，新闻的传播方式经历了显著的变革，直播化、多渠道和融平台传播成为新的特点。这种变化要求新闻从业者不仅要具备快速、精准和立体传播的能力，还需要能够及时应对和解决传播过程中可能遇到的各种突发问题。这意味着，从业者需要在内容生产方面具有高度的专业技能，能够熟练使用新媒体进行直播，设计和生产多样化的直播产品，并有效地推送给目标受众。为了培养学生适应这一变化的能力，高等教育机构应鼓励学生积极参与到网络、广播、电视等不同形式的直播实践中去。在这一过程中，学生应学会以问题为导向，不仅要能够敏锐地发现潜在的问题，还要能够迅速采取措施予以解决。这种实践中的学习和锻炼，有助于学生建立起快速应变的意识，提高处理复杂情况的能力，从而更好地适应融媒体时代新闻传播的需求。

4. 加强法律意识和风险评估技能

在融媒体时代，记者和编辑的工作不仅需要快速捕捉和观察新闻线索，更要具备在极短时间内分析和辨别这些线索真实性和准确度的能力。这不仅是对他们综合能力的考验，也是确保新闻传播质量的重要环节。作为全媒体的从业者，他们还需具备资讯整合的能力，同时熟悉相关的法律知识，确保新闻内容

的真实性，并避免产生可能违背传播伦理和引发法律风险的负面效应，从而提升新闻传播的价值与效率。

培养这种辨别和整合能力是一个长期且持续的过程，它依赖于从业者对新闻工作的深入理解和丰富经验的积累。特别是通过组织和参与重大的新闻报道、突发事件的现场直播等实践活动，从业者可以不断磨炼自己的新闻敏感性和判断力，学会如何在信息泛滥的环境中甄别真伪，如何有效整合各种资源，以及如何在确保新闻真实性的同时规避法律风险。因此，对于新闻传播专业的学生而言，除掌握理论知识外，更应通过实际的新闻采编实践，提高自己的专业技能和法律意识，为成为合格的融媒体时代新闻传播人才奠定坚实基础。

5. 培养跨文化理解和融合不同文化视角的能力

在融媒体时代的新闻传播领域内，强化用户意识并实施以用户为中心的传播理念变得尤为重要。这要求新闻传播工作者不仅要熟悉和适应多样化的思维方式，还需具备跨文化传播的能力，能够在新闻现场对事件及其背景进行即时分析和点评，增强新闻的可信度和传播价值。发表具有独特见解的观点，以及与不同思维方式和文化背景的受众进行有效交流和沟通，是提升媒体影响力和公信力的关键。

培养这种能力不仅需要对互联网新闻传播规律有深入的理解，还需要教育学生拓宽全球化视野，培养他们对东西方文化差异的敏感性和理解能力。通过创新的文化交流策略教学，激发学生的创造力和沟通能力，使他们能够在多元文化的背景下进行有效的新闻报道和传播。此外，通过案例分析、角色扮演、跨文化沟通训练等教学方法，可以帮助学生实践和加深对不同文化的理解和尊重，从而在融媒体时代的新闻传播工作中更加得心应手，有效地连接不同文化背景的全球受众。

6. 掌握数据分析和网络技术应用技能

在融媒体时代，新闻传播领域正面临前所未有的变革。随着信息技术的飞速发展，特别是大数据和移动互联网的广泛应用，新闻从业者被赋予了更为复杂和多元的任务。现代记者和编辑不仅要在新闻现场迅速收集素材，还需利用移动互联网编程技术，高效地处理和发布新闻内容，以满足多渠道、多平台传播的需求。这种对编程技术的需求，体现了互联网时代对新闻从业者技能要求的重大转变。

目前，许多媒体机构面临着缺乏掌握互联网编程技术的记者和编辑的困境。为了解决这一问题，高等教育机构需要在新闻传播教育中着力引导学生学习和应用互联网技术，特别是编程技术，以增强他们利用这些技术进行新闻生产和传播的能力。在技术迅速发展的今天，各种新兴技术的应用为新闻传播人才培养提供了有效的支持，使教育能够更好地适应学生的学习需求和教育目标。

随着社交媒体编辑、数据新闻编辑、互动数据记者等新兴岗位的需求日益增加，高校新闻传播专业开设如"新闻采编大数据分析""视听传播技术"等课程变得越来越重要。这些课程不仅能够帮助学生掌握最新的新闻采编技术，还能教会他们如何将传统的新闻报道艺术与现代的研究方法和传播手段相结合，从而提升他们的综合能力。此外，数据思维的培养对于新闻传播学生而言至关重要。在大数据时代，能够有效利用数据资源挖掘新闻价值的能力，是区别现代新闻产品与传统新闻产品的关键。没有数据思维和数据处理能力，所生产的新闻内容可能会变得更加主观和肤浅。因此，将数据思维融入新闻生产和传播的学习与实践过程中，是提升新闻传播质量和效率的必然选择。

7. 强化自我批评和反思的能力

在融媒体时代，新闻传播工作的复杂性和多样性要求从业者不仅要具备专业的新闻制作技能，更需要拥有自我批评与自我反省的能力。这种能力的培养对于提升新闻作品的质量和推动新闻创新具有至关重要的作用。自我批评与自我反省能力的缺失，会导致新闻从业者在创意创新方面停滞不前，无法有效地提升新闻传播产品的质量和影响力。

自我批评能力不仅涉及对他人传媒产品的评价，更包括对自己工作的严格审视和评估。这种能力的培养需要新闻从业者具有开放的心态和高度的自我意识，愿意接受并吸收外界的批评意见，同时能够客观地分析自己的工作，识别不足之处，并进行相应的改进。通过持续的自我批评和自我反省，新闻从业者可以更深入地理解新闻传播的本质和规律，增强对新闻价值和社会责任的认识，从而不断提高新闻工作的专业水平。

在新栏目的创办、大型新闻直播的组织策划，或是移动直播新闻产品的设计与生产过程中，进行"实验"式的尝试是提升创新能力的有效手段。在这一过程中，主创团队的成员需要进行密集的头脑风暴，不断学习和分析行业内外的成功案例与失败教训，深入探究背后的原因，从而获得宝贵的经验。同时，深入反思和评价自身过往的工作，明确自己的优势和不足，有针对性地进行改进。此外，密切关注国内外新闻产品生产传播的创新趋势，细致研究用户的消费特性和习惯，预测可能的传播效果与营运效益，也是提升新闻产品质量和市场竞争力的关键步骤。

8. 全面提升全媒体运营技能

在当今融媒体时代，创意创新型新闻传播人才的培养不仅要求其具备传统新闻采编的专业技能，更要强调全媒体融合运营的综合能力。这意味着，他们需要能够对新闻产品进行全面的市场调研和分析，有效收集和反馈用户的消费信息，准确把握用户需求，并据此提出具有针对性的设计、开发、包装、渠道选择和推送策略。通过优化产品组合、探索多元的融合传播模式以及设计创新的营销方案，不断增强新闻产品的市场竞争力和传播效果。

为了实现上述目标，传媒教育在培养学生的过程中应该注重能力具象化的各项措施，确保学生能够在实际工作中灵活应用所学的知识和技能。这包括在师资队伍建设上引进具有实战经验的专业人士，课程设计上融入更多与新媒体技术、市场营销及用户研究相关的内容，以及在能力素质培养和应用实践磨炼方面提供更多的实习实训机会。

传媒院校面临的挑战是如何在融合与创新的核心价值引领下，全面改革和创新教育教学体系，使学生不仅掌握专业知识技能，更能够适应新技术环境下的媒体运营需求，成为能够创造出符合用户需求、具有高度创新性和社会价值的新闻产品的新闻传播人才。这样的人才将是社会发展所迫切需要的，能够为新闻传播行业的持续发展注入新的活力和动力。

第九章
融媒环境下新闻传播创新发展探索

第一节　区域化新型媒体集团的策略与实现路径

在数字化媒介的强劲冲击及经济结构深度调整的背景下，众多地方性媒体机构面临着生存危机，令人关注其未来走向。本文认为，在中国特定的媒体监管框架内，这些媒体机构仍有机会通过积极响应国家战略，获得国家层面的资源支持，从而实现振兴。

一、命题的提出

随着互联网新媒体的兴起和经济发展进入新常态，传统媒体正面临着前所未有的竞争和生存挑战。这一挑战在于传统广告市场的显著变化。

2019 年 9 月，CTR 媒介智讯在北上广三地发布的《2019，透过中国广告看市场》报告深入分析了当年中国广告市场的趋势。数据显示，2019 年上半年，中国广告支出同比下降 8.8%。在此趋势下，无论是电视、广播还是传统户外广告，支出都有所下降；而新媒体广告增长也由双位数降至个位数。

中国的传统媒体不仅负有传播意识形态、促进社会管理沟通的职责，其生存和发展趋势也早已受到国家高层的战略规划。2014 年 8 月，习近平在中央全面深化改革委员会第四次会议上首次明确提出"新型媒体集团"的概念，并设定了明确目标，即力求打造多元化的新型主流媒体。

随后，学术界和传统媒体机构开始了积极的理论和实践探索，取得了一系列成果。然而，这股热潮似乎忽略了中国媒体版图中的一个重要组成部分——地方媒体。地方媒体，受限于地区经济和人才资源，面对新媒体的冲击显得尤为脆弱，成为最严峻的生存挑战所在。作为中国媒体生态中不可或缺的一员，地方媒体在区域经济和地方治理中扮演独特角色。因此，国家关于"新型媒体集团"的理论和实践探索，应涵盖区域性地方媒体，确保其在媒体格局和舆论治理中的积极作用。

（一）地方层面对中央指示的响应与区域性探索

构建具有区域特色的新型媒体集团，是地方媒体对中央新型媒体战略命题的实质性响应和区域性实践探索。成功实现这一目标的关键，在于开创具有引领作用的示范案例，并从中提炼可复制、可推广的运营模式。对地方性传统主流媒体而言，迅速依托本地区的实际情况，打造出既具有标志性意义又具备较强推广价值的区域化新型媒体集团，成为把握战略机遇、争取更多发展资源和空间的重要途径。面对互联网新媒体的挑战和经济的深度调整"新常态"，紧抓行政与市场资源重分配的历史契机，迅速规划出一条结合自身资源优势、地理位置特色、区域市场需求的融合发展路径，构建区域化新型媒体集团，是地方主流媒体通过创新架构设计、树立示范模式、实施有效反击，以在新型媒体集团的未来布局中稳占一席之地的战略选择。

（二）促进传统媒体转型与升级的策略与方法

构筑具有区域特色的新型媒体集团，是促进传统媒体与新兴媒体融合，推动传统媒体转型升级的有效策略和方法。在互联网时代，传统媒体与新兴媒体的融合发展已成为一种不可逆的趋势，而传统媒体的转型升级则是其生存和发展的关键。这既体现了互联网新媒体对传统媒体带来的竞争压力，也揭示了互联网新技术为传统媒体转型升级提供的巨大潜力。"新型媒体集团"战略的实施，不仅为传统媒体的融合发展与转型升级提供了明确的方向和措施，而且促使之前关于这些话题的泛泛之谈转向具体的项目实施，从而实现了从宏观战略到微观执行，从理论探讨到实践应用的全面转变。

对地方传统媒体机构而言，积极建设具有区域特色的"标志性新型媒体集团"，不仅是对国家战略的响应，也是一个借助国家战略加速媒体融合发展和转型升级的历史机遇。这意味着通过具有示范意义和标志性的架构设计及其后续运营，展示自身的探索成果和模式化的价值。在证明了其有效性和可推广性后，进一步获得国家战略资源的支持，实现媒体行业的全面飞跃。

（三）促进地方文化产业规模化和集约化的有效策略

构建具有标志性的区域化新型媒体集团，是促进地方文化产业规模化和集约化发展的有效策略。尽管地方文化产业已经通过多年的努力实现了一定的特色化发展，但当前产业的"小、散、乱"特征仍然是限制其进一步成长的主要障碍。观察全球文化产业的发展路径可以发现，规模化、集中化的产业模式在传媒领域表现得尤为突出，发展传媒产业成为提高地方文化产业整体规模和产值的有效手段。通过战略规划和项目实施，打造"标志性区域化新型媒体集团"不仅可以推动地方文化产业的规模化发展，还能促进产业结构的优化和提升整体效能。

二、战略规划核心

构建具有标志性的区域化新型媒体集团，是一项复杂的工程，其成功依赖于科学且系统的战略规划，以确保实践的高效性并降低潜在风险。具体而言，此过程需涵盖以下四个重要的战略环节。

（1）运营架构设计：首要任务是规划设计一个能够高效整合特定区域内优势传统媒体资源的运营主体，实现跨媒介、跨单位的一体化新型媒体集团。关键在于突破传统媒体属性界限的行政管理障碍，以体制改革和机制创新为核心，构建能够适应新媒体时代多样化媒介协同发展的运营架构。这包括对组织结构、管理体系和运营机制的详细规划。

（2）媒体与产品形态规划：基于互联网时代受众的媒体接触习惯及地方传统媒体资源和市场动态，规划具有传播力、影响力及市场竞争力的媒体和产品形态。重点是采用多样化传播形态，针对互联网及移动网络环境开展数字媒体形式和产品开发，同时融合传统媒体的形态和内容优势，以实现全媒体覆盖。

（3）内容生产模式设计：针对规划的媒体形态和产品设计匹配的内容生产模式和流程。在保持传统媒体内容生产优势的基础上，引入互动性和参与性强的新型内容生产方式，如用户生成内容（UGC）和专业用户生成内容（PUGC），通过这些创新方式建立内容生态，推进新型媒体集团的平台化发展。

（4）商业模式规划：发展针对新型媒体形态的广告产品及其价值创造模式，并设计基于新内容架构和传播方式的创新盈利模式。探索基于区域化综合生活消费的O2O盈利模式，以发挥媒体的最大商业潜力。

三、融合战略的实施路径

构建具有标志性的区域化新型媒体集团的核心在于利用地方性传统媒体的固有特性和优势进行转型和升级，目的是实现从传统媒体向新媒体环境的平滑过渡。此过程的关键是确定有效的转型路径，其中，利用互联网和新媒体技术不仅是连接传统与新兴媒体世界的桥梁，也是传统媒体向新生态系统转变的重要手段。通过整合互联网新媒体技术，地方传统媒体不仅可以实现价值观的转换和盈利模式的创新，还能成功过渡到区域化新型媒体集团的新阶段。①

---

① 郭鹏雁，马冬. 融媒体时代新闻标题传播特色及效果分析［J］. 西部广播电视，2020（11）：42-43.

（一）价值模式的转型

在传统环境下，媒体的价值创造基于一种分离式的模型，其中注意力的生产与价值实现是核心。这个模型依托于市场主体（如企业和品牌）在营销活动中的信息传播需求。媒体通过生产专业化内容（例如新闻、娱乐、体育等）并进行内容分发（通过发行和传输）来吸引受众注意力。随后，通过开发广告产品并销售这些注意力资源，将受众的注意力转化为广告收入。这一价值创造过程通常涉及两个独立阶段，即内容生产和内容的再销售。但随着互联网对媒体生态和社会行为模式的深刻影响，这种传统价值生成模式正面临解构。

第一，获取注意力的方式正遭遇挑战。互联网的快速发展极大丰富了媒体类型和数量，受众的内容接触渠道从过去的稀缺变为现在的过剩，这使传统媒体越来越难以聚集具有广告价值的规模化注意力。更根本的变化是，社交网络的普及改变了传统的信息传播模式，促使社会化内容生产和传播成为现实，实现了"人人都是传播者"的模式。这种变化削弱了传统媒体在信息传播中的主导地位，因为在互联网时代，用户参与热情高涨，他们对封闭式内容生产的吸引力逐渐下降。传统媒体过去依靠内容制造就能建立影响力的模式已不再成立。

第二，注意力的价值实现机制正遭遇解构。媒体作为价值创造的起点，消费者的品牌认知和消费决策模式正在发生根本变化。这些模式从工业时代的线性、基于固化记忆的过程，转变为互联网时代基于动态环境的情感联系和情绪影响。这种变化加剧了传统媒体价值创造过程中从注意力生成到价值实现之间的"价值流失"，甚至威胁到传统媒体价值创造模式的整体结构。在传统的广告"二次销售"模式中，媒体产生的注意力主要针对其内容。但在广告将这种注意力转换成收入的过程中，往往会打断并干扰受众的内容消费体验，导致价值流失。在互联网时代，随着消费者向主动参与的用户身份转变，用户的信息处理能力和意识显著提高，他们更倾向于并且更有能力避开这种侵入式的广告。这导致简单依靠内容的广告及其浅层触及和粗略覆盖的传播方式，越来越难以满足企业和品牌的传播需求，更难以有效影响用户。

通过融合互联网新媒体的策略，传统媒体可以进行价值生成模式的根本转型，创建一个动态的、互动性强的内容消费环境。开始于利用传统媒体的影响力导流至新建的互联网媒体产品或平台，此举旨在将原本的受众转变为更加积极参与的用户。这一转化过程不仅将被动的受众注意力转换为主动的用户流量，还促进了从单向内容消费到多向互动交流的跃变，其中内容生产者和消费者之间的界限日渐模糊，共同参与内容的创造和传播。进一步地，通过深入理解用户兴趣并引导之，不断优化内容的质量和方向，促使初期用户群体的扩散和聚集，形成以媒体内容为中心的社交化网络。这样的社群不仅加深了用户对内容的黏性，还通过社交化的传播结构，突破了传统的"广播式"互动，实现了基于用户深度参与的持续性交流。这种互联网新媒体与传统媒体的融合实践，将内容从单纯的消费对象转化为用户互动的平台，打破了内容生产的封闭性，使每一位参与者都成为内容的共创者。在这个过程中，用户的注意力不仅是被争夺的目标，更成为参与内容创造的关键资源，实现了注意力的生产与价值实现的整合。这种模式的转型不仅解决了传统媒体在互联网时代捕获注意力的难题，还提供了更精准和稳定的注意力资源，极大地增强了资源的可转化性，为传统媒体的价值创新开辟了新途径。

（二）盈利模式升级再造

通过构建以内容社群为基础的资源平台，区域性传统媒体有机会实现盈利模式的根本升级和再造，从而超越传统的、侵入式的广播型广告限制，并减少对传统广告业务的依赖。这种升级利用互联网新媒体的特性，通过整合社群的兴趣焦点进入媒体内容创造的过程中，不仅能够将营销信息自然地融入媒体内容和用户的互动之中，实现一种内容营销的新形式，而且避免了价值流失，实现了广告价值的本质转换。这一策略本质上让广告信息回归到对用户真正有价值的信息，建立基于深度互动的社群化品牌认知和购买决策，从而更有效地满足品牌和企业的营销需求。

利用互联网新媒体平台的社群运营能力，将媒体内容作为吸引和驱动力，可以在引导用户兴趣的同时发现产品推广的机会。特别是通过人格化的媒体元素（如主播、编者或幕后团队）来建立媒体的影响力，为社群特定的产品创建销售机会。这种方法不仅是通过内容推动产品销售，而且通过与品牌合作方的销售分成等模式，建立一种销售型盈利结构，深入挖掘区域经济的潜力。

进一步地，区域性媒体可以利用其用户社群来构建一种"市场孵化器"，为合作品牌提供全面的解决方案，从内容生产到产品销售形成一个闭环。同时，借助于专业内容，结合线上和线下的活动（如沙龙等），创建一个行业资源匹配平台，为专业市场提供精准服务，包括项目融资、人才招聘、管理咨询等多元化增值服务。这样的盈利模式升级不仅为区域性传统媒体提供了一条脱离传统广告依赖的新路径，而且通过深耕区域经济、利用内容和社群的力量，实现了从内容制造到价值实现的全面转型。

第二节　新闻传播模式的持续创新与优化

在新技术的浪潮下，中国的媒体行业正经历着前所未有的创新。特别是融媒体技术的运用对新闻传播领域产生了深远的影响。为了保障新闻传播行业能够全面且高效地发展，创新传播模式成了一个不可或缺的过程，这不仅能提升新闻的传播效率和时效性，还能够提高新闻的质量，为新闻业未来的发展注入动力。本部分将聚焦于融媒体背景下新闻传播的独特特点，并探讨新闻传播模式的创新途径。

在融媒体的大环境下，新闻传播在内容制作和传播手段上都经历了显著的变化，这些变化显著提升了新闻的传播效果。为了实现更优的新闻传播成果，在这一新环境下进行模式创新显得尤为重要。

一、概述

自 21 世纪初以来，我国在科学技术和信息技术领域取得了显著发展，极大地改变了公众的生产生活方式，尤其是在信息接收和传播方面发生了革命性的变革。随着移动设备如手机、计算机等的普及，人们可以轻松实现随时随地的信息接收和传播，这对传统新闻传播模式构成了巨大挑战。为了适应时代的发展，新闻传播必须创新，拥抱融媒体环境下的新传播模式。

在融媒体环境中，新闻获取的便捷性显著提升。面对这一新的发展局面，新闻采写和传播模式的创新变得尤为重要，以确保新闻传播在变化中保持活力和效率。

随着我国科技和信息技术的快速进步，社会的生活和工作方式发生了深刻变化。公众现在能够通过计算机、手机等终端设备轻松获取到最新的新闻资讯，掌握社会最新动态。这种信息传播方式逐步取代了传统的新闻传播途径，不再仅限于电视、电脑等传统媒体。因此，为了推动融媒体环境下新闻传播工作的稳定、有序和及时进行，必须充分利用融媒体的优势，跟上社会发展的步伐，针对性地创新新闻传播路径，确保新闻传播向智能化、多样化、人性化方向发展。

二、融媒体时代背景下新闻传播的特征

在融媒体时代，新闻传播的格局产生了根本性的转变，其特征体现在对时间、空间和地理界限的超越，以及虚拟与现实的融合，进一步强化了新闻的互动性、公平性和民主性。借助互联网这一创新平台，全球新闻传播得以汇

聚于网络空间，实现了信息流动的全球化，使受众不受空间限制，能够即时接触到世界各地的新闻动态。此外，通过运用多媒体元素（如图像、视频和音频等），新闻传播实现了内容的丰富性和表现形式的多样性，使新闻报道更加生动真实，增强了受众的沉浸感和体验性。

更为重要的是，融媒体技术的发展促进了受众参与度的提升，受众不再是被动接收信息的一方，而是能够通过网络平台主动表达个人观点和反馈，参与到新闻的传播、讨论乃至影响过程中。这一变化不仅体现了新闻传播的民主化趋势，也反映了新闻公平性的增强，为建立更加开放、互动和平等的新闻传播生态环境奠定了基础。因此，融媒体时代的新闻传播是一个综合利用技术手段、扩展新闻传播渠道和形式、并增强受众参与度和互动性的多维信息交流过程。

（一）及时性

在传统的新闻传播途径中，例如驿站和书信，信息的传递受到地理位置和物理距离的严重制约，这常常导致信息传递的严重延迟。在这种模式下，新闻的时效性和准确性往往难以得到保障，这在一定程度上限制了公众对时事的即时了解和反应能力。然而，随着互联网技术的快速发展和融媒体时代的到来，新闻传播的途径和模式发生了根本性变革。互联网技术的广泛应用使新闻传播可以实现秒级的更新和传递，极大地提高了信息传播的速度和广度。[1] 现代新闻机构能够通过网络平台，如在线新闻网站、社交媒体和移动应用程序等多种渠道，实时发布新闻报道和更新，使公众几乎可以即时获取到全球各地的最新资讯。这种信息的快速流动不仅加速了人们对世界事件的认知速度，也极大地提高了新闻报道的响应速度，使新闻机构能够迅速对社会发展中的新情况、新问题进行报道。例如，当重大事件或突发公共事件发生时，新闻机构可以在第一时间内提供详尽的报道，包括现场的直播、专家的分析和评论等，这不仅满足了公众的知情权，也促进了社会对事件的深入理解和妥善应对。此外，新闻的即时性和广泛的覆盖范围还有助于增强公众对媒体的信任感和依赖感。公众可以通过比较不同新闻源提供的信息，获得更全面、更客观的新闻视角，这对培养公众的批判性思维和独立判断能力具有重要意义。同时，新闻机构也需要采用更高效的信息核实机制和编辑流程，确保在追求快速传播的同时，能够保持新闻的准确性和权威性，防止错误信息和假新闻的传播。

（二）开放性

与传统新闻传播相比，融媒体通过互联网平台的广泛覆盖和深入渗透，极大地拓宽了信息的传播渠道和范围。不同于以往单向的信息传递模式，融媒体

---

① 王辉.新媒体时代提升主流媒体新闻传播力的策略［J］.传媒论坛，2024，7（3）：7-9，13.

允许受众在接收信息的同时，也能通过评论、分享等形式参与到信息的再生产和传播中去，从而实现了信息传播的双向性和互动性。[①] 这种开放性不仅丰富了信息的内容，也促进了社会舆论的多元化和公众参与意识的提升。

（三）高效性

在融媒体时代，新闻传播经历了根本性的变革，标志性的变化包括新闻的时效性的极大增强和全时性的显著特点。这种转变彻底改写了公众获取新闻信息的方式，从而对新闻行业产生了深远的影响。在过去，传统媒体如报纸和电视广播是公众获取新闻的主要渠道。然而，这些传统渠道在时效性上存在明显的局限，如电视新闻的播报往往无法实时更新，而报纸的新闻内容在发行时可能已经失去时效。此外，报纸等纸质媒介还受到物理空间的限制，如字数和版面的限制，导致新闻的收集、编辑、排版和印刷过程耗时较长，进一步降低了新闻信息的时效性。

融媒体的高效性体现在新闻信息的传递速度上。互联网平台的兴起，尤其是社交媒体如微博、公众号等，使人们可以通过手机、电脑等个人设备，随时随地、实时接收新闻内容。这种变化不仅极大地提高了新闻的时效性，还实现了新闻传播的全时性特点。即现代社会中，人们可以 24 小时不间断地接入最新的新闻资讯，无论是通过广播、电视还是互联网平台，新闻传播已经不再受时间和地点的限制。

融媒体的高效性还体现在新闻内容的生产和编排上。与传统媒体需要经过烦琐的编辑和排版不同，新媒体的新闻生产更加灵活高效。一篇完整的新闻报道可以简化为几张具有说服力的图片和几段精练的文字，这不仅极大地缩短了新闻制作的时间，也使新闻内容更加易于消费和传播。此外，用户参与新闻的生产和传播过程，如通过评论、转发等方式，也进一步加速了新闻信息的扩散。

（四）互动性

与传统媒体时代相比，当下的新闻传播不仅是信息的单向流动，而是形成了一个高度互动的生态系统。这种互动性的提升，不仅改变了公众获取新闻的方式，还极大地丰富了新闻内容本身，并在一定程度上重新定义了新闻的社会功能。在过去，新闻传播的互动性相对有限，主要依赖于传统的信件或电话等形式，这些沟通渠道的效率低下，反应周期长，使公众大多处于被动接收新闻信息的状态。然而，随着互联网和即时通信技术的普及，特别是社交媒体平台如微博和公众号的兴起，新闻传播的互动性得到了前所未有的增强。这些数字

---

① 吴昊 . 新媒体时代新闻传播的特点及路径分析 [J] . 新闻研究导刊，2023，14（12）：84-86.

平台的特性，如实时性、易于分享和评论功能的集成，使公众能够及时参与到新闻的讨论和传播中，从而实现了从被动接收到主动参与的转变。

这种转变不仅提高了新闻传播的效率，扩大了新闻的影响范围，而且增加了新闻内容的深度和多样性。用户的实时反馈、评论和讨论，使新闻机构能够迅速了解公众的反应和意见，有助于调整和优化后续报道的方向和内容。此外，公众的广泛参与还促进了社会观点的多元化，新观点和新看法在社交媒体平台上的频繁出现，不仅为新闻报道增添了新的视角和价值点，而且在一定程度上促进了社会议题的深入讨论。更为重要的是，这种互动性的提升在保障言论自由和促进社会监督方面发挥了重要作用。在融媒体环境下，每个人都有机会表达自己的观点和诉求，这种开放的社交环境对媒体而言是一种挑战，同时也是一次机遇。媒体需要在保持新闻真实性和客观性的同时，积极应对网络舆论的监控和参与，找到合适的平衡点。在某种程度上，用户在新媒体平台上的活跃讨论和评论成为新闻传播的一道独特风景线，为新闻增加了更多的互动性和社交属性，这不仅增强了新闻的吸引力和影响力，也促进了社会的和谐与稳定。

（五）多样性

在传统媒体时代，新闻的采编和传播过程几乎完全依赖于新闻编辑和记者这些专业人士，他们是信息传递的主要渠道和桥梁。然而，随着新媒体技术的迅速发展及智能手机、电脑等电子设备的普及，新闻传播的格局发生了翻天覆地的变化。现在，每个人都有能力成为信息的记录者、分享者和评论者，这一趋势显著地拓展了新闻传播主体的范围，从专业的记者和编辑扩展到普通公众每一个个体。这种变化使新闻制作和传播的成本大幅降低，同时，因为来自现场的直接报道和公众的亲身经历参与新闻内容的生成，新闻的真实性和可信度得到了显著提升。公众参与的增加，为新闻报道带来了更广泛的视角和更丰富的内容，使新闻更加多元化和生动化。

更为重要的是，这一变化有效地减轻了新闻记者和编辑的工作压力，使他们有更多的时间和精力去深入挖掘和追踪报道那些更具价值、更需要深入调查的新闻故事。这不仅提升了新闻内容的质量和深度，也促进了记者专业技能的提高和新闻价值的最大化实现。此外，公众参与新闻制作的模式也为新闻行业带来了创新的灵感和方法，催生了用户生成内容（UGC）和众包新闻等新型新闻生产模式。这些模式不仅扩大了新闻来源，丰富了报道内容，还加强了媒体与受众之间的互动和联系，使新闻传播过程更具动态性和互动性，极大地增强了新闻媒体的活力和影响力。

（六）数字化

以数字化为标志的变革不仅局限于新闻内容的数字形式转换，更是推动了新闻媒介、传播形式以及与受众互动方式的全面革新。数字化使新闻内容从传统的文字和图片模式，扩展到了包括音频、视频在内的多媒体维度。这种多元化的内容形式极大地丰富了新闻体验，使受众可以通过更加直观、生动的方式接收信息。视频报道和直播等形式，更是将新闻现场直接带入公众视野，增强了新闻的真实感和紧迫感。同时，数字化还促进了新闻传播渠道的多样化。传统的广播、电视和报纸等媒介，被互联网平台、社交媒体以及各种移动应用所补充甚至部分替代。这些新兴渠道的特点在于实时性强、互动性高，可以让受众不受时间和地点限制而接触到最新的新闻内容，同时也能够参与到新闻的讨论和传播中去。进一步地，数字化还推动了新闻生产过程的变革。借助于数字技术，新闻机构能够更快速地收集、编辑和发布新闻内容。同时，大数据分析、人工智能等技术的应用，也使新闻内容可以根据受众的偏好进行个性化推荐，提高了新闻的针对性和有效性。最重要的是，数字化促进了新闻媒体和受众之间互动性的增强。在数字平台上，受众不再是被动接收信息的一方，而是可以通过点赞、评论、转发等方式参与到新闻传播中，甚至通过用户生成内容（UGC）成为新闻的共同创造者。这种互动性的提升，不仅丰富了受众的媒介体验，也使新闻内容更加多元化和丰富。

（七）风险性

在融媒体背景下，我国新闻传播面临着较高的风险性。由于网络信息的共享性、开放性和公开性，新闻传播过程可能会受到不同地区的风俗习惯和文化背景的显著影响。这使群众能够轻松地找到并交流他们感兴趣的新闻内容，从而提高了信息传播的速度和效率，加深了公众对即时新闻的理解。然而，网络信息的广泛覆盖率和共享性也为一些违法行为提供了便利。不法分子可能会在网络上散布虚假或有害的新闻信息。若公众接触并相信这些信息，可能会导致误解甚至违法行为。为了应对这一挑战，我国不断加大对不良信息的打击力度，以减少网络信息带来的负面风险。

三、融媒体时代下的新闻传播模式创新的必要性和重要性

（一）融媒体时代下的新闻传播模式创新的必要性

在融媒体时代，随着网络技术的飞速发展和人们对互联网的高度依赖，传统的新闻传播方式已经无法完全满足受众的多样化需求。融媒体，作为一种新兴的新闻传播介质，具有实时更新新闻内容的能力，提供更加快捷的新闻传播速度。在这种时代背景下，对新闻传播模式进行创新变得格外迫切。只有通过模式创新，才能在极短的时间内为受众提供他们所感兴趣的新闻信息，从而更有效地适应融媒体时代新闻传播的新变化和新要求。

（二）融媒体时代下的新闻传播模式创新的重要性

在当今社会，随着新兴媒体技术的迅猛发展，人们对新闻传播的全时性有了更高的追求。网络信息的迅速膨胀和广泛传播凸显了新闻传播全时性的重要性。通过加强融媒体时代下新闻传播模式的创新，不仅能够满足公众对全时性新闻信息接收的需求，还能有效补充和改进传统新闻模式在全时性方面的不足。此外，融媒体时代的新闻传播也需具备更高的时效性和互动性。这些变化要求新闻传播模式必须进行创新，以便更好地适应时代的发展和公众的期待。

四、融媒体时代下的新闻传播模式创新的影响因素

融媒体时代下的新闻传播模式创新受到各种因素的影响，主要包括意识观念因素、技术因素、人员因素等。

（一）意识观念因素

新闻传播模式的创新需要从意识观念上做出改变。在融媒体时代，相关工作者需要具备强烈的创新意识，这包括对现有新闻传播方式和内容的不断探索和创新。除此之外，强烈的社会责任感和职业道德同样重要。在新闻内容和传播方式创新的过程中，应该秉持正确的价值导向，确保新闻内容的真实性和客观性，避免制造和传播假新闻或误导公众的信息。这种意识观念的更新不仅能够推动新闻传播模式的创新，而且能够确保新闻传播的质量和公信力。

（二）技术因素

技术的发展是新闻传播模式创新的另一个重要因素。随着新技术的不断涌现，比如人工智能、大数据、云计算等，新闻传播的手段和工具也在不断演变。例如，动画技术和融媒体技术的应用能够使新闻内容更加生动有趣，提高受众的观看体验；大数据分析可以帮助新闻机构更精准地了解受众的需求，制作出更符合受众口味的新闻内容。因此，掌握和应用新技术对新闻传播模式的创新至关重要。

（三）人员因素

人才是实现新闻传播模式创新的关键。在融媒体时代，需要一批既有创新意识又具备融媒体技术能力的新闻传播人才。这些人才不仅要懂得如何运用新技术改进新闻采集、制作和传播的过程，还需要具备跨媒体、跨平台的工作能力，能够在不同的新闻传播渠道中自如地切换和运用。同时，新闻人才还需具备良好的伦理观念和责任感，确保在追求新闻传播效率和效果的同时，坚守新闻真实性和客观性的基本原则。

五、融媒体时代新闻模式创新

（一）适应受众的阅读偏好

在融媒体时代，适应受众的阅读偏好成为新闻传播模式创新的重要基础。21世纪以来，信息和互联网技术的飞速发展极大地影响了公众的阅读习惯，同时也促使新闻传播的方式发生了革命性变化。随着经济全球化及市场经济体制的深化，各行各业面临的竞争越来越激烈。人们的生活节奏加快，对新闻信息的接收和浏览方式也随之变化，通常会忽略那些自己不感兴趣或者内容枯燥的信息。因此，新闻媒体在设计和传播新闻时，必须考虑到公众的实际需求和阅读习惯，通过满足这些需求来吸引受众的注意。此外，为了更好地满足受众的需求，新闻媒体应当对新闻的类型和内容进行科学合理的分类。通过深入的调研和分析，找出公众更偏爱和容易接受的新闻类型和内容，并在这些领域加强新闻内容的创新和优化。通过这种方式，新闻传播不仅能更好地引起受众的兴趣，还能深化受众对新闻内容的理解和认可，从而为新闻传播模式的创新提供坚实的受众基础。

（二）坚持报道的真实性

在新闻报道中，维护信息的真实性始终是核心准则之一。随着融媒体时代的到来，信息传播的主导权已从传统媒体转向了个人，特别是在社交媒体的兴起背景下，用户生成内容（UGC）越来越多。尽管自媒体以其迅猛的发展速度和新技术的应用，如大数据、基于位置的服务（LBS）、云计算等，打破了传统媒体的信息传播瓶颈，实现了多样化的模式创新，但在公信力和权威性方面，传统媒体仍占据优势。面对海量的新闻信息，公众往往更倾向于信赖传统媒体发布的内容，而对新媒体平台推送的信息持保留态度，这反映了新媒体在真实性保障上存在挑战和不足。[①]在这一新的发展背景下，传统媒体不仅需要发挥其在公信力和权威性上的固有优势，同时也要积极引入先进的新媒体技术，以促进新闻行业的持续健康发展。对新媒体新闻而言，更需在确保内容真实可靠的基础上，不断优化改进，建立更为严格的信息审核机制，提高新闻内容的准确性和真实性，从而赢得广大社会群众的信任和认可。

（三）新闻质量与责任并重

在21世纪融媒体时代背景下，新媒体的迅速发展不仅极大地改变了新闻传播的方式，提高了其互动性和时效性，还为公众带来了前所未有的新闻体验。然而，信息爆炸带来的不仅是有价值的新闻内容的不断涌现，同时也伴随着大量缺乏深度和价值的新闻信息，这种现象严重降低了新闻传播的整体

---

① 高立. 新媒体环境下新闻传播的模式创新［J］. 新闻研究导刊，2020，11（2）：254，256.

质量，并有可能对社会的和谐与稳定造成不利影响。因此，深度挖掘新闻的内在价值和意义，提高新闻报道的质量和水平，探索新闻背后更为复杂的社会、经济、文化等多重维度，为公众提供丰富而有深度的新闻内容显得尤为重要。在此背景下，必须保证新闻价值，以防止新闻内容的同质化和追求眼球效应而导致报道失真或夸张的现象，这些现象对新闻行业的健康发展构成了威胁。新闻工作者需要坚守新闻报道的立场，致力于报道具有现实意义和深度的新闻内容，展示与国家发展和民众生活紧密相连的新闻故事。同时，确保新闻内容的选择和报道方式与社会主流价值观保持一致，以客观、真实的方式向公众展示社会生活，从而引导公众正确认识和评价周遭发生的事件。通过加强对新闻事件处理情况的监督报道，新闻传播可以成为推动社会正义和进步的力量。

（四）提升传播互动性

在传统的电视新闻传播中，受众往往被动接收信息，这种单向的传播模式限制了互动性，导致受众参与度不高。随着新媒体技术的发展和应用，电视新闻传播正面临着转型的需求和机遇，提升传播互动性成为提高新闻传播效果的关键途径。为此，电视新闻传播可以采用多种策略和措施，激发受众的参与积极性，实现从被动接收到主动参与的转变。[1] 通过构建短信平台和互动信息平台，电视新闻传播可以直接与受众建立联系，提供一个反馈和讨论的空间，使受众能够对新闻内容进行即时反馈和评论。例如，受众可以通过短信或在线平台对新闻节目提出意见和建议，甚至参与到节目内容的决定过程中来。此外，留言板的设置不仅为受众提供了表达个人观点的渠道，也为新闻编辑提供了了解受众需求和偏好的途径，从而优化新闻内容和形式。进一步地，社交媒体的融入为电视新闻传播带来了新的互动渠道。通过微博、微信等社交网络平台，电视新闻节目可以实时分享新闻动态，邀请受众参与讨论，甚至通过直播功能实现受众与新闻现场的即时互动。这种互动模式不仅增强了受众的沉浸感和参与感，也使新闻传播更加立体和生动。

（五）加强监督管理

融媒体时代的到来为新闻传播带来了双重影响。一方面，融媒体极大地丰富了新闻的形式与内容，提升了新闻传播的效果，增强了新闻的影响力。另一方面，融媒体也带来了新闻环境的不稳定性和混乱性，若缺乏有效的管理与监督，极有可能导致信息失控。面对这种情况，加强对新闻传播环境的监督管理显得尤为重要。政府和相关部门需要通过制定和执行严格的法律法规，约束网

① 高立.新媒体环境下新闻传播的模式创新［J］.新闻研究导刊，2020，11（2）：254，256.

络行为，保证新闻传播的秩序和安全。

青年群体作为网络媒体的主要受众，在面对网络中的虚假信息时，可能由于心理成熟度和自我控制能力的不足，难以做出正确的判断。因此，加强对青年受众的保护和引导，通过教育和培训提高他们的媒介素养，使其能够辨识真假信息，是维护网络环境健康发展的重要措施。此外，加强日常的网络监管，及时发现和处理不良信息，对减少虚假新闻的传播、保护受众免受误导具有重要意义。

（六）优化阅读方式

随着社会的快速发展，人们面临着越来越大的工作压力，可用于新闻阅读的时间变得越发宝贵。在融媒体时代背景下，面对海量的信息，帮助受众在有限的时间内高效获得所需新闻内容显得尤为关键。为了实现这一目标，新闻传播机构需要对新闻内容进行精细的分类，例如，将新闻内容分为生活、时尚、科技、军事等不同类别，以满足受众多样化的个性化需求。此外，通过收集受众反馈，对受众偏好进行深入分析，新闻传播机构能够更准确地进行内容分类和整理，进而向受众推广更符合其阅读习惯和兴趣的新闻内容。

为了进一步提升新闻的可接受度和吸引力，新闻传播机构还应利用大数据分析等先进技术，对受众阅读行为进行实时监测和分析，从而不断调整和优化新闻内容的呈现方式。例如，通过图文结合、视频简报、互动图表等多种形式，使新闻既信息丰富又易于理解。同时，借助算法推荐技术，可以为用户提供更加个性化的新闻阅读体验，确保受众能够在最短时间内获取到最感兴趣的新闻内容。

（七）加强舆论引导

在我国社会经济快速发展的当下，新闻接收的方式和传播路径呈现出多样化趋势。为了让群众能够及时、准确地理解新闻内容，新闻必须简洁、易懂。此外，受众的新闻获取方式也从被动接收逐渐转变为主动寻找信息。在这样的背景下，为了满足广大群众对新闻事件的需求，并引导公众正确理解新闻内容，新闻传播行业必须将新闻内容与新媒体技术紧密结合，不断创新传播方式，提高新闻内容的准确性和易理解性。

新闻传播行业应加强新闻素材的筛选和加工，以确保新闻事件的报道既全面又重点突出，即使是复杂的新闻事件也能被群众快速理解。同时，应加大对误导性信息的监控和清理力度，确保新闻内容的真实可靠，从而建立和维护新闻媒体的公信力。此外，新闻传播机构还应积极开展新闻教育活动，提高公众的媒介素养，帮助群众培养批判性思维能力，使其能够独立判断新闻的真伪，促进健康的公众舆论环境的形成。

（八）充分利用科学技术，加强媒体融合

科技的飞速发展与新媒体的兴起为新闻传播带来了前所未有的机遇和挑战。传统新闻媒介面对的传播局限性，如传输速度慢、容量小、时效性差，已不再符合现代社会对信息传播的高效率和高时效性要求。这一背景下，充分利用科技手段，尤其是移动设备和互联网平台，已成为新闻传播创新的关键。在移动互联网和社交媒体快速发展的当下，新闻传播已突破了时间和空间的限制。智能手机、平板电脑等便携式设备的普及，以及微博、微信、直播平台等新兴媒体的兴起，极大丰富了新闻的传播渠道。这不仅提高了新闻的传播效率和时效性，还增加了新闻内容的互动性和参与度，使每个人都有可能成为新闻的创作者、传播者和评论者。

随着融媒体技术的迅猛发展，传统广播与电视新闻传播机构面临着前所未有的挑战和机遇。为了适应这一变化，这些机构需要更新观念，从创新入手，向新兴媒体平台转型。利用融媒体的优势，创作出既有品质又充满人情味、贴近实际生活的新闻内容，不仅能够持续吸引受众的关注，还能保持新闻在融媒体时代中的生命力与发展动力。在新闻报道与自媒体的融合方面，自媒体已成为数字化和网络化时代下公众获取信息与娱乐的重要平台。自媒体创作者通过上传原创音乐、文章、绘画等作品到网络平台，不仅丰富了网络内容，也实现了作品的广泛传播。传统媒体在这一过程中可以借鉴自媒体的传播策略，创新新闻的呈现方式，以提高公众关注度，充分发挥新闻的社会价值。

为了应对这一趋势，新闻机构应充分利用融媒体的优势，如即时更新、互动交流和用户参与度高等特点。考虑设立专门的自媒体团队，运用多媒体技术和互动设计，提供视频新闻、图文并茂的深度报道等多样化内容，满足不同受众的需求。同时，通过社交网络平台的广泛连接性，新闻内容可以实现与受众的直接互动和反馈，更有效地传递信息，增强公众对重要新闻事件的理解和参与。此外，鼓励公众参与到新闻报道之中，设置相应的激励机制，如对优质新闻内容的贡献者给予奖励，促进优质信息的产生与分享，是实现新闻传播模式创新的另一重要方向。这种做法不仅能够提升新闻内容的质量和多样性，还能够增强新闻的影响力和覆盖范围。

第三节　未来新闻编辑部的三种形态构建

新媒体的兴起对传统媒体产生了深刻影响，表现在传统报业的衰退或转型，以及传统新闻从业人员的大规模流动。一些学者指出，新媒体，特别是网

络媒体，代表着新闻行业的未来方向，而未能适时转型的传统新闻媒介，如报纸和电视，面临着消亡的风险。本章节旨在探讨传统媒体与新媒体之间的关系，在全球传媒行业不断变化的背景下，借鉴国际上的成功案例，并结合中国传媒行业的具体实践，深入分析未来中国新闻编辑部的发展趋势。基于中国传媒行业当前的条件，本书提出三种可能的新闻编辑部形态的设想：多媒体新闻室、机器人记者室以及新闻众筹室。

传统新闻编辑部以专业记者为新闻生产的主体，通过记者会议、实地采访等方式收集新闻素材，经过编辑整理后发布。无论是在报社的稿件编写、审稿、排版、印刷流程，还是在电视台的拍摄、稿件撰写、剪辑、合成流程，都体现了传统新闻制作的常规模式。然而，随着新媒体的广泛渗透，传统媒体的运作方式首当其冲地遭到挑战。互联网的高速发展、丰富多彩的内容选择，以及记者与受众关系的模糊化，都在逐步削弱记者的专业地位。面对这种转变，传统媒体开始寻求新的生存路径，探索媒体融合的新途径。中国的新闻媒体在积极寻求符合中国国情的发展路径。比如，《人民日报》的报网一体化模式以及其在新媒体平台上的积极运营，获得了良好的反响。在这样的背景下，中国新闻媒体的转型与改革将向何方发展，未来的新闻编辑部又将呈现何种面貌？

通过对传统与新兴新闻编辑部的比较分析，本书提出了构建未来新闻编辑部的三种可能形态，旨在为中国新闻媒体的未来转型提供一定的参考和思路。

一、构建全方位的多媒体新闻室

"多媒体"这一概念起源于音乐界，由英国摇滚乐队平克·弗洛伊德所首创，通过将多种视觉元素融入音乐录像，为听众提供了一种同时触及听觉和视觉的全新体验。此后，"多媒体"这一术语被广泛应用于不同行业，尤其是在信息及广播电视行业中变得极为常见，其定义随着行业的不同而有所变化。中国传播学者郭庆光对多媒体的定义为：通过数字压缩和网络技术，将各种信息媒介如广播、电视、电话、电子出版及计算机通信等整合成一体，对声音、影像、文字和数据等进行统一处理并提供给用户的双向信息系统。在网络技术的助力下，多媒体的功能得到了最大化发挥，正如马歇尔·麦克卢汉所言，媒介是人的延伸，网络平台上视听交互的统一展现，使网络成了整合各种媒介的理想平台。

随着网络技术的发展，新闻行业面临着转型和更新，从而为未来新闻行业的发展方向奠定了基础。报纸、广播、电视等传统媒介，都可以通过网络平台呈现。在我国，我们见证了报业媒体集团积极探索报网一体的发展模式，如《新快报》推出的数字网络报纸和《人民日报》与人民网的合作。同时，广电媒体集团也在探索电视和网络视频内容的融合，如央视网和湖南电视台的芒果

TV 等，成功利用网络平台实现了传统电视与网络的无缝对接。

此外，随着移动互联网技术的进步，网络与移动端设备的融合为新闻传播提供了随时随地的便利，预示着报纸、广播、电视、网络和移动 APP 等多媒介融合的全新时代即将到来。基于此，未来新闻编辑部的形态之一将是多媒体新闻室，它将利用多媒体技术提供全面的新闻播报。多媒体新闻室的建立不仅可行，而且正逐渐成为现实。在这样的新闻室里，记者不仅需要具备专业性，更要具备全面的技能，以便为公众提供直观、多样化和丰富体验的新闻服务。[1]

二、新媒介技术推动下的机器人记者室

在新媒体技术的驱动下，未来新闻编辑部的另一种创新形态是"机器人记者室"。随着技术的进步，运用机器人来撰写新闻报道已经成为可能。据《纽约时报》预测，机器人记者有望获得"普利策新闻奖"，这表明机器人替代人类记者撰写新闻在新闻业界是一次创新尝试。机器人记者不仅能提高新闻报道的时效性和客观性，还标志着新闻行业在技术运用方面的飞跃。

对传统新闻行业而言，新媒体的出现已经是一大挑战，机器人记者的引入更是给新闻记者职业带来了前所未有的冲击。例如，美联社便指出，与传统记者相比，机器人记者所撰写的新闻稿件错误更少。2015 年，新华社宣布启用机器人记者"快笔小新"，标志着机器人记者正式进入中国新闻传媒行业，这不仅是媒介技术进步的体现，也预示着新闻编辑工作方式的重大转变。然而，机器人记者取代人类记者撰写新闻的有效性存在争议。许多学者认为，机器人记者无法取代人类记者的角色，尤其在处理调查性报道时，机器人的能力有限。机器人记者更多地发挥着辅助作用，帮助提升新闻采写的效率。

随着媒介技术的持续发展，新闻行业正在变得更加智能化。如果机器人记者在新闻编辑部被广泛采用，那么机器人记者室的设立将成为现实。机器人记者主要根据预设的新闻模板撰写稿件，如体育赛事结果、金融市场动态、紧急事件报道等，能够有效处理数据采集、稿件生成和编辑发布等任务。这样，机器人记者可确保新闻的快速更新和客观性，同时减轻人类记者的工作负担，使他们有更多时间专注于深度报道和分析性新闻的创作，从而提高整个行业的工作效率。

三、深度新闻的未来——新闻众筹室

随着新闻行业的持续进化，新闻众筹模式正逐渐成为深度报道发展的一条新途径，预示着未来新闻编辑部的第三种形态——新闻众筹室的出现。新闻众

---

① 杨帆.融媒体语境下新闻采访报道的创新发展［J］.传媒论坛，2020，3（20）：77.

筹，即通过公开的方式，在一定时间内，记者或自媒体人发起资金筹集项目，以规定的规则集合资金和智慧，开展特定的新闻报道项目，并向贡献者提供回报的一种创新新闻制作模式。这种模式借助众多参与者的智慧和资本来生产新闻内容，其根源可以追溯到新闻线人制度的早期形态。

1982 年，《羊城晚报》开设的 24 小时新闻热线标志着新闻线人时代的到来，这一时期的新闻线人虽未获得报酬，但他们的存在极大地扩展了新闻的获取渠道。随着传媒行业竞争的加剧，《浙江日报》记者万润龙在 1994 年为抢得"千岛湖惨案"的报道线索而首次向线人支付报酬，开创了新闻线人制度的新篇章。新闻线人成为新闻现场的第一目击者，为新闻报道提供了第一手的资料。新闻众筹正是在这一背景下衍生出来的，它不仅扩大了新闻的来源，丰富了报道的内容，还提高了报道的深度和广度。

在未来新闻众筹模式的发展中，可以预见三种主要的趋势和形态，它们分别涵盖了众筹新闻的个体与联盟模式、资金筹集的方式，以及众筹平台的选择。

首先，个体和联盟式的众筹新闻模式的融合。在个体众筹模式中，新闻从业者利用自媒体平台独立完成报道项目的策划、资金筹集到内容生产的全过程，这种方式赋予了媒体人更高的自主性，使他们能够深入探讨小众议题，自由选择报道角度和发布渠道。而联盟式众筹通过第三方平台联合多方媒体人共同完成众筹，不仅能够借助平台的力量快速筹集资金，还能在内容的真实性、支付安全性和质量监控方面得到保障。这两种模式的结合，将为新闻众筹带来更广阔的发展空间和更丰富的内容创新。其次，融合预付和阅后支付的众筹模式。预付众筹模式要求资助者在项目开始前提供资金支持，只有在筹集到足够资金的情况下项目才会启动，这种方式强调了市场决定性的原则。相对而言，阅后支付模式允许项目先行开展，资助者在项目完成后根据成果的满意度支付，这更侧重于对媒体内容质量的考核。两种模式的结合，可以提供一个更灵活、更有保障的资金筹集和项目执行机制，以适应不同类型项目和资助者的需求。最后，自媒体与传统媒体结合的众筹平台。目前，众筹新闻项目主要依托于社交媒体和自媒体平台，这些平台的监管相对薄弱，存在对项目进度和资金使用缺乏有效监管的问题。未来的发展方向在于，结合传统媒体的资源和信誉，建立一个更加健全和可靠的众筹新闻平台。通过整合自媒体的活跃度和传统媒体的权威性，可以为资助者提供更为安全、透明的投资环境，同时也为新闻众筹项目的成功实施提供更为坚实的保障。通过这三种融合发展的趋势，未来的新闻众筹室将能够利用集体的智慧和资源，为公众提供更加深入、多元和高质量的新闻内容，推动新闻行业向更加开放、创新的方向发展。

在中国，新闻众筹的实践已经开始，作为新闻产业内的一种创新机制，它的发展不仅需要改善新闻体制，还需要强化网络监管体系，并紧密结合我国传媒行业的整体步伐。未来新闻编辑部的新闻众筹室的建立，依赖于社会对媒介素养的普遍提高，这将有助于更有效地利用公众智慧开展深入的新闻调查和报道，进一步推动新闻行业向更加专业化、全面化、有见地和专题化的方向发展。因此，新闻众筹室作为未来新闻编辑部中一个充满潜力的新组成部分，不仅代表着深度新闻发展的新方向，也标志着新闻制作方式的创新和变革，为新闻业的专业化发展提供了新的动力和空间。

第四节　新闻传播的主体化和品牌化发展

一、融媒体时代新闻传播主体的变迁

在融媒体时代的背景下，新闻传播主体经历了显著的转变。过去，新闻传播主要依靠传统的大众媒体如报纸和电视，这些媒介在行业内建立了深远的影响力。然而，随着融媒体技术的发展，除了传统大众媒体，非专业的传播机构和个人通过网络进行的新闻传播也成了重要的传播主体。[①]

（一）传统的大众媒介

在融媒体时代，传统大众媒体在新的传播环境中展，现出了显著的适应性和变革能力。传统大众媒体，如报纸和电视台，原本依赖于固定的发行和播放时间表，但现在他们开始积极探索数字技术，实现信息的即时更新和多平台发布。

首先，传统媒体机构已经开始扩展他们的数字足迹，通过建立在线新闻门户和社交媒体账户来吸引更广泛的受众。这些平台不仅提供了实时新闻更新，还使受众能够直接参与到新闻讨论中。例如，许多传统新闻机构开设了视频频道和播客，以适应消费者日益增长的视频内容需求。其次，传统媒体在内容创新和编辑流程上进行了重大调整。他们开始采用数据分析工具来监测受众行为，从而更精准地定位受众的兴趣和需求。这种数据驱动的报道方式不仅提高了新闻内容的相关性和吸引力，也帮助媒体更好地管理和优化资源配置。此外，为了提高新闻的互动性和参与感，传统媒体也在逐渐开放评论区，增设互

---

① 王宏.融媒体实务［M］.北京：中国传媒大学出版社，2020：25.

动模块，允许受众对新闻内容进行即时反馈和讨论。这种策略的实施有效地缩短了新闻生产者与消费者之间的沟通距离，提高了媒体的公共参与度和社会影响力。在组织结构和运营模式上，许多传统媒体机构也进行了创新。他们开始采用更为灵活的工作流程，以应对新闻报道的快速变化。同时，一些机构还尝试与科技公司合作，引入人工智能和机器学习技术来自动化新闻的采集和分析过程，提高工作效率。通过这些转变，传统大众媒体不仅保持了其在新闻行业中的权威性和公信力，还成功地扩展了其影响范围和市场竞争力，显示出了其在融媒体时代的韧性和创新精神。这些变革展示了传统媒体如何在保持核心价值的同时，积极适应新的技术和市场环境，确保在信息时代继续发挥关键作用。

（二）非专业化的传播机构

在融媒体时代背景下，非专业化的传播机构开始充分利用网络资源，如注册域名、开设微信公众号和微博等，活跃于新闻传播领域。通过与传统媒体机构建立合作关系，这些机构能够获得新闻内容的使用权限，从而拓宽他们传播的新闻信息范围。这种模式不仅拓展了新闻内容的多样性，还增加了新闻传播的互动性和广泛性。大量受众在这些平台上不仅消费新闻内容，还参与到新闻制作中来，通过分享自制的即时新闻内容，进一步丰富了新闻的信息源。这样的互动交流不仅增强了新闻的传播效果，也让新闻信息更加贴近广大用户的需求和兴趣。

（三）个人的网络新闻传播

在融媒体时代中，个体已经成为新闻传播的重要主体之一。借助于微博、微信等社交网络平台，个人不仅能够发布新闻、分享研究成果，还能自由表达个人见解。这一变化与传统媒体时代形成鲜明对比，在那时个人想要发布信息必须依靠新闻机构作为媒介。如今，互联网的普及和社交媒体平台的发展为个人提供了直接传播信息的渠道。个体可以轻松成为信息的发布者，通过电子邮件和网络平台即时分享自编新闻。这种新闻发布方式不仅实时、多向，还极具互动性。电子论坛等平台则为广泛的互动交流提供了空间，每个讨论区都能围绕特定主题发布信息，使参与者能够发表自己的观点，实现了深度的交互和信息共享。个人网站和个人主页的建立变得更加便捷，使个体可以更好地参与到新闻传播活动中来。个人通过这些平台发布的内容，不仅可以被广泛传播，还可能收到公众的评价和反馈。随着越来越多的人建立个人网站或主页，个体在融媒体时代的新闻传播过程中扮演的角色日益重要，个人成了信息传播的一个不可忽视的力量。

二、融媒体时代新闻传播的品牌化运营——以广播节目主持人为例

在当前的媒体环境中，广播节目主持人扮演着日益关键的角色。媒体机构正逐渐增加对主持人个人品牌的投资，以此来提升节目整体的市场表现。通过提高节目内容的质量，同时加强对节目主持人形象的塑造和推广，利用主持人的个人魅力和影响力来吸引更多的受众，达到营销的目的。

（一）广播节目主持人在融媒体时代下的新作用

在融媒体时代的背景下，广播节目主持人的个人影响力已经成为节目受欢迎程度的关键因素之一。主持人不仅是节目内容的传递者，更是节目品牌的代言人。他们的个人形象和风格开始成为塑造节目整体感受和吸引受众的重要手段。在这个多渠道、多平台的传播环境中，广播节目主持人展现了新的职能，他们通过个性化的表达和互动，为节目带来了更多的活力和关注度。

1. 连接媒介与用户

在融媒体时代，节目主持人扮演着极为关键的中介角色，不仅能有效地传递信息，还在促进销售上发挥了作用。主持人的重要性越来越被重视，他们的存在虽不是节目成功的唯一因素，但对提升节目效果有着不可替代的影响。确实，市场上存在一些不依赖主持人就能取得成功的节目，这些节目通常在内容深度、广度或创新性上有所突破。然而，与那些拥有主持人支撑的节目相比，这些节目往往难以完全弥补没有主持人所带来的吸引力不足。尤其在以声音为主要传播手段的广播节目中，主持人的存在让受众更易于接受和沉浸于节目内容中。节目主持人不仅是信息的传达者，更是媒介与听众之间的桥梁，他们的个性和表达方式能够拉近与听众的距离，为节目带来生命力。这种独特的黏合作用对节目的成功和广播媒体的持续发展至关重要，也是节目在激烈的市场竞争中获得立足之地的关键因素。

2. 在市场营销方面起到一定的积极作用

观察广播媒体发展的历史，不难发现，主持人的个人魅力对吸引听众群体具有不可小觑的力量。许多听众会因为偏爱某位主持人而成为节目的忠实收听者或受众，这便是主持人个人品牌效应的直接体现。因此，主持人在吸引和维持客户方面扮演了关键角色，成为媒体机构市场拓展策略中的核心资源。鉴于此，媒体机构在主持人培养上投入巨大，旨在通过塑造主持人的强大吸引力来增强其在市场中的竞争力。有时，节目的设计甚至会完全围绕主持人的个性和风格来构建，以充分发挥其在吸引听众方面的潜力。因此，优秀的主持人在媒体运营中的作用远超过简单的信息传递者，他们在推动媒体品牌市场营销方面

发挥着极其重要的作用。

（二）通过主持人品牌化运营来促进传统广播的发展

在互联网时代，信息的获取变得前所未有的便捷，这为广播行业的发展带来了新的机遇。互联网不仅拉近了人们与信息之间的距离，也为广播节目提供了更广阔的受众基础。

1. 节目主持人成为节目运营的关键

随着人们日益增长的对新闻、资讯类节目的兴趣，主持人的角色也随之进入了一个新的层次。他们面临的挑战是，如何在节目制作中紧密贴合听众的喜好，引导节目内容的方向。这要求主持人不仅要深入了解听众群体的多样化需求，还要能够以专业和权威的姿态建立与听众之间的紧密联系。通过对节目内容的精心策划和呈现，主持人能够有效地吸引并维持听众的关注，进一步推动广播节目的发展和创新。因此，将主持人作为节目品牌化运营的核心，不仅能够加深听众对广播媒体的信任感，还能促进传统广播与新媒体时代的融合发展。主持人的专业素养和个人魅力成为广播节目吸引力的重要因素，对提升广播行业在市场中的竞争力具有不可估量的价值。

2. 强化网络背景下的用户理念

在如今的互联网时代，新媒体的传播方式和主体经历了创新性的飞跃，甚至在某种程度上对传统媒体构成了挑战。新媒体的优势在于它能够缩短人们与信息源之间的距离，使获取信息变得更加便捷。新媒体的发展并没有完全抛弃传统观念，而是将传统与创新思维相结合，对现有模式进行了革新性的改良。对广播节目主持人而言，适应新媒体时代的发展趋势显得尤为重要。他们应采用全新的网络化思维来重新审视自己的职业角色，强化对当下用户需求的理解。这意味着主持人需要借助互联网的便利，运用网络思维进行有效的信息传播和交流，转变观念，将听众视为服务对象，注重用户体验，提高服务质量，确保提供的内容质量满足用户需求。

3. 提高主持人的品牌效应

品牌不仅是质量的象征，也是市场认可度的体现。现代主持人的角色已不仅局限于职业本身，更承载着一定的市场价值和商业潜力。过去，选择主持人往往侧重于其专业技能、声音魅力及表达能力。而在当前，对主持人的要求更加多元化，包括其个性魅力、受众缘和广泛的受众接受度。主持人的品牌化对节目乃至媒体机构的长远发展极为有利。在融媒体时代背景下，广播节目主持人的品牌化不仅是广播行业发展的必然趋势，也是适应时代变革的重要策略。主持人的角色和影响力正随着新媒体时代的到来而经历转型，需要与时俱进地调整和优化其品牌战略。

三、融媒体时代媒体品牌化发展的思考——以电视媒体为例

在这个快速发展的融媒体时代中，电视媒体正经历着前所未有的挑战与机遇。网络新媒体的兴起使视频和影像内容的制作与传播变得更加多元化，这直接冲击了传统电视媒体长久以来的独特地位。为了适应这种变革，传统电视媒体急需通过加强品牌化建设来巩固自身的市场地位。面对网络新媒体带来的竞争压力，电视媒体如何有效地构建和发展自己的品牌，以保持其在媒体传播领域中的主导权，成了一个亟待解决的问题。本书将深入探讨在融媒体时代下，电视媒体如何进行品牌化发展的策略和路径，旨在为传统电视媒体在这一转型期内提供可行的发展方向。

（一）全媒体冲击下的电视媒体

在全媒体时代的背景下，信息传播已经融合了传统媒介（如广播、电视、报纸和杂志）与新兴媒介（包括光纤电缆通信网络、城市双向传播有线电视网、图文电视、电子计算机通信网络、大型计算机数据库通信系统、通信卫星、互联网、手机短信以及多媒体互动平台等）。这种跨媒体、跨平台的三网融合（即广电网络、电信网络与互联网）模式，使用户可以通过多样化的终端设备（如电视、电脑、手机等）实现信息的接收与反馈，极大地丰富了传播的方式和受众的体验。在这一背景下，传统电视媒体面临的挑战日益凸显。电视媒体的信息传播模式，因其固有的线性和一次性特点，使受众仅能被动接收电视台预设的节目内容，缺乏与信息互动的空间。此外，由于电视节目采编和播出的物质技术条件限制，特殊题材的深度报道和广泛传播面临诸多困难，阻碍了受众对信息全面深入了解的需求。

面对融媒体时代新媒体技术的迅速发展和广泛应用，传统电视媒体亟须进行策略调整和模式创新，以应对来自多媒体信息互动平台的挑战。这要求电视媒体不仅要强化内容的深度和广度，更要通过技术创新，如采用数字技术提升传播效率，拓展发射距离和收看设备的兼容性，以及探索与新媒体的融合路径，实现传统电视与新媒体平台的互补与互动，从而提升电视媒体在全媒体时代中的竞争力和影响力。

（二）电视媒体品牌发展策略

在当前的融媒体环境下，媒体机构间的竞争本质上转变成了品牌竞争。内容为王，品牌至上，是决定媒体企业在全球市场中脱颖而出的核心要素。那么，面对这一挑战，电视媒体应当如何进行品牌建设与发展？

1. 内容为王，提升受众关注度

在融媒体时代背景下，移动互联网的兴起对电视受众市场带来了根本性的

转变，即向网络化传播迈进。在这个广泛的传播生态中，传统电视受众正逐步被网络端用户所取代，他们对视频内容的选择显示出明显的碎片化趋势，以内容为追求，优质内容即意味着消费。因此，电视制作人员面对受众审美习惯的改变，需重新定位视频产品内容的标准，包括节目本质、适配移动端的视频格式及创新内容以吸引碎片化的受众注意力。

电视媒体需要对其内容资源进行整合和优化，创立有效的内容创新及生产激励体制。例如，《星光大道》通过采用连续晋级赛的形式，让选手通过多轮比赛最终角逐年度总冠军，这种比赛机制不仅激发了节目内容的创新，也通过不同赛事层级和新元素的引入，持续吸引受众的目光，成功构建了节目的品牌效应。

在全媒体时代，随着网络新媒体的快速演进，电视媒体面临着与新媒体融合的必然趋势，亟须开发适应移动端用户的视频新产品。新媒体传播的微传播特性要求电视媒体增强视频内容的微处理，将传统长篇节目重新打造为适合移动端观看的微型内容。碎片化时代促使受众收视习惯变得更为分散和挑剔，电视媒体需要创新观念，通过内容的全方位展示提升受众关注度。在节目制作中，应充分利用多样的视听元素，从不同角度展现内容，吸引受众的兴趣，并依据受众的反馈持续优化和增加新内容，以不断满足用户需求，从而在竞争激烈的融媒体环境中占据一席之地。

2. 人才战略，打造融媒体业务技能

构建适应融媒体趋势的专业化人才队伍是电视媒体持续健康发展的核心动力。在融媒体环境中，媒体竞争不仅体现在节目内容、受众收视率、广告效益及播出时段上，更深层次的竞争来自人才。电视媒体的人才除了需具备深厚的专业技能外，还应具有跨学科的知识结构、高效的沟通协调能力及卓越的团队合作精神。

对电视新闻制作而言，融媒体人才需能够实时捕捉并展示新闻事件，深入挖掘事件背后的事实，真实呈现事件面貌，并紧跟事件的发展动态，能够随时更新并播出最新消息。在应对紧急突发事件或灾难性新闻报道时，更显融媒体技能人才的重要性。以2020年全球多地举办的虚拟音乐会报道为例，记者们运用现代传媒工具如高清网络摄像头、实时直播软件等，在没有现场受众的情况下，将演出实时传送到全球受众面前。通过互联网和电视网络的融合传播，这些音乐会的实时报道让身处不同国家和地区的人们能够共同体验音乐盛宴，有效地跨越了地理和时间的限制，为公众提供了独特的文化享受和精神慰藉，展现了新媒体技术在非传统新闻事件传播中的应用价值。

在主持人团队的构建上，融媒体时代要求主持人不仅要具备出色的表达和引导能力，还要能够参与节目的策划和编辑工作。以湖南卫视的《天天向上》为例，节目在选择主持人时，不仅强调主持人具有国际化视野，还要求他们能够在节目中根据不同主题灵活变换风格，进行即兴表演和现场互动，展现多样化的才艺和表现力。这种对主持人多元化技能的要求，旨在通过主持人的专业化和多才多艺，为受众带来更加丰富多彩的观看体验。

3. 管理策略，拥有全媒体融合思维

电视媒体作为一个庞大而紧密的组织体，其运作依赖于明确规章的激励与约束，以及大家共同认可的工作方式和方法，同时也需要德才兼备的领导者进行指导和监督。在这里所讨论的管理，是指针对电视节目这一微观领域的具体运营策略。

在融媒体时代，电视节目的管理人员不仅需要具备高度的专业能力，他们虽然可能不在某单一领域达到顶尖，但对节目整体的掌握和运营必须有着清晰和全面的理解。此外，管理人员还应具备敏感的创新觉悟、科学的管理方法、先进的营销思维和强烈的个人魅力。在融媒体思维的引领下，通过灵活运用各种管理手段，以节目质量为中心，以人为基础，最大化地发挥团队成员的潜能，共同推进节目组织的高效运作。以浙江卫视的《奔跑吧兄弟》为例，该节目采用制片人负责制，并邀请了具有丰富经验的总导演岑俊义参与节目制作。通过融合战略规划、创意文化和运作模式等多方面的创新策略，在岑俊义的领导下，该节目不仅在收视率上取得了巨大成功，也在品牌影响力上实现了质的飞跃，充分体现了在融媒体时代下，电视节目管理的重要性和先进管理思维的巨大价值。

4. 品牌意识，建造品牌型媒体

在融媒体时代，电视媒体承担着传递信息和引导公众舆论的重要责任。面对激烈的市场竞争和多元化的媒体环境，电视媒体必须超越单纯追求收视率的传统观念，重视品牌建设，提升节目和频道的质量与内涵。以下是构建品牌型电视媒体的策略。

首先，电视媒体需更新理念，采取可持续发展策略，致力于创作既能长期吸引受众又具有持续创新能力的节目内容。结合时下的流行文化和社会热点，不断推陈出新，打造具有独特魅力和影响力的电视节目。

其次，强化与受众及其他行业的互动交流，以开放的态度吸纳多元文化和观点，保证节目内容的实时更新和多样性，满足受众日益增长的精神文化需求。电视节目作为主要的传播形式，应以丰富的人际互动为基础，无论是深度报道还是轻松娱乐，都要紧贴节目性质和受众期待，把握节目质量这一核心。通过高质量的内容生产，打造并维护节目品牌，进而促进频道和媒体品牌的整体提升。

面对全媒体时代带来的新机遇和新挑战，电视媒体应主动出击，利用现代传媒生态，坚持内容优先策略，深挖人才潜能，探索与新媒体的有效融合。灵活调整策略，寻找符合自身发展的路径。应认识到，新媒体的兴起并不意味着传统媒体的消亡，而是推动其向更具竞争力的领域进化。因此，电视媒体应以开放包容的姿态，积极面对全媒体环境的变化，充分发挥自身优势，实现品牌化、多元化和国际化的发展目标。

参考文献

［1］阿尔文·托夫勒.第三次浪潮［M］.朱志焱，潘琪，张焱，译.北京：新华出版社，1996.

［2］埃弗雷特·罗杰斯.创新的扩散［M］.唐兴通，郑常青，张延臣，译.北京：电子工业出版社，2016.

［3］爱德华·霍尔.超越文化［M］.居延安，等，译.上海：上海文化出版社，1988.

［4］保罗·莱文森.新新媒介［M］.何道宽，译.上海：复旦大学出版社，2014.

［5］丹尼斯·麦奎尔.受众分析［M］.刘燕南，李颖，杨振荣，译.北京：中国人民大学出版社，2006.

［6］菲利普·马尔尚.麦克卢汉：媒介及信使［M］.何道宽，译.北京：中国人民大学出版社，2003.

［7］菲利普·迈耶.精确新闻报道记者应掌握的社会科学研究方法（第4版）［M］.肖明，译.北京：中国人民大学出版社，2015.

［8］盖伊·塔奇曼.做新闻［M］.麻争旗，刘笑盈，徐扬，译.北京：华夏出版社，2008.

［9］哈罗德·拉斯韦尔.新闻学与传播学经典丛书社会传播的结构与功能［M］.何道宽，译.北京：中国传媒大学出版社，2015.

［10］杰里·施瓦茨.美联社新闻报道手册［M］.曹俊，王蕊，译.北京：中央编译出版社，2014.

［11］凯斯·桑斯坦.信息乌托邦——众人如何生产知识［M］.毕竞悦，译.北京：法律出版社，2008.

［12］克莱顿·克里斯坦森.创新者的窘境［M］.胡建桥，译.北京：中信出版社，2014.

［13］克劳斯·布鲁恩·延森.媒介融合——网络传播、大众传播和人际传播的三重维度［M］.刘君，译.上海：复旦大学出版社，2019.

［14］保罗·拉扎斯菲尔德，伯纳德·贝雷尔森，黑兹尔·高德特.人民的选

择：选民如何在总统选战中做决定［M］.唐茜，译.北京：中国人民大学出版社，2012.

［15］刘易斯·芒福德.技术与文明［M］.陈允明，王克仁，李华山，译.北京：中国建筑工业出版社，2009.

［16］马歇尔·麦克卢汉.理解媒介：论人的延伸［M］.何道宽，译.南京：译林出版社，2019.

［17］马歇尔·麦克卢汉.人的延伸媒介通论［M］.何道宽，译.成都：四川人民出版社，1992.

［18］迈克尔·舒德森.新闻社会学［M］.徐桂权，译.北京：华夏出版社，2010.

［19］尼尔·波斯曼.技术垄断：文化向技术投降［M］.何道宽，译.北京：北京大学出版社，2007.

［20］尼古拉·尼葛洛庞蒂.数字化生存［M］.胡泳，范海燕，译.海口：海南出版社，1997.

［21］皮埃尔·布尔迪厄.关于电视［M］.许钧，译.沈阳：辽宁教育出版社，2000.

［22］斯蒂芬·约翰逊.死亡地图伦敦瘟疫如何重塑今天的城市和世界［M］.熊亭玉，译.北京：电子工业出版社，2017.

［23］谢尔·以色列.微博力［M］.任文科，译.北京：中国人民大学出版社，2010.

［24］伊莱休·卡茨，保罗·F.拉扎斯菲尔德.人际影响个人在大众传播中的作用［M］.张宁，译.北京：中国人民大学出版社，2016.

［25］约翰·R.霍尔.文化：社会学的视野［M］.周晓虹，徐彬，译.北京：商务印书馆，2002.

［26］詹姆斯·W.凯瑞.作为文化的传播"媒介与社会"论文集［M］.丁未，译.北京：华夏出版社，2005.

［27］白岩松.白说［M］.武汉：长江文艺出版社，2020.

［28］陈光锋.互联网思维：商业颠覆与重构［M］.北京：机械工业出版社，2014.

［29］陈力丹.新闻理论十讲［M］.上海：复旦大学出版社，2008.

［30］陈硕，刘淏，何向向.融媒体时代电视新闻节目的创新与转型发展研究［M］.成都：电子科技大学出版社，2019.

［31］戴元初.大融合时代的传媒规制变革：行动逻辑、欧美经验与中国进路［M］.北京：人民日报出版社，2014.

［32］丁柏铨.新闻理论探索对现实问题的研究［M］.上海：上海交通大学出版社，2012.

［33］冯希哲，李红岩.技术与文化：融媒体时代的文化传播［M］.天津：天津大学出版社，2022.

［34］高晓虹.中国新闻传播研究：媒体深度融合发展研究2021［M］.北京：中国传媒大学出版社，2021.

［35］高晓虹.中国新闻传播研究：区域融媒体传播2019［M］.北京：中国传媒大学出版社，2019.

［36］郭琪.融媒体语境下的新闻传播理论探索［M］.长春：吉林出版集团股份有限公司，2020.

［37］国家广播电视总局网络视听节目管理司，国家广播电视总局发展研究中心.中国视听新媒体发展报告（2023）［M］.北京：中国广播影视出版社，2023.

［38］雷璐荣.媒介融合背景下的创新采访与写作［M］.成都：西南交通大学出版社，2019.

［39］李国光，马东丽，王强春，等.融媒体采访实务［M］.成都：四川大学出版社，2022.

［40］梁亚宁.融媒体时代播音与主持艺术发展策略［M］.长春：吉林大学出版社，2018.

［41］刘宏，栾轶玫.新闻传播理论［M］.北京：中国传媒大学出版社，2016.

［42］刘颖慧.融媒体时代的新闻传播创新研究［M］.北京：中国原子能出版社，2021.

［43］刘悦.融媒图景：中国新闻传播变革研究［M］.北京：人民日报出版社，2020.

［44］苗艳.中国新媒体事件话语研究［M］.成都：四川大学出版社，2015.

［45］邵鹏.媒介融合语境下的新闻生产［M］.杭州：浙江工商大学出版社，2013.

［46］宋晓阳，刘威.大小屏现场直播报道案例教程［M］.北京：中国广播影视出版社，2021.

［47］孙惠敏.当代环境文化与新闻传播研究［M］.杭州：浙江大学出版社，2017.

［48］孙艳.融媒体时代电视新闻的传播研究［M］.北京：北京工业大学出版社，2021.

［49］孙玉胜.十年：从改变电视的语态开始［M］.北京：人民文学出版社，

2012.

［50］谭君强．叙事学导论：从经典叙述学到后经典叙事学［M］.北京：高等教育出版社，2014.

［51］王灿发．现代新闻业务基础教程（第3版）［M］.北京：中国广播影视出版社，2020.

［52］王粲．融媒体时代新闻写作模式研究［M］.北京：地震出版社，2023.

［53］王宏．融媒体实务［M］.北京：中国传媒大学出版社，2020.

［54］王倩．融媒体新闻报道［M］.济南：山东大学出版社，2022.

［55］王晓宁．融合新闻传播新论［M］.南京：南京师范大学出版社，2020.

［56］王醒．新闻传播论文集［M］.太原：山西人民出版社，2009.

［57］肖成菊．新闻的脉搏［M］.北京：光明日报出版社，2018.

［58］殷熊．融媒体时代新闻采访与写作［M］.北京：新华出版社，2020.

［59］喻国明．变革传媒：解析中国传媒转型问题［M］.北京：华夏出版社，2005.

［60］喻国明．中国居民的媒介使用图谱：全民媒介使用与媒介观调查报告［M］.北京：人民日报出版社，2020.

［61］张梅珍．全媒体时代的传媒发展与新闻传播教育重构［M］.武汉：武汉大学出版社，2017.

［62］赵大伟．互联网思维独孤九剑［M］.北京：机械工业出版社，2014.

［63］郑鸣．关于记者郭超人新闻思考［M］.北京：新华出版社，2010.

［64］蔡馥谣．创新能力培养下的融合新闻传播人才教育改革策略探讨［J］.新闻传播，2023（15）：85-87.

［65］蔡雯．对新闻策划的再思考［J］.新闻战线，1997（9）：28-30.

［66］蔡雯．新闻传播的变化融合了什么——从美国新闻传播的变化谈起［J］.中国记者，2005（9）：74-76.

［67］曾庆香．新媒体语境下的新闻叙事模式［J］.新闻与传播研究，2014，21（11）：48.

［68］查燕．融媒体时代电视新闻编辑发展路径探究［J］.中国报业，2023（20）：110-111.

［69］常江．结构变迁与功能转化——解读《新闻联播》改版［J］.现代传播（中国传媒大学学报），2012，34（6）：82.

［70］陈力丹．用互联网思维推进媒介融合［J］.当代传播，2014（6）：1.

［71］崔保国．传媒转型中的互联网思维［J］.青年记者，2016（27）：13-15.

［72］崔保国．技术创新与媒介变革［J］.当代传播，1999（6）：23-25，33.

［73］崔峰.融媒体中心新闻记者采编能力提升策略［J］.西部广播电视，2023，44（20）：196–199.

［74］戴刚.融媒体时代记者编辑的职业素养与能力要求［J］.新闻文化建设，2023（19）：148–150.

［75］邓志强.我国时速 600 公里高速磁浮交通系统下线［J］.高科技与产业化，2021，27（8）：52–55.

［76］丁柏铨.建设新型主流媒体：何以必要和何以可能［J］.新闻与写作，2015（7）：44.

［77］范思翔.国家形象宣传片在跨文化传播中的符号解读——以"复兴路上工作室"的《十三五之歌》为例［J］.新闻研究导刊，2017，8（15）：83–84，94.

［78］方毅华.新闻叙事与文学叙事的多重审视［J］.现代传播（中国传媒大学学报），2010（5）：60–63，74.

［79］高亚峰.试析互联网时代深度报道呈现方式创新——基于国内数据新闻的观察与思考［J］.中国报业，2018（16）：67–68.

［80］郭玲.突发事件中信息聚合与社会动员研究——以河南省郑州市雨灾期间在线文档《待救援人员信息》为例［J］.新闻研究导刊，2021，12（16）：142–144.

［81］郭鹏雁，马冬.融媒体时代新闻标题传播特色及效果分析［J］.西部广播电视，2020（11）：42–43.

［82］何东平.让传统媒体和新媒体"此长彼长"［J］.采写编，2015（5）：7–8.

［83］黄升民，刘珊."互联网思维"之思维［J］.现代传播（中国传媒大学学报），2015，37（2）：1–6.

［84］黄鑫.互联网环境下受众的新变化——以观展/表演范式分析［J］.东南传播，2013（4）：103–105.

［85］黄哲.全媒体时代新闻传播路径优化措施［J］.中国报业，2023（15）：42–43.

［86］姜玉梅.民族伟大复兴关键时期提升国家文化软实力的经验与借鉴——基于"讲好中国故事"的视角［J］.前沿，2015（3）：31.

［87］解凡.微言大义："微博现象"的社会学分析［J］.辽宁农业职业技术学院学报，2015，17（6）：53–55.

［88］敬泓誉.融媒体时代电视新闻节目创新策略研究［J］.西部广播电视，2023，44（20）：85–87，91.

［89］雷雨甜.媒体融合时代新闻传播人才培养的理念与路径［J］.新闻研究

导刊，2021，12（5）：176-177.

［90］黎斌.面向社群时代的媒体融合战略［J］.声屏世界·广告人，2015（12）：136.

［91］李海舰，田跃新，李文杰.互联网思维与传统企业再造［J］.中国工业经济，2014（10）：135-146.

［92］李良荣，张莹.新意见领袖论——"新传播革命"研究之四［J］.现代传播（中国传媒大学学报），2012，34（6）：31-33.

［93］李晓鹏，范静涵.媒介深度融合下新闻传播的"理性—情感"共融范式［J］.中国记者，2023（10）：101-107.

［94］李艳.社会学"网络理论"视角下的网络空间治理［J］.信息安全与通信保密，2017（10）：18-23.

［95］梁国胜.浅论周浩"弃北大读技校"一文的新闻价值［J］.采写编，2015（1）：31-32.

［96］林纲.网络新闻语言与话语权变迁［J］.社会科学家，2009（11）：151-154.

［97］刘笑盈.论当前跨文化语境下电视话语的变革转型［J］.现代传播（中国传媒大学学报），2017，39（8）：11-15.

［98］刘啸兵.县级融媒体中心的融合创新发展路径探索［J］.新闻研究导刊，2023，14（21）：82-84.

［99］陆先高.产品融合：媒体融合发展的关键——《光明日报》、光明网的融媒体发展实践探索［J］.传媒，2014（24）：10-12.

［100］罗美娇.融媒体下广播电视新闻采编技巧研究［J］.中国报业，2023（20）：126-128.

［101］罗盈.融媒体时代新闻传播的特点与思考［J］.新闻文化建设，2023（20）：59-61.

［102］马海丽.电视纪录片叙事手法电影化趋势研究——以《茶，一片树叶的故事》为例［J］.江西科技师范大学学报，2017（1）：84-89.

［103］米莉.传播仪式观：一种独特的传播研究方法［J］.湖北广播电视大学学报，2011，31（3）：88-89.

［104］母昌买，秦聪俊.融媒时代新闻编辑应提升的能力［J］.中国地市报人，2023（10）：23-24.

［105］欧阳明.新闻叙事学学术建设视野中的话语、新闻叙事话语［J］.重庆工商大学学报（社会科学版），2012，29（3）：1.

［106］潘文文.融媒体时代新闻采编写作的挑战与对策［J］.新闻文化建设，

2023（20）：71-73.

［107］庞晓虹.融媒体新闻生产的实践思考［J］.宁波大学学报（人文科学版），2020，33（5）：125-132.

［108］沈婷.融媒体时代新闻主播角色影响力塑造分析［J］.新闻文化建设，2023（20）：155-157.

［109］苏宏元，陈娟.从计算到数据新闻：计算机辅助报道的起源、发展、现状［J］.新闻与传播研究，2014，21（10）：78-92，127，128.

［110］隋淼.融媒体时代背景下报纸新闻传播影响力的提升路径［J］.新闻传播，2023（21）：75-77.

［111］谭天.媒体融合的发展、认识、创新与攻坚［J］.媒体融合新观察，2021（4）：9-13.

［112］王冬冬.临渊羡鱼不如退而结网——融媒体环境下新闻记者的角色转变［J］.新闻文化建设，2023（19）：53-55.

［113］王国华，戴雨露.网络传播中的"反沉默螺旋"现象研究［J］.北京理工大学学报（社会科学版），2010，12（6）：116-120.

［114］王辉.新媒体时代提升主流媒体新闻传播力的策略［J］.传媒论坛，2024，7（3）：7-9，13.

［115］王君超.从"中央厨房"看媒体深度融合［J］.理论导报，2017（1）：35，37.

［116］王卫明，刘文浩.《罗辑思维》的社群经济新尝试［J］.传媒观察，2016（10）：58-61.

［117］吴昊.新媒体时代新闻传播的特点及路径分析［J］.新闻研究导刊，2023，14（12）：84-86.

［118］习近平.加快推动媒体融合发展构建全媒体传播格局［J］.新湘评论，2019（9）：4-6.

［119］肖燕雄，王浩文.讲"好故事"与"讲好"故事相契合的尝试——对三届《好记者讲好故事》特别节目的分析［J］.现代传播（中国传媒大学学报），2017，39（9）：85.

［120］幸小利.新媒体环境下的受众研究范式转换与创新［J］.国际新闻界，2014（9）：3.

［121］杨帆.融媒体语境下新闻采访报道的创新发展［J］.传媒论坛，2020，3（20）：77.

［122］叶伟良.融媒体时代对广播电视新闻记者的要求及应对措施研究［J］.西部广播电视，2020，41（17）：132-134.

［123］俞小芳.县级融媒体中心新闻传播途径探究［J］.新闻文化建设，2023（20）：176-178.

［124］喻国明，姚飞.强化互联网思维推进媒介融合发展［J］.前线，2014（10）：54-56，58.

［125］詹恂，严星.微信使用对人际传播的影响研究［J］.现代传播（中国传媒大学学报），2013，35（12）：112-117.

［126］张永第，王昕.融媒体时代下传统媒体实现创新发展［J］.文化产业，2023（31）：80-82.

［127］赵新月.融媒时代新闻采写的创新思考［J］.明日风尚，2023（20）：179-181.

［128］郑存良.融媒体时代电视新闻创新与发展探究［J］.西部广播电视，2019（4）：70，72.

［129］董浩烨.央视纪录片《茶，一片树叶的故事》的符号学解读［D］.武汉：中南民族大学，2015.

［130］李璐汐.纪录片《一带一路》的国家形象传播研究［D］.兰州：兰州财经大学，2022.

［131］彻丽木格.融媒体时代文化新闻传播转型策略分析［C］//百色学院马克思主义学院.2023年高等教育科研论坛南宁分论坛论文集.呼和浩特：内蒙古广播电视台，2023.

［132］张瑞芬.数字化转型背景下融媒体复合型技能人才培养实践探索［C］//河南省高等教育学会，《中国现代教育装备》杂志社有限责任公司.首届教育数字化发展论坛论文集.北京：北京青年政治学院，2023.

［133］何东平.融媒体：缔造新型主流媒体［N］.光明日报，2014-10-25（010）.

［134］倪铭娅.五城市率先开展国际消费中心城市培育建设［N］.中国证券报，2021-07-20（A02）.

［135］申文彬.融媒体时代高校广播电视人才的培养探究［N］.中国电影报，2023-10-25（011）.

［136］崔晓丹.浅析融媒体时代电视新闻传播如何走出困境［N］.山西科技报，2023-10-30（B08）.

［137］Nachison A.Good business or good journalism？ Lessons from the bleeding edge［M］.Hong Kong：A presentation to the World Editors' Forum，2001.

［138］Ithiel de Sola Pool.Technologies of freedom［M］.London：Harvard University Press，1983.

［139］Henry J.Convergence Culture：Where Old and New Media Collide［M］.

London： Washington University Press，2006.

［140］McLuhan M.Understanding Media［M］.London：Taylor and Francis，2001.

［141］Vincent M.Understanding Digital Culture，Convergence and the Contemporary Media Experience［M］.California：Sage，2011.

［142］Potter W J.Theory of Media Literacy：A Cognitive Approach［M］.California：Sage，2004.

［143］Potter W J.Media Literacy［M］.California：Sage，1998.

［144］Silverblatt A，Smith A，Miller D，et al.Introductionto Media Literacy［M］.California，CA：Praeger，2014.

［145］Silverblatt A.Media Literacy：Key to interpreting media massages［M］.London：Praeger Publisher，1995.

［146］Willis J，Willis D B.New Directions in Media Managmen［M］.Needham Height，MA：Allyn&Bacon，1993.

［147］Abdulrahman A，Mustapha E L.The role of assessments in providing evasive answers in news interviews［J］.Pragmatics and Society，2023，14（6）：883–907.

［148］Lindner A M.Editorial gatekeeping in citizen journalism［J］.New Media&Society，2017，19（8）：1177–1193.

［149］Bennett J.Television Studies Goes Digital［J］.Cinema Journal,2008,47（3）：158–166.

［150］Buckingham D.Media Education in the UK：Moving beyond protectionism［J］.Journal of Communication，1998（48）：33–43.

［151］Castro D A N C.Interviewing and Writing：methodologies for words rooted in dancing［J］.Revista Brasileira de Estudos da Presença，2015，5（3）：559–576.

［152］Doudaki V，Spyridou L P.News content online：Patterns and norms under convergence dynamics［J］.Journalism，2015，16（2）：257–277.

［153］Friedland L A.Journalism and the Public［J］.Journalism & Ma ss Communication Quarterly，2018：839–841.

［154］Harvey S.TV Station Renovation's Sound Solution［J］.Pro Sound News，2015，37（10）.

［155］K Real.Citizen Journalism［J］.Editor and Publisher，2015，148（3）：9.

［156］Kalisch M.Working：Researching，Interviewing，Writing by Robert A.Caro（review）［J］.The Cambridge Quarterly，2019，48（3）：273–282.

［157］Kellner D.New Technology/New Literacy: reconstructing education for the new millennium ［J］.International Journal of technology and deign education, 2001（11）: 67–81.

［158］Lucia V.Confessional Journalism, Authenticity and Lived Experiences: A Case Study of News Stories Published During the Irish Abortion Referendum［J］. Journalism Practice, 2024, 18（3）: 571–586.

［159］Meyer K M, Tang T.Social Journalism: Local news media on Twitter ［J］. International Journal on Media Management, 2015, 17（4）: 241–257.

［160］Mitchelstein E, Boczkowski P J.Between Tradition and Change: A Review of Recent Research on Online News Production ［J］.Journalism, 2009, 10（5）: 562–586.

［161］Morehead, Richmond, Kentucky.Digital Television Broadcast Stations ［J］. The Federal Register/FIND, 2018, 83（247）.

［162］Sumartias S, Hafizni M.Convergence Trends in the Television Media Industry–A Case Study on the Implementation of Media Convergence in Metro TV Jakarta ［J］.KnE Social Sciences, 2017, 2（4）: 83–89.

［163］Gordon R.The meanings and implications of convergence ［M］//Kawamoto K.Digital Journalism: Emerging media and the changing horizons of journalism.MD: R owman & Little field Publishers, 2003.